JILPT 第 4 期プロジェクト研究シリーズ *No.2*

全員参加型の社会実現に向けたキャリア支援

独立行政法人 労働政策研究・研修機構

第4期プロジェクト研究シリーズの刊行にあたって

　本「プロジェクト研究シリーズ」は、JILPT の第4期中期目標期間（2017年度～2021年度）の5年間で進めてきたプロジェクト研究の中から、特に関心が高く重要と思われるテーマを取り上げ、多くの方々により読みやすい形で成果を提供するために取りまとめたものである。

　JILPT は労働に関する政策研究機関として「働く人の幸せ」と「経済の発展」に寄与するという観点から、労働政策の企画立案に貢献するため、さまざまな構造変化の影響に関する実態把握、労働政策の課題についての調査・研究を継続して行っている。その中心として行っているのがプロジェクト研究であり、経年変化の動向や国際比較も交えつつ、客観的なデータやエビデンスを提供するため、具体的な労働政策の課題に対し中長期的な視点から学術的、学際的な分析を進めている。

　プロジェクト研究の成果は、労働政策研究報告書や調査シリーズ、研究双書等として刊行するとともに、研究成果の報告会や労働政策フォーラムを開催し、広く普及に努めている。

　少子高齢化による人口減少社会の進行、グローバル化の進展、第4次産業革命下におけるビックデータ・AI などの技術革新、働き方や就業意識の多様化によって、我が国の労働市場を取り巻く環境は大きく変化している。また、労働政策がカバーする範囲も拡がっており、今般の新型コロナウイルス感染拡大のように喫緊の課題に対して柔軟かつ的確に対応する必要も生じている。

　変化を続ける経済社会の実態を把握するための調査やヒアリングにご協力いただいたすべての皆様にあらためて心から御礼申し上げたい。

　本シリーズが政策担当者をはじめ、企業や労働組合の関係者、そして多くの一般読者などに活用され、今後の労働政策・労働問題を考えるための参考になれば幸いである。

　2022年3月

独立行政法人　労働政策研究・研修機構

理事長　樋　口　美　雄

は　し　が　き

　本書は、労働政策研究・研修機構の第4期（2017年度〜2021年度）のプロジェクト研究として、「全員参加型の社会実現に向けたキャリア支援」というテーマで、日本版O-NETの開発、就職支援ツール等の検討と整備、日本のキャリア支援の現状やその効果等について行った研究を取りまとめたものである。

　日本のキャリアコンサルティング施策では、幅広い対象層にキャリアコンサルティングを提供する機会を増やすべく、各種の制度の整備が進められてきた。そして、第4期開始の前年である2016年4月には、2015年の職業能力開発促進法の改正を受けて、キャリアコンサルタントの登録制度が開始され、キャリアコンサルタントの国家資格化が実現した。

　また、同じ2016年に策定された第10次職業能力開発基本計画では、人口減少社会、グローバル化の進展、AIなどの技術進歩を背景に就業環境が変化している中で、人々が能力を高め、その能力を十分に発揮できる全員参加の社会と人材の最適配置を同時に実現し、日本の経済を、量の拡大と質の向上の双方の観点から成長させていくことが重要であるとされ、生産性向上に向けた人材育成のため施策の一環として「労働者の主体的なキャリア形成の推進」が掲げられた。

　一方、2017年3月に働き方改革実現会議で決定された「働き方改革実行計画」においては、「日本版O-NET」の創設が提言された。年齢、性別を問わず多くの人が生涯を通して長く働くことが想定される中で、学卒者の新規採用のみならず転職、再就職など多様な採用機会の拡大も必要となる。その際、労働市場での人材配置の最適化、労働移動の円滑化等を効率的に実現し、転職希望者等が持つ職業スキルや知識等を活かした就職活動、企業の採用活動を行うためには「職業情報の見える化」が有効であると考えられたものである。

　当機構は、長年にわたり日本において職業情報の収集、整理及びその一般への提供を行ってきたことから、2017年度に日本版O-NETに係る基本構

想のとりまとめ、2018 年度及び 2019 年度に職業情報の開発を行うこととなった。

　本書は、このように、「全員参加型の社会」実現のために労働者に対して生涯にわたる適切な支援を提供し、労働者の主体的なキャリア形成を推進できるように、「キャリア形成支援」について一層の制度や仕組みの充実が必要とされることとなったことや、労働市場での人材配置の最適化、労働移動の円滑化等を実現するための「職業情報の見える化」に関心が高まり日本版 O-NET が創設されることとなった状況等を背景としている。

　本書の完成は、多くの方々のご助力によって支えられている。アンケート調査やヒアリング調査によって得られた知見にも基づいており、本書の刊行にあたりお力添えをいただいた全ての方々に、この場をお借りして心からの御礼を申し上げたい。

　本書が今後のキャリア支援のあり方を考える上で、教育機関、企業、労働力需給機関の関係者の方々、学生や求職者の方々などのお役に立つことがあれば、長年キャリアに関する研究を続けてきたキャリア支援部門として大変うれしく思う次第である。

2022 年 3 月

キャリア支援部門　統括研究員　　田中　歩

≪目 次≫

第2部　就職支援ツール等の整備と今後の展開

室山　晴美

序章　全員参加型の社会実現に向けた キャリア支援

田中　歩

第1節　研究の背景と目的

　本書は、労働政策研究・研修機構（以下「JILPT」という）の第4期（2017年度～2021年度）のプロジェクト研究として、「全員参加型の社会実現に向けたキャリア支援」というテーマで行われた諸研究を取りまとめたものである。

　まず、研究の背景について述べる。2001年、職業能力開発促進法の改正により、国が労働者のキャリア形成を支援する方向性が打ち出され、同年に策定された第7次職業能力開発基本計画において、労働市場を有効に機能させるためのインフラストラクチャーの一つとして「キャリア形成の促進のための支援システムの整備」が明確に位置づけられた。

　以来、日本のキャリアコンサルティング施策は既に20年を経過した。この間、幅広い対象層にキャリアコンサルティングを提供する機会を増やすべく、各種の制度の整備が進められてきた。

　2016年4月には、2015年の職業能力開発促進法の改正を受けて、キャリアコンサルタントの登録制度が開始され、キャリアコンサルタントの国家資格化が実現した。

　また、同じ2016年に策定された第10次職業能力開発基本計画では、人口減少社会、グローバル化の進展、AIなどの技術進歩を背景に就業環境が変化している中で、人々が能力を高め、その能力を十分に発揮できる全員参加の社会と人材の最適配置を同時に実現し、日本の経済を、量の拡大と質の向上の双方の観点から成長させていくことが重要であるとされ、生産性向上に向けた人材育成のための施策の一環として「労働者の主体的なキャリア形成の推進」が掲げられた。

1

加えて、この時期に前後する各種の政府レベルの会議では、キャリアコンサルティングの体制整備に関する言及がなされ、キャリアコンサルタントの着実な養成、多くの企業におけるキャリアコンサルティングの体制整備を確実に進めるための具体的な方策を検討することなども指摘された。

　一方、2017年3月に働き方改革実現会議で決定された「働き方改革実行計画」においては、「日本版O-NET」の創設が提言された。

　年齢、性別を問わず多くの人が生涯を通して長く働くことが想定される中で、学卒者の新規採用のみならず転職、再就職など多様な採用機会の拡大も必要となる。その際、労働市場での人材配置の最適化、労働移動の円滑化等を効率的に実現し、転職希望者等が持つ職業スキルや知識等を活かした就職活動、企業の採用活動を行うためには「職業情報の見える化」が有効であると考えられたものである。

　これを受けて、厚生労働省では日本版O-NETのサイト公開に向けて準備を進めることとなった。JILPTは、長年にわたり日本において職業情報の収集、整理及びその一般への提供を行ってきたことから、2017年度に日本版O-NETに係る基本構想の取りまとめ、2018年度、2019年度の2年間に職業情報の開発を行い厚生労働省にそれらの研究成果の提供を行うこととなった。職業情報の開発にあたっては、米国労働省が開発した米国O＊NETについて、その開発の過程と利用の現状を調査し、参考とした。

　日本版O-NETとは、様々な仕事の内容、求められる知識・能力・技術、平均年収といった職業情報について、資格情報等も含めて総合的に提供するサイトである。なお、「日本版」という名称は、米国労働省が1998年から公開している職業情報データベース（O＊NET）ならびに2000年から運営する職業情報サイト（O＊NET Online）を意識したものである。米国O＊NETでは、米国職業分類に含まれる約900職種について、具体的な能力、必要な知識、向いている興味や価値観等を共通尺度上で数値化したデータが提供されている。米国の労働市場において、求職者や求人者等に対して、スキル等の共通言語を提供する役割を果たしているサイトの日本版を目指して、日本での数値データ取得等を行って作成することとなった。

　厚生労働省では、2020年3月にサイトが公開されたが、サイトでは、職

業情報の提供のみでなく、サイトの閲覧者が自身の仕事への興味や価値観を知るための検査を受けられる機能も持っている。また、近年では、このようなWeb上で提供されるツールがほかにも生まれているところである。長年就職支援や教育等の現場で紙ベースの形態で利用されてきた職業興味検査、職業適性検査等について、Web提供型という視点からのあり方を整理し、従来よりも簡易に実施できるアセスメントツールの開発を行うニーズが高まることになった。

　本書は、上述のように、「全員参加型の社会」実現のために労働者に対して生涯にわたる適切な支援を提供し、労働者の主体的なキャリア形成を推進できるように、「キャリア形成支援」についていっそうの制度や仕組みの充実が必要とされることとなったことや、労働市場での人材配置の最適化、労働移動の円滑化等を実現するための「職業情報の見える化」に関心が高まり日本版O-NETが創設されることとなった状況等を背景としている。

　これらの背景を踏まえた本研究の主な目的は、以下の3点である。

① 　日本のキャリア支援の現状を潜在的ニーズも含めて多方面から把握・分析し、その効果についても明らかにし、今後のキャリア支援施策の進展に有益な示唆を与えること、

② 　日本版O-NETの創設にあたり、その最も重要な柱となる職業情報（職業解説及び職業の数値情報）を開発し、内容の充実を図っていくこと

③ 　長年にわたって活用されてきた職業適性検査や職業興味検査等をベースとし、日本版O-NETへの搭載を予定しているWeb提供型のアセスメントツールの開発など、より使いやすく、活用されやすいツールの開発に向けた実践的な研究を行い、職業相談や就職支援でのこれらのツールの普及を図ること

　一方、本研究に関連する最近の動きとして、ジョブ型雇用への関心の高まりが挙げられる。2020年1月に公表された日本経済団体連合会の「2020年版経営労働政策特別委員会報告」では、日本型雇用システムが転換期を迎えている中で、各企業において、経営環境の変化に適応すべく、メンバーシップ型雇用のメリットを活かしながら、適切な形でジョブ型雇用を組み合わせた「自社型雇用システム」の確立が呼びかけられた。その後、大企業の一部

でジョブ型雇用の導入が表明される例もあった。2021 年の同報告において
は、さらに進んで、ジョブ型雇用の導入・活用に向けた論点も示されたとこ
ろである。

このように、「ジョブ」というものが以前よりも注目される状況下で、職
業ごとに様々なデータを収集し、職業相互の横断的なデータも比較できる総
合的な職業情報のデータベースである日本版 O-NET は、今後ともますます
注目が高まるものと考えられる。

第 2 節　本書の構成

本書の構成について述べる。JILPT におけるキャリア支援の研究では、
長年にわたり、「職業情報」、「職業適性・職業興味・価値観等の検査」、
「キャリアコンサルティング」の各分野における研究を主要な柱として進め
てきた。これらについて、それぞれ第 1 部、第 2 部、第 3 部として第 4 期の
プロジェクト研究における成果を紹介する。

なお、これらの研究分野は、キャリア理論の中で最も古くからあるパーソ
ンズによって提唱された特性因子理論において、賢い職業選択を実現するポ
イントとして挙げられた①自分自身についての理解（テストの実施と解釈）、
②仕事に付随する各種の情報を得ること（職業情報の利用）、③これらの関
係について正しい推論をすること（キャリアコンサルティング）に由来して
いる。

現在においても、これらの研究分野は、新規就職や、転職、再就職を目指
す様々な人々がその持てる能力を十分に発揮できる就職の実現に寄与するた
めに、不可欠な視点をそれぞれ提供している。また、これらは相互に関連し
ている。ある人の就職等を支援するためには、テストの実施等により自己理
解を促進すること及びその人の適職と考えられる職業情報等を提供すること
が必要であり、実際にそれらの支援を提供するのが一連のキャリアコンサル
ティングである。

これらの分野の研究を JILPT で一体的に実施することにより、より包括
的な視点からのキャリア支援の研究成果を提供できるものと考える。

　各部における主な記載内容は次のとおりである。

　第1部では、職業情報の開発に関する研究成果について述べる。まず、2020年3月に創設された日本版 O-NET に搭載する職業情報の開発を行った経緯を述べる。

　次に、日本版 O-NET の利用者を想定し、サイトにはどのような機能があり、これを活用することによってどのようなことができるかについて紹介する。日本版 O-NET をご存じない、または利用したことがない方々に、今後日本版 O-NET に興味を持ち、その利用を考える契機の一つとしていただければ幸いである。

　さらに、職業情報の開発に関して、約500の収録する職業をどのように選定したか、その職業についての解説及び各職業の数値情報をどのように収集し、提供データとしてまとめたか等の方法論、集めたデータの概要等について述べる。また、日本版 O-NET の数値情報を使用した応用研究の可能性についてもコラム欄で紹介する。

　第2部では、職業適性・職業興味・価値観等の検査に関する研究成果について述べる。JILPT では、従来から様々な就職支援ツールの開発、改訂、利用方法に関する研究を実施してきた。本中期計画では、長年にわたって活用されてきた能力検査や職業興味検査、価値観等検査をベースとして、より使いやすく、活用されやすいツールの開発に向けた実践的な研究を行い、職業相談や就職支援でのこれらのツールの普及を図ることを目指した。

　教育や就労支援等の現場で多くの人に利用されている職業レディネス・テストや厚生労働省編一般職業適性検査（GATB）については、紙筆調査や器具検査として実施されてきたものであるが、日本版 O-NET においてアセスメントツールを介した職業検索機能が実装され、厚生労働省から同サイト上に搭載する自己理解支援ツールの一部に関する研究開発の要請を受けたことを踏まえ、Web 提供型のアセスメントツールの開発に取り組むこととなった。それらの開発過程等の一部について述べる。

　特に、教育や就労支援等の現場で職業レディネス・テストや GATB 等のツールを利用して職業相談、キャリアコンサルティングを行っている方々にとって、今後生徒や求職者等の利用が進むことが予想される Web 提供型

ツールの開発過程や Web 提供型ツールの利用に係る課題や留意点について
まとめた第2部の内容は、興味を持っていただけるものであると考える。

　第3部では、今後の国におけるキャリアコンサルティングの推進等の施策
の展開に寄与する研究成果について述べる。キャリアコンサルティングを受
ける立場の労働者側に対する調査結果、キャリアコンサルタントなどのキャ
リア支援者側に対する調査結果及びキャリア支援の効果と課題に関する調査
結果をもとに、労働者自身や日本のキャリア支援の現状、また、日本のキャ
リア支援がいつ誰にどのような効果をもたらしているのか等の詳細を明らか
にするとともに、国のキャリア支援施策の今後の課題を指摘する。

　キャリア形成支援に係る施策関係者やキャリアコンサルタントを含む本分
野の関係者の方々が日本におけるキャリア形成支援の現状と課題についての
全体像を網羅的にかつ深く理解し、今後の施策の進め方、キャリアコンサル
ティングのあり方を検討される際の参考にしていただけるものと考えてい
る。

第3節　各章の概要

1 第1部　職業情報提供サイト（日本版 O-NET）の開発

(1)　第1章　職業情報提供サイト開発の経緯とサイトの概要

　「日本版 O-NET」の創設が初めて提言されたのは、2017 年の「働き方改
革実行計画」においてである。高齢化、長寿化が進み、年齢、性別を問わず
多くの人が生涯を通して長く働くことが想定され、一生の中でのキャリアの
転換、離職・転職が珍しいことではなくなる中で、学卒者の新規採用のみな
らず転職、再就職などの際、労働市場での人材配置の最適化、労働移動の円
滑化等を効率的に実現し、転職希望者等が持つ職業スキルや知識等を活かし
た就職活動、企業の採用活動を行うためには「職業情報の見える化」が有効
であるとされた。

　なお、その後も日本版 O-NET については、政府方針等の中でたびたび言
及されている。

　日本版 O-NET 創設の提言を受けて、厚生労働省では日本版 O-NET のサ

イト公開に向けて準備を進めることとなった。

　JILPT は、長年にわたり日本において職業情報の収集、整理及びその一般への提供を行ってきたことから、2017 年度に基本構想の取りまとめ、2018 年度、2019 年度には職業情報の開発を行い厚生労働省に研究成果の提供を行った。

　厚生労働省では、これらの研究成果も踏まえ、2020 年 3 月にサイトを公開した。JILPT が厚生労働省に提供している職業情報（インプットデータ）は、職業解説、職業の数値情報（各職業のスキルレベル、知識の重要度等を職業間で比較可能な数値で示したもの。）等から構成されている。サイト公開後も職業情報の収集、更新等を継続して実施することとなっている。

　なお、本章では、本サイトの利用を想定する方々に向けて、主な機能や活用方法についても紹介している。

⑵　第 2 章　日本版 O-NET における職業解説の作成

　2018 年度及び 2019 年度においては、合わせて約 500 職業を収録職業として選定した。収録職業の選定方針、具体的な職業の選定にあたっては、インプットデータ研究会において JILPT の収録職業案に対する委員の意見等を踏まえ最終的な収録職業を決定した。

　検討の結果、世の中にある職業をある程度、体系的、網羅的にカバーすることを基本としつつ、選定方針等については、「ハローワークに求人が出ている職種」を中心とすることとなった。また、同時に国が示す「成長戦略」等の中でも成長が見込まれるとされる分野、人材育成が求められる分野に関連する新しい職業（仕事）については新規職業として追加していくこととされた。

　日本版 O-NET は 2020 年 3 月に公開されたが、毎年、新規職業を 10 程度増やす方針としており、2020 年度には 10 職業を追加、2021 年度には 14 職業を追加予定である。

　また、2020 年度には、職業解説の更新の一環として、その内容充実のために、職業解説の中に出てくる専門用語、業界用語等についての用語解説の作成を行った。用語解説は、2021 年 2 月末より日本版 O-NET サイト上の

職業解説の中でポップアップ形式で表示されるようになっている。また、全ての掲載職業について、よく使う道具、機材、情報技術等の情報の職業解説への追記を行った。

(3) 第3章 日本版 O-NET における数値情報の開発

数値情報とは、各職業のスキルレベル、知識の重要度等の後述する8領域について、職業間で比較可能な数値で示したものであり、基本的には米国O＊NET を参考とした就業者調査に基づき JILPT がデータを作成・提供している。

日本版 O-NET という名称は米国の O＊NET に由来している。O＊NET とは The Occupational Information Network の略称であり、米国労働省の下で開発されている職業情報データベースである。また、米国 O＊NET のデータを用いて情報の検索や閲覧が可能な Web サイトとして「O＊NET OnLine」がある。職業に関する多角的な情報を共通の基準に基づき数値化して提供する点が米国 O＊NET の特徴である。O＊NET プロジェクトは1998 年に初めて一般公開され、その後も調査の方法やデータ内容の修正、変更、追加が継続的に続けられ、現在は、就業者への質問紙調査を中心とした様々な方法を組み合わせてデータを収集・提供している。

米国 O＊NET の情報の特徴について他国の職業情報と比較しつつ確認すると、興味、スキル、知識、タスクなど米国 O＊NET と同じような情報領域が用意されている様子がうかがえるが、このうち職業横断的な性質を有する情報項目に関して、一定の幅の中で全職業を共通の基準で数値化しているのは米国 O＊NET のみである。米国 O＊NET は、何百という職業の世界全体の中から自分の興味・能力・適性に合致する職業を広い視野で探索したり、職業間の類似性を相対的に比較したりしたい場合に有利なツールとなっている。

一方、日本版 O-NET が提供する職業情報は、米国 O＊NET が提供する情報だけではなく、米国 OOH（Occupational Outlook Handbook）が提供する情報もあわせて作成・公開している点が特徴と言える。なお、OOH とは、第二次世界大戦終結後に大量に発生した退役軍人を民間産業へ転換する

ため1949年に米国労働省労働統計局が配布した冊子を起源とする「職業解説集」である。米国O＊NETとは全く別のプロジェクトとして現在もWeb媒体に移行しつつ約330職業の情報を更新・提供している。

　日本版O-NETは、このように米国O＊NETとは構造的に大きな違いがあるが、職業横断的な数値情報について言えば、前述したように基本的には米国O＊NETを参考とした就業者調査に基づきデータを作成・提供している。

　日本版O-NETの職業横断的な数値情報に関して、その概要を紹介する。JILPTが作成している職業に関する数値情報の領域は以下の8領域である。

① 　職業興味

　「ある職業に向いている職業興味とはどのようなものか」、すなわち各職業の職業興味への合致度について類型別に数値化した情報領域

② 　仕事価値観

　「ある職業が、個人の仕事価値観をどの程度満たしやすいか」、すなわち各職業の仕事に対する満足感の充足のしやすさを類型別に数値化した情報領域

③ 　教育と訓練

　就業者の一般的な学歴、入職前に必要な教育・訓練期間、入職前に必要な実務経験、及び入職後に一通り仕事を覚えるまでの期間（≒OJT期間）の4項目について就業者の回答の分布を数値で示すもの

④ 　スキル

　「ある職業でどのようなスキルが求められるか」、すなわち各職業の職務の遂行にあたって標準的に求められるスキル要件を数値化した情報領域

⑤ 　知識

　「ある職業でどのような知識が求められるか」、すなわち各職業の職務の遂行にあたって標準的に必要とされる知識要件を数値化した情報領域

⑥ 　仕事の性質

　チームワークの必要性（対人関係）、屋内か屋外か（物理的環境）、どこまで個人に仕事の裁量が認められているか（構造的特徴）等の情報について職業ごとに標準的な状況を示す情報領域

⑦ 　仕事の内容（ワーク・アクティビティ）

米国 O＊NET における Generalized Work Activities（GWA）を参考と
して 2020 年度に情報収集を行った情報領域。なお、GWA は、端的に言え
ば「仕事で行う活動」に関する情報であり、就業者に「ある職業において
GWA の各項目に求められるレベルと重要度」を尋ね作成されている。

⑧　タスク

　原則として 1 つの主要動詞を含む 1 文単位で切り出された、仕事の活動内
容に関する記述

　これらの 8 つの情報領域について、2018 年度から毎年度 Web 就業者調査
を実施し、職業ごとに一定数の回答者を得て平均値や比率を収録している。
調査では、Web モニター登録者の中から各職業の就業者を対象とし、各職
業で最終的に 50 名程度の回答者を確保することを目指し、調査時点の目標
件数は各職業 60 名に設定した。回答は PC からでもスマートフォンからで
も可能であった。回収されたデータについては、一定のスクリーニングを行
い、非就業者の「混入」の除外を試みている。

　なお、8 つの情報領域については、実際に作成されたデータをみなければ
データのイメージが掴みづらいと思われるため、第 4 節では、各情報領域に
関して具体的なデータ事例を紹介するとともに、各情報領域の性質を踏まえ
た実践現場での活用方法に関しても紹介している。

　数値情報に関する 2021 年度以降の開発の見通しについては、「アビリ
ティ」領域の開発、「仕事価値観」領域の刷新及び「タスク」情報の充実の
3 点が挙げられる。

　最後に、数値情報のデータは、データが蓄積されていくことでパネルデー
タとして、仕事の内容や性質の変化を追うことも可能になっていくと考えら
れる。JILPT が開発したこれらのデータをサイト上などで提供することに
より、キャリア教育・キャリア支援の現場はもとより、政策評価や学術的な
研究においても大いに活用されることが期待される。

　なお、第 1 部では、コラムとして、日本版 O-NET の数値情報を使用した
応用研究の例を掲載している。また、JILPT では、2020 年度において、応
用経済学やマクロ経済学等を専門分野とされている外部の研究者を委員とし
て「職業特性に着目したコロナウイルス流行の雇用・所得格差、企業経営等

への影響に関する研究に係る研究会（日本版 O-NET の活用による研究）」
を設置した。

2 第2部　就職支援ツール等の整備と今後の展開

(1) 第1章　能力評価ツールの検討と整備

　2000 年代より以前、アセスメントツールは紙筆検査全盛の時代であった。
紙筆検査は、個別相談だけでなく学校での集団的な進路指導の場面において
も扱いやすく、比較的安価なものが多く、結果として導入へのハードルが低
く、圧倒的なメリットがあると言える。

　一方で、科学技術の進展により、1980 年代から日本国内でも PC が徐々
に普及し始め、アセスメントツールにおいても技術革新の影響が現れてき
た。公的な職業相談の場で最初に公表されたキャリアガイダンスツールは、
職業情報を PC 上で提供できるようにした「職業ハンドブック CD-ROM 検
索システム」である（日本労働研究機構, 1998）。そして、PC による本格
的なアセスメントツールとして最初に提供されたツールが、2000 年に開
発・公表された In ★ sites2000 であり、その後改訂を経て 2004 年に「キャ
リア・インサイト」として公表されている。「キャリア・インサイト」は、
利用者が単独でキャリアガイダンスの流れを一貫して体感できる「セルフヘ
ルプ」を技術的に可能にした初めてのツールであった。

　他方で、キャリアガイダンスツールは、技術革新のみならず、現場の多様
なニーズの高まりからの影響も受けてきた。例えば、従来厳密な手順に沿っ
て実施するしかなかった適性検査を、相談現場において手軽に、様々な方法
で、圧迫感なく実施でき、利用者の特性や特徴を把握できるようなガイダン
スツールが求められ、開発されてきた。

　このように、現在の職業相談場面においては、ニーズに応じて適切な形式
の検査やツール類を使い分けて選んで使用できる環境が整ってきた状況にあ
る。

　なお、PC 型のアセスメントツールである「キャリア・インサイト」は原
則として CD-ROM で提供され、インターネットとは連動しないシステムで
あった。職業情報を PC 上で提供する中学生・高校生向けの職業情報ツール

である職業ハンドブック OHBY（日本労働研究機構，2002）においても、利用者の職業興味等から職業情報へ接続する機能が搭載されていたが、これも PC 上でのみ稼働するシステムで、インターネットへの接続は考慮されていなかった。

　しかし、インターネットの利用状況はその後も大きく進展した。こうした変化は、キャリア支援で使われるアセスメントツールの形態やニーズにも大きく影響することになった。

　そうした技術革新の進む時代の変化の中で、日本版 O-NET が 2020 年 3 月に公開された。その翌年には、自己理解支援ツールが搭載され、アセスメントツールを介した職業検索機能が実装されるようになった。JILPT は、日本版 O-NET 上に搭載する自己理解支援ツールの一部に関するプロトタイプの研究開発の要請を厚生労働省から受けた。

　職業適性検査は、職業選択に資する情報提供機能を有しており、一般社会で誰もがアクセスできる状態を確保していくことが極めて重要である。今まで技術的に可能だが搭載を見送ってきた、アセスメントツールの「Web 化」に取り組むことになった。

　本章では、日本版 O-NET に搭載するための Web 提供型ツール開発の試みのうち、厚生労働省編一般職業適性検査（GATB）の Web システム化について取り上げた。ツールの開発にあたっては、一般就業者を対象とした解答データ収集調査を行った。その調査を通して明らかとなった、能力に関する Web 版の検査の開発にあたっての課題としては、2 点挙げられる。

　第 1 に、検査中の実施状況や環境を把握した上での検査結果の解釈の重要性である。調査では、検査が進むにつれ、本来この職業に就く人であれば考えにくいような低得点をとる人も一定数みられた。この「低得点」は、必ずしもその人の能力だけを反映しているとは限らない。検査中に集中を妨げるような出来事があったり、通信状況が悪かったり等、能力以外の要因も大いに考えられるため、検査中の実施状況や環境を把握した上で検査結果を解釈することが重要である。第 2 に、Web 提供型検査に係る継続的な研究の必要性である。PC やスマホといった、Web 上の多様な使われ方についての配慮や工夫にはいまだ改善が必要な点があるものと思われる。

(2)　第2章　職業興味評価ツールの検討と整備

　本研究は、日本版 O-NET 内の職業検索のための職業興味検査の開発に関する課題研究として行われた。本章では、ツールに組み込む尺度の作成と職業情報との関連づけの方法について検討した結果を記述している。

　職業興味の測定に関して、JILPT ではこれまでにいくつかの質問紙検査やガイダンスツールを開発してきた。職業興味を測定する検査としては、「職業レディネス・テスト」や「VPI 職業興味検査」がある。これらは紙筆検査であり、標準化を行い、心理検査として開発されたものである。他方、紙筆検査タイプではなく、コンピュータを用いたキャリアガイダンスシステム（CACGS: Computer Assisted Careers Guidance System）も開発された。これは「キャリア・インサイト」というシステムであり、このシステムには適性評価のための 4 つのテストが組み込まれており、職業興味についても測定することができる。

　システムの開発にあたっては、1970 年代から行われてきた海外の著名な CACGS についての情報収集のほか（松本・松本, 1991；室山, 1992；室山, 1996；日本労働研究機構, 1992）、利用者が自らの職業興味を調べることが職業情報の収集にも役立つということを実証した実験的な研究も行われている（室山, 1997a, 1997b）。「キャリア・インサイト」の最初のバージョンは 18 歳から 30 代前半程度で就業経験の比較的少ない若年層を対象としたシステムであったが（室山, 1999, 2000, 2002, 2004）、その後、改訂を行い、現在では若年者から就業経験のあるミッドキャリア層まで幅広く利用できる「キャリア・インサイト統合版」が開発された（労働政策研究・研修機構, 2014）。

　本研究では、職業興味を測定して職業情報に結びつけていくためのツールの構成や職業との照合の方法を考える際に、上記のような各種検査や CACGS のシステム開発の際に行われた研究や知見を基盤として参照することにした。

　ツールを作成するための基本構想は、次の 3 点であった。第 1 点は、職業興味を測定する検査として一定の信頼性を保証できるものとすること、第 2 点は、紙筆検査の形態をとらず Web 上などで比較的簡易な形態で実施でき

るものとすることである。検査項目は多い方が尺度としての信頼性は高くなるが、Web 上での実施を想定する場合、項目数はできるだけ少ない方が望ましいと考えられるため、両者を併行して検討する必要があった。検討の結果、「職業レディネス・テスト」の興味評価項目を素材として用いることにした。

　第 3 点は、実施後に示される職業興味の特徴を具体的な職業情報と結びつけられるようにすることである。興味の測定結果と職業を結びつけるためには、職業の方でも職業興味に関する情報を持っている必要がある。そこで、職業情報に関するデータベースとしては、日本版 O-NET を用いることとした。このデータベースには、職業興味に関する数値データも含まれている。個々の職業の就業者に対して、興味の方向性と関連づけた 6 つの特徴（Holland の 6 領域に対応する説明）を示し、それぞれの特徴が就業者が従事している職業に「合っている」と思うかどうかを 5 段階で評価してもらう方式で職業興味が収集されている。職業ごとの興味の 6 領域の得点は複数の回答者の平均値により算出されている。したがって、各職業の興味の 6 領域の数値データを用いれば、「職業レディネス・テスト」を素材とした検査結果で示される興味の 6 領域の特徴と紐づけることができる。

　以上のような基本構想に基づき、本研究では、職業興味を調べ、それを職業情報に結びつけるようなツールの仕組みについて検討を進めた。

　「職業レディネス・テスト」のうち、本研究で開発するツールの基盤としたのは、職業興味を測定する A 検査 54 項目である。まず初めに、その 54 項目のうち、職業興味を測定するために充分な信頼性を保証できる項目数に、全体の項目を絞り込む作業が行われた。データ収集は、大学生等の高等教育課程の学生と 30 歳代前半程度の若年求職者層を対象に行われた。興味の各領域には 9 項目が含まれているが、項目数を減らすことが目的の一つであったため、まずは項目数を 7 項目あるいは 6 項目に絞ることを検討し、それらの項目のうち全ての信頼性係数が .80 以上となる 7 項目版で尺度を構成した。

　一方、職業情報データベースについては、日本版 O-NET の各職業の興味の数値データを用いて、各領域の得点による全職業の平均値や分布等の傾向

を検討した。また、各職業について興味の数値データの上位2領域について興味領域コード（RIASEC）をつけ（IR、AS、SCなど）、上位2領域のコードごとの職業データを整理した。

　最後に、対象者の興味検査の結果と職業名の連結を行い、興味検査の結果に基づき一定数以上の職業数が提示されるような職業リストの作成方式を検討した。

　本ツールが実用化されれば、ツールの利用は興味を手がかりとして具体的な職業を参照できるという点で一定の意義を持つものであると考える。ただし、個人の職業興味の結果には様々な回答のパターンがある。特定の興味領域に職業を具体的に関連づけられないような場合に、利用者が提示された職業をどのように受け止めるのかは非常に気がかりな点である。Web上での利用は傍らに専門家がいるような条件が期待できないため、本人にとって不本意だったり意外だったりする職業リストが提示された時の受け止め方の可能性を慎重に考える必要がある。その点については結果に関するコメントの内容や表示等により工夫していくことが不可欠である。

(3)　第3章　仕事に対する価値観評価ツールの検討と整備

　職業適性の定義に含まれる能力・興味という要素とともに、どのように働きたいのか、職業を通して何を目指すのかという概念を含む仕事に対する「価値観」という特性の把握は、就職支援にとって重要な手がかりとなる。本章では、大学生等の若者の進路選択に役立つ仕事に対する価値観等評価ツールの検討過程を整理し、開発結果をまとめた。

　検討の手順としては、まず、キャリア・インサイトに含まれる価値観評価尺度及び職業レディネス・テストの最初の開発時に検討された選職観についての考え方を参考として、「自己成長」、「社会貢献」、「地位」、「経済性」、「仕事と生活のバランス」及び「主体的進路選択」の6つの構成概念を決定した。次に、各概念の測定のために94項目の調査項目を作成した。仕事をする上でどのようなことを目指したいか、重視するかを記述した内容の項目に対してあてはまるかどうかを5段階で回答する内容であった。Webモニター調査のデータを分析し最終的に各概念について8項目の調査項目に絞

り、信頼性・妥当性を検証した上で、尺度を作成した。若年者の仕事選びに関連した価値観を測定するものとして、「仕事選び基準尺度」と名づけた。

なお、本ツールが開発された後、日本版 O-NET の「仕事価値観」領域の項目内容もこれに合わせて刷新されることが検討されている。日本版 O-NET の数値データには、仕事価値観の 10 項目があり、職業の観点から価値観を評価したものである。「仕事選び基準尺度」のように個人の特性として捉えた価値観の特徴がどのような職業で満足できるのかについて検討すること、例えば、日本版 O-NET で測定されている価値観の概念との関連性を検討していくことが今後の課題である。

③ 第3部　労働者のキャリア形成とその支援のあり方

⑴ 第1章　労働者のキャリア形成ニーズの現状

本章では、労働者側に対する調査結果をもとに、労働者の相談ニーズや日々の働き方との関係、相談内容等をまとめている。調査では、第1に、労働者の相談ニーズ（専門のカウンセラーに対する相談のニーズ）を明らかにした。労働者の相談ニーズは、総じて言えば大きいものではないが、一定の対象層ではニーズが高かった。その最大の要因は年齢であり、概して年齢が若いほど相談ニーズは高かった。さらに、学歴が高いほど、正規就労者や契約社員の場合、転職経験がある場合、事務的、販売、サービス、建設・採掘の仕事の場合に相談ニーズが大きくなっていた。

また、労働者の相談ニーズと職場における日々の働き方には、基本的に、統計的に有意な相関がみられた。そのうち、労働者の相談ニーズに最も強い影響を与えていたのが「会社に『使い捨て』られそうな気がする」であり、以下、「職場や働き方に関する相談をする窓口がない」「十分に睡眠や休みがとれず、疲れがたまっている」「残業時間が長く、家に帰るのが遅くなる」などが続いていた。これらの長時間労働の結果生じる様々な不安や心配、身体的な不調が相談ニーズと結びつきやすいと考察された。

第2に、労働者の相談内容について多側面から検討し、労働者が各年代で何に思い悩み、どのようなニーズを感じているのかを明らかにした。その結果、具体的に相談したい内容としては、「賃金や処遇について」「転職」「自

分の職業の向き不向き」「仕事内容について」「定年後の就職、仕事について」などが上位を占めた。また、おおむね年代によって相談内容は変化していた。概して20～30代では相談したい内容が多かった。20代では就職活動や進学・留学、職場の同僚や上司との人間関係、精神面の病気についてのニーズが大きく、30代では職業能力開発や職業生活設計、昇進などのキャリア関連の相談内容のニーズが大きかった。40～50代が相談したい内容は「定年後の就職、仕事について」「家族の介護」であり、その他には自由記述内容などから「特になし」という回答が多かった。

　最後に、コロナ禍における就業者のキャリア意識に焦点を当てて検討し、コロナ禍における相談ニーズについて結果を得た。コロナ禍での職業生活の変化及び職業観・キャリア観の変化について検討した結果、約4割がコロナ禍で職業生活に「変化があった」と回答した。また、約2割がコロナ禍で職業観・キャリア観に「変化があった」と回答した。ただし一方で、コロナ禍で「変化がなかった」との回答も、それぞれ約4割だった。これらの回答については、企業規模、雇用形態、職業、年収などで、統計的に有意な差がみられた。コロナ禍が職業生活に与えた影響は一様ではなく、概して、大企業、正社員、管理的・専門的・技術的・事務的職業、年収400万円以上で変化が大きいと感じられていた。

　コロナ禍におけるキャリア意識については、「大企業・正社員・デスクワーク・高収入層」と「中小企業・正社員以外・非デスクワーク・低収入層」では、①コロナ禍による職業生活の変化及び職業観・キャリア観の変化、②コロナ禍におけるキャリア意識の諸相、③キャリアコンサルティング（キャリア相談）に対する意識のいずれの面でも、やや大きな分断・相違がみられた。概して前者では、テレワーク等による職業生活の変化を経験する中で自律的な職業観・キャリア観を持つ傾向が特に高く、テレワークに対する継続的な関心を抱く。また、相談ニーズもある程度高く、特に能力開発面での相談、対面あるいはオンラインでの相談に関心を持っているようであった。一方、後者の関心事は、広い意味での職業生活（ワーク）とその他の生活（ライフ）の関わりやリバランスであり、それが週3日週4日正社員や時短勤務のような短時間労働への関心として現れていた。

(2) **第２章　労働者に対するキャリア支援の現状**

　本章では、キャリア支援者側に対する調査結果をもとに、日本のキャリア支援の現状を示し、今後の日本のキャリア支援の課題を指摘している。

　調査結果から、キャリアコンサルタントの属性にはいくつかの傾向がみられた。例えば、①40代以上の中高年者が多く30代以下の若年者が少ない。②東京大阪などの都市部に偏り、地方に少ない。③勤務している場合、大企業に集中しており、中小企業に少ない。これらのキャリアコンサルタントの属性は、キャリアコンサルタントの現状に即した属性分布であり、一定程度キャリアコンサルティングの活動を反映しているとも解釈される。

　しかしながら、現在、キャリアコンサルティングに持ち込まれる多種多様な問題解決、相談、支援のニーズを考えた場合、可能な限り、キャリアコンサルタントの属性は多様であることが望まれる。すなわち、30代以下の若年層、地方、中小企業、役職者の中に国家資格キャリアコンサルタントの登録者が増えることが望ましい。

　なお、キャリアコンサルタントの活動領域については、従来、企業・学校・需給調整機関・地域の４つの領域が主に考えられることが多かったが、本調査では、その他のいわゆる「地域・福祉領域」での活動も広がりをみせつつあることがうかがえた。今後、いっそうの拡大をみせる領域であると想定される。

　地域・福祉領域については、いずれもこれまでキャリアコンサルタントが取り扱ってきた問題より、さらに個別性の高い個人個人で異なる対応が求められることが想定され、従来とは異なるスキル・コンピテンシーが求められる可能性も高い。また、いずれも関連諸機関における職員・管理者・専門家との密接な連携が求められ、チーム支援の一端を担うキャリアコンサルタントとして、従来よりもいっそうレベルの高い連携・協働のスキルも求められると想定される。

　また、キャリアコンサルタントを対象として実施された過去３回の調査結果との比較を通じて、キャリアコンサルタントの活動状況のこの約10年における変化を捉えた結果は、主に以下の３点に集約することができる。

　第１に、キャリアコンサルタントの年齢は、30代の割合が減少し、50代

以上の割合が増加していた。また、男性の割合が減少し、女性の割合が増加した。これらの傾向そのものは変化の実態であり、直ちに課題・問題となるものではない。しかしながら、ここでも、キャリアコンサルタントの属性は画一的・単一的であるよりは、多様であることが求められる。

第2に、キャリアコンサルタントの活動領域にも変化がみられた。概して企業領域の割合が大幅に拡大し、需給調整機関領域（特に公的就労支援機関）の割合が減少していた。特に、キャリアコンサルティングが「需給調整機関から企業へ」と移行した背景には、企業内キャリアコンサルティングを後押しする制度的な環境整備の影響が大きいところである。

第3に、キャリアコンサルタントが取り扱う相談内容についても変化がみられた。大きく割合が増加した相談内容は「現在の仕事・職務の内容」「職場の人間関係」「今後の生活設計、能力開発計画、キャリア・プラン等」「部下の育成・キャリア形成」であり、大きく減少したのは「就職・転職活動の進め方」「将来設計・進路選択」などであった。

このほか、実際に、キャリアコンサルティングで何が行われているのかを詳しく検討するために、ジョブ・カードを用いたキャリアコンサルティングの具体的な活用の実態を明らかにした。また、キャリアコンサルティング経験者に対して、覚えていること、感じたこと、役立ったことなど等について尋ねた自由記述の内容を整理・分析した。

⑶　第3章　キャリア支援の効果と課題

キャリアコンサルティングの効果に関する先行研究の多くは、いくつかのキャリアガイダンスの効果測定研究を文献レビューやその他の手法を用いて何らかの形で集約し、総じてどういう主張が可能なのかを示している。また、複数の効果測定研究の結果を統合するメタ分析という特殊な統計技法を用いて、多くの研究が行われてきた。

一方で、欧州のキャリア支援政策研究では、キャリアガイダンス・キャリアカウンセリングの効果を検討するにあたっての枠組みの議論も盛んになされた。

これらのキャリア支援の効果に関する研究では、キャリア支援の効果は端

19

的に示されるものではないことが繰り返し指摘されてきた。キャリア支援の効果を最も単純に考えた場合、素朴な要請は、例えば、キャリア支援を行った結果、行っていない場合に比べて就職率が何％上がったということを数字で示すことである。こうした単純な効果は先行研究でも繰り返し示されている。しかし、中長期の個人に対する効果や、社会全体への経済効果、組織や国全体への波及効果等が示されることはない。一時点のキャリア支援の効果が中長期の広範囲に及ぶと想定するにつれて、様々な関連する変数が交錯するため、純粋なキャリア支援の効果を示すことが難しくなるからである。

　したがって、海外のキャリア支援の効果研究は、多側面から効果の傍証たり得る間接的なエビデンスを集積し、それによってキャリア支援の効果をおぼろ気ながら示すことを行ってきた。そして、そのために実に様々な手法が提案・提起されてきた。

　これらの先行研究を踏まえて、本研究では、①質問紙調査による量的研究をベースとし、②キャリアコンサルティング経験者と未経験者を分けて比較する準実験的手法を用い、かつ、③短期の効果のみならず、中長期の効果をも探索的に検討するために過去を想起させるゼン・アンド・ナウ研究法を用い、④職業やキャリアに関する効果のみならず、職業生活全般もしくは職場における適正な働き方の問題なども念頭に置いた幅広い研究手法を用いて、キャリアコンサルティングの効果を検証した結果を示した。

　検討の結果、キャリアコンサルティングの経験者は非経験者に比べて、①総じて満足感が高い、②職業能力に自信がある、③企業外のキャリアコンサルティングでは転職が多かったが、企業内のキャリアコンサルティングでは転職が少なかった。また、結論としては、キャリア形成支援、特にキャリアコンサルティングには確かに効果があるということが言えた。この結論は、過去のキャリアコンサルティング経験者と未経験者を比較しても、その結果を、性別・年齢・学歴、もともとのキャリア意識の高さなどを厳密に統計的に調整しても揺らぐことがないものであった。

　また、第3章では、全体のまとめとして、第3部を通して得られた知見を第11次職業能力開発基本計画（令和3年度～令和7年度）と関連づけて考察するとともに、第1部で論じた「情報」、第2部で論じた「アセスメント」

との関わりについても述べている。

【引用文献】

一般社団法人日本経済団体連合会（2021）「2021年版経営労働政策特別委員会報告」経団連出版
一般社団法人日本経済団体連合会（2020）「2020年版経営労働政策特別委員会報告」経団連出版
日本労働研究機構（2014）「キャリア・インサイト［統合版］」
日本労働研究機構（2002）「職業ハンドブック OHBY」
日本労働研究機構（1998）「職業ハンドブック CD-ROM 検索システム」
日本労働研究機構（1992）「コンピュータによるキャリア・ガイダンス・システムの現状と展望」
　日本労働研究機構 資料シリーズ，19
松本真作・松本純平（1991）「CHOICES：カナダ雇用移民省の適職探索システム‐その機能と現状
　‐」日本労働研究機構　研究紀要，1，73-88
室山晴美（1992）「アメリカ、ドイツ、イギリスの職業指導、適職探索システムの概観」日本労働
　研究機構　研究紀要，3，13-28
室山晴美（1996）「コンピュータ援助型のキャリアガイダンスシステムの開発とその利用‐英国に
　おける包括的キャリアガイダンスシステム：PROSPECT（HE）を中心として‐」日本労働研究
　機構　研究機構，11，1-16.
室山晴美（1997a）「自己の職業興味の理解が職業情報の検索に及ぼす効果」日本労働研究機構　研
　究紀要，13，1-15.
室山晴美（1997b）「自己の職業興味の理解と進路に対する準備度が職業情報の検索に及ぼす効果」
　進路指導研究，18，17-26.
室山晴美（1999）「若年者のための職業能力評価尺度の作成」日本労働研究機構　研究紀要，17，
　105-114.
室山晴美（2000）「コンピュータによる職業適性診断システムの開発」日本労働研究機構　研究紀
　要　19，27-38.
室山晴美（2002）「コンピュータによる職業適性診断システムの利用と評価」教育心理学研究，50，
　311-322.
Muroyama, H（2004）「Development of a Computer-assisted Career Guidance system」Japan la-
　bor Review, 1(1), 68-76
労働政策研究・研修機構（編）（2016）「新時代のキャリアコンサルティング」

　本書の第1部から第3部について、読んでいただきたいポイントを紹介する。

〈第1部〉

日本版 O-NET に搭載されている職業情報の開発やその内容について述べるとともに、日本版 O-NET にはどのような機能があり、この活用によってどのようなことができるかについて紹介している。

> ➡ 　日本版 O-NET を知らない、または利用したことがない方にも、今後日本版 O-NET に興味を持ち、その利用を考える契機の一つとしていただけるものと考えている。

〈第2部〉

職業レディネス・テストや厚生労働省編一般職業適性検査（GATB）をベースとして、日本版 O-NET に搭載することを予定している Web 提供型ツールの開発過程を明らかにしている。

> ➡ 　教育や就労支援等の現場でこれらの就職支援ツールを利用してキャリアコンサルティング等を行っている方にとって、今後支援対象者の利用が増えることが予想される Web 提供型ツールの開発過程や Web 提供型ツールの利用に係る課題や留意点についてまとめた内容には、興味を持っていただけるものと考えている。

〈第3部〉

労働者やキャリアコンサルタントに対する調査結果等を分析し、日本のキャリア支援の現状、また、日本のキャリア支援がいつ誰にどのような効果をもたらしているのか等について明らかにしている。

> ➡ 　キャリア形成支援に係る施策関係者やキャリアコンサルタント等の関係者が日本のキャリア形成支援の現状と課題を網羅的にかつ深く理解し、今後の施策の方向性、キャリアコンサルティングのあり方等を検討する際の参考にしていただけるものと考えている。

第 1 部
職業情報提供サイト（日本版 O-NET）の開発

第1章 職業情報提供サイト開発の経緯とサイトの概要

田中 歩

第1節 日本版 O-NET の創設等に関連する政府方針等

「日本版 O-NET」の創設が初めて提言されたのは、2017年3月28日に働き方改革実現会議で決定された「働き方改革実行計画」においてである。人口減少下で安定的な経済成長を実現していくためには、一人ひとりが持つ能力を最大限に活かし、国全体の労働生産性の向上を図ることが重要である。高齢化、長寿化も進み個人レベルでみても、年齢、性別を問わず多くの人が生涯を通して長く働くことが想定され、一生の中でのキャリアの転換、離職・転職が珍しいことではなくなるだろう。そのため、学卒者の新規採用のみならず転職、再就職など多様な採用機会の拡大も必要となる。その際、労働市場での人材配置の最適化、労働移動の円滑化等を効率的に実現し、転職希望者等が持つ職業スキルや知識等を活かした就職活動、企業の採用活動を行うためには「職業情報の見える化」が有効である。

「働き方改革実行計画」では転職・再就職の拡大に向けた職業能力・職業情報の見える化として、「AI 等の成長分野も含めた様々な仕事の内容、求められる知識・能力・技術、平均年収といった職業情報のあり方について、関係省庁や民間が連携して調査・検討を行い、資格情報等も含めて総合的に提供するサイト（日本版 O-NET）を創設する」とされたところである。

その後も日本版 O-NET については、政府方針等の中で言及されている。「未来投資戦略 2017」（2017年6月9日閣議決定）においては、生産性・成長性の高い産業への「人の流れ」を実現する労働市場改革の一環として、転職・再就職の拡大に向けて、労働市場における「見える化」を促進する職業情報に関して総合的に提供するサイトとして日本版 O-NET が記述されている。

　「未来投資戦略 2018」（2018 年 6 月 15 日閣議決定）では、人材の最適活用に向け、個人の主体的なキャリア形成を支える労働市場インフラとして日本版 O-NET の創設が掲げられたところである。

　2019 年の「成長戦略フォローアップ」（2019 年 6 月 21 日閣議決定）の中では、日本版 O-NET の公開を前提に、同サイトが他の関連システムと有機的に連携することで、求職者や企業の人事担当者等が円滑に職業情報の把握等を行えるシステム構築を目指すことが言及されている。

　サイト公開後の 2020 年の「革新的事業活動に関する実行計画」（2020 年 7 月 17 日閣議決定）（抜粋）の中では、2020 年度から 2025 年度の間も「労働市場の見える化」に資するよう、職業情報提供サイト「日本版 O-NET」について、労働市場の変化に応じて情報の収集・分析・更新や、関連システムとの連携等を行うとともに、コンテンツをさらに充実することが計画されている。

　また、高齢者の雇用・就業機会の確保、中途採用の促進等の文脈においても、日本版 O-NET を含め、求職者等の職業選択に資する職業情報等の提供は、国が総合的に取り組むべき施策の一つとして、その充実に取り組む旨の条文が「労働施策の総合的な推進並びに労働者の雇用の安定及び職業生活の充実等に関する法律 」（昭和 41 年法律第 132 号）に盛り込まれ 2021 年 4 月より施行されている。

【参考】
◆政府方針等に記載されている日本版 O-NET
1　働き方改革実行計画（平成 29 年 3 月 28 日：働き方改革実現会議決定）
（抜粋）
9. 雇用吸収力、付加価値の高い産業への転職・再就職支援
⑵　転職・再就職の拡大に向けた職業能力・職場情報の見える化
AI 等の成長分野も含めた様々な仕事の内容、求められる知識・能力・技術、平均年収といった職業情報のあり方について、関係省庁や民間が連携して調査・検討を行い、資格情報等も含めて総合的に提供するサイト（日本版 O-NET）を創設する。（以下、略）

2 未来投資戦略 2017- Society 5.0 の実現に向けた開拓 - （平成 29 年 6 月 9 日閣議決定）（抜粋）

第 2 　具体的施策

Ⅱ 　Society 5.0 の横割課題

A. 　価値の源泉の創出

3. 　人材の育成・活用力の強化

⑵ 　新たに講ずべき具体的施策

ⅲ）生産性・成長性の高い産業への「人の流れ」を実現する労働市場改革

① 　労働市場における「見える化」の促進

転職・再就職の拡大に向けて、職業情報に関して総合的に提供するサイト（日本版 O-NET）や女性や若者が働きやすい企業の職場情報をワンストップで閲覧できるサイトの創設、技能検定やジョブ・カードの活用促進等により、職業能力・職場情報の見える化を促進する。

3 未来投資戦略 2018 ―「Society 5.0」「データ駆動型社会」への変革―（平成 30 年 6 月 15 日閣議決定）（抜粋）

第 2 　具体的施策

Ⅱ. 　経済構造革新への基盤づくり

［1］データ駆動型社会の共通インフラの整備

2. 　AI 時代に対応した人材育成と最適活用

2 - 2. 　人材の最適活用に向けた労働市場改革

⑶ 　新たに講ずべき具体的施策

ⅲ）主体的なキャリア形成を支える労働市場のインフラ整備

① 　日本版 O-NET の創設等による労働市場の「見える化」

・職業情報提供サイト「日本版 O-NET」について、平成 32 年からの稼働に向けて、AI・データ分野の専門家から知見を得つつ、民間人材ビジネス、企業等とのデータ連携や AI・ビッグデータの活用も視野に入れ、データの収集・分析や更新、ユーザーインターフェース、「職場情報総合サイト」等との連携など、具体的な設計・開発の検討を進める。（以下、略）

4　成長戦略（2019 年）：成長戦略フォローアップ（令和元年 6 月 21 日閣議決定）（抜粋）

Ⅱ．全世代型社会保障への改革

2．中途採用・経験者採用の促進

⑵　新たに講ずべき具体的施策

Ⅱ）主体的なキャリア形成を支える労働市場のインフラ整備

・2020 年からの稼働を目指す職業情報提供サイト「日本版 O-NET」（仮称）や、2022 年以降の稼働を目指す「職業能力診断ツール」について、両者の連携を図るほか、ハローワークインターネットサービスや職場情報総合サイトなど、既存のシステムとの連携も視野に入れて開発・運用を進めることで、求職者や企業の人事担当者等が、円滑に職業情報の把握や求人情報の検索等を行える有機的なシステム構築を目指す。

5　革新的事業活動に関する実行計画（令和 2 年 7 月 17 日閣議決定）（抜粋）

1．新しい働き方の定着

ⅵ）**日本版 O-NET 等**による**労働市場の「見える化」**

職業情報提供サイト「日本版 O-NET」について、労働市場の変化に応じて情報の収集・分析・更新や、関連システムとの連携等を行うとともに、コンテンツを更に充実（2020 年度〜2025 年度）

◆日本版 O-NET の根拠条文

6　労働施策の総合的な推進並びに労働者の雇用の安定及び職業生活の充実等に関する法律（昭和 41 年法律第 132 号）

第一章　総則

（目的）

第一条　この法律は、国が、少子高齢化による人口構造の変化等の経済社会情勢の変化に対応して、労働に関し、その政策全般にわたり、必要な施策を総合的に講ずることにより、労働市場の機能が適切に発揮され、労働者の多様な事情に応じた雇用の安定及び職業生活の充実並びに労働生産性の向上を

促進して、労働者がその有する能力を有効に発揮することができるようにし、これを通じて、労働者の職業の安定と経済的社会的地位の向上とを図るとともに、経済及び社会の発展並びに完全雇用の達成に資することを目的とする。

（中略）

(国の施策)

第四条 国は、第一条第一項の目的を達成するため、前条に規定する基本的理念に従って、次に掲げる事項について、総合的に取り組まなければならない。

　（中略）

六 労働者の職業選択に資するよう、雇用管理若しくは採用の状況その他の職場に関する事項又は職業に関する事項の情報の提供のために必要な施策を充実すること。

第2節　インプットデータ開発に関する調査研究等の実施

2017年3月28日に働き方改革実現会議で決定された「働き方改革実行計画」において「職業能力・職業情報の見える化」として日本版O-NETの創設が提言されたことを受けて、厚生労働省では日本版O-NETのサイト公開に向けて準備を進めることとなった。

JILPTは、長年にわたり日本において職業情報の収集、整理及びその一般への提供を行ってきたことから、厚生労働省による日本版O-NETの開発にあたり、同省の要請により2017年度は基本構想の取りまとめ、2018年度、2019年度の2年間は職業情報の開発を行い厚生労働省に研究成果の提供を行った。

厚生労働省では、これらの研究成果も踏まえ、2020年3月にサイトを公開した[1]。

JILPTが厚生労働省に提供している職業情報（インプットデータ）は、

1　今後、当該サイトについては愛称「job tag」と呼称されるようになる予定である。

職業解説、職業の数値情報（各職業のスキルレベル、知識の重要度等を職業間で比較可能な数値で示したもの。）等から構成される。JILPT では、日本版 O-NET サイト公開後も職業情報の収集、更新等を継続して実施することとなっている。現在は、2020 年度に新規追加された 10 職業を加えて約 500 の職業情報が掲載されている（図表 1-1、31～35 ページ参照）。

第 3 節　日本版 O-NET の概要と活用の意義

これまで述べてきたように、日本版 O-NET は、主体的なキャリア形成を支える労働市場のインフラ整備として、職業能力・職業情報を見える化し、求職者等の就職活動や企業の採用活動等を支援することを目的として創設された。本節では、本サイトの利用を想定する方々に向けて、主な機能や活用方法について紹介する。

日本版 O-NET は、まだ就職経験のない人や再就職先を探している人などが、どんな職業があるのか、いろいろな切り口から探したり、その職業ではどんな仕事内容・作業が一般的に行われ、どんなスキルや知識、興味、価値観を持った労働者が働いているのか調べることができ、自分に向いているかどうかなどを検討することができる。また、ハローワークや民間職業紹介機関、教育機関等に勤務する職員やキャリアコンサルタント等の支援者、企業内での人材活用に取り組む企業の担当者等が活用できる様々な機能を搭載している。

主な機能は次のとおりである。

① 職業情報

約 500 の職業について、職業の一般的な仕事内容・作業、就業する経路、必要なスキル、都道府県単位の労働条件、求人倍率、求人情報などをデータ及び動画で紹介している。また、どのようなスキル・知識、学歴、興味・価値観を持った人が働いているかについての情報も知ることができる。

詳細については、後に続く第 2 章及び第 3 章で述べているが、JILPT は、都道府県単位の労働条件などのデータや動画などを除くコンテンツを開発し、厚生労働省に提供している。

② 興味・価値観検査

　仕事の興味・価値観に関する診断テストが搭載されており、各診断テストの結果から導き出される、自分に向いている職業の一覧から、希望職種などを検討することができるようになっている。

　これらの検査については、今後、JILPT が開発した新たなツールを搭載することが予定されている。また、能力評価ツールも新たに搭載されることになっている。これらの開発に係る現段階での研究成果については、第 2 部の各章で述べている。JILPT にとっても、これまでアセスメントツールの中心的なものであった紙筆検査とは異なる、「Web 提供型ツールの開発」という新たな試みとなっている。

③ 職業検索

　サイトの利用者の立場や志向に合わせて、様々な方法で職業を調べることができる。具体的には、「語学を生かす」、「販売する・営業する」等のテーマや、職種カテゴリで職業を検索できるほか、地図のイラストを選択して該当する職業を提示するイメージ検索（地図）や、「B to B（企業間で行われる仕事）」、「IT 関連」等の切り口別の検索ができるようになっている。

④ 経歴・スキルの可視化

　求職者等が自分の経歴や現状のスキルから自分の「職業能力プロフィール」を作成し、自分の職業能力の強み弱みを可視化することができる。目的とする職業に必要な能力とプロフィールを比較すれば自分の不足しているスキルや知識を明確にすることも可能である。

　このほか、企業の人事担当者の活用を想定し、地域の同種の職業の賃金のデータや募集に役立つデータ等を提供する人材募集サポート、企業において求められる一般的なスキルと社員のスキルを比較し、社員に不足する知識やスキルを把握し、人材配置や教育の計画などに活かす人材育成サポートの機能が利用できるようになっている。

図表 1-1　日本版 O-NET 収録職業一覧

1	豆腐製造、豆腐職人	40	精密機器技術者	78	バイオテクノロジー技術者
2	パン製造、パン職人	41	電気技術者	79	宇宙開発技術者
3	洋菓子製造、パティシエ	42	電子機器技術者	80	航空機開発エンジニア（ジェットエンジン）
4	和菓子製造、和菓子職人	43	電気通信技術者	81	建築設計技術者
5	乳製品製造	44	家電修理	82	建築施工管理技術者
6	水産ねり製品製造	45	プラント設計技術者	83	土木設計技術者
7	冷凍加工食品製造	46	医療用画像機器組立	84	土木施工管理技術者
8	惣菜製造	47	織布工/織機オペレーター	85	測量士
9	清酒製造	48	染色工/染色設備オペレーター	86	CAD オペレーター
10	みそ製造	49	ミシン縫製	87	大工
11	しょうゆ製造	50	木材製造	88	型枠大工
12	ハム・ソーセージ・ベーコン製造	51	合板製造	89	鉄筋工
13	ワイン製造	52	家具製造	90	鉄骨工
14	ビール製造	53	紡織設備管理・保全	91	とび
15	かん詰・びん詰・レトルト食品製造	54	紙器製造	92	建設機械オペレーター
16	野菜つけ物製造	55	紡績機械オペレーター	93	建設・土木作業員
17	陶磁器製造	56	建具製造	94	潜水士
18	ガラス食器製造	57	食品技術者	95	さく井工/ボーリング工
19	プラスチック成形	58	靴製造	96	舗装工
20	鋳造工/鋳造設備オペレーター	59	かばん・袋物製造	97	ブロック積み
21	鍛造工/鍛造設備オペレーター	60	漆器製造	98	タイル工
22	金型工	61	貴金属装身具製作	99	左官
23	金属プレス工	62	玩具（おもちゃ）製作：主に企画開発、個人制作	100	建築板金
24	溶接工	63	玩具（おもちゃ）製作：主に工場での製造	101	サッシ取付
25	NC 工作機械オペレーター	64	医薬品製造	102	内装工
26	めっき工	65	生産・品質管理技術者	103	建築塗装工
27	非鉄金属製錬技術者	66	タイヤ製造	104	防水工
28	鉄鋼製造オペレーター	67	化粧品製造	105	保温工事
29	非破壊検査技術者	68	石油精製オペレーター	106	電気工事士
30	電子機器組立	69	化学製品製造オペレーター	107	配管工
31	機械設計技術者	70	原子力技術者	108	エレベーター据付
32	光学機器組立	71	発電所運転管理	109	鉄道線路管理
33	自動車組立	72	分析化学技術者	110	送電線工事
34	生産用機械組立	73	陶磁器技術者	111	解体工
35	計器組立	74	ファインセラミックス製造技術者	112	フォークリフト運転作業員
36	半導体技術者	75	石工	113	倉庫作業員
37	半導体製造	76	花火師	114	ピッキング作業員
38	物流設備管理・保全	77	高分子化学技術者	115	ハウスクリーニング
39	自動車技術者			116	ペストコントロール従事者（害虫等防除・駆除従事者）

117	製品包装作業員
118	工場労務作業員
119	バックヤード作業員（スーパー食品部門）
120	調理補助
121	給食調理員
122	ごみ収集作業員
123	産業廃棄物処理技術者
124	産業廃棄物収集運搬作業員
125	積卸作業員
126	こん包作業員
127	港湾荷役作業員
128	路線バス運転手
129	観光バス運転手
130	タクシー運転手
131	パイロット
132	航海士
133	船舶機関士
134	電車運転士
135	鉄道車掌
136	空港グランドスタッフ
137	駅務員
138	鉄道運転計画・運行管理
139	鉄道車両清掃
140	自動車整備士
141	ガソリンスタンド・スタッフ
142	道路パトロール隊員
143	タクシー配車オペレーター
144	引越作業員
145	通関士
146	航空管制官
147	ディスパッチャー（航空機運航管理者）
148	客室乗務員
149	航空整備士
150	船員
151	トラック運転手
152	トレーラートラック運転手
153	ダンプカー運転手
154	タンクローリー乗務員
155	送迎バス等運転手
156	介護タクシー運転手

157	ルート配送ドライバー
158	宅配便配達員
159	新聞配達員
160	駐車場管理
161	マンション管理員
162	マンション管理フロント
163	ビル施設管理
164	ビル清掃
165	施設警備員
166	雑踏・交通誘導警備員
167	ボイラーオペレーター
168	医薬品販売/登録販売者
169	リサイクルショップ店員
170	携帯電話販売
171	CD ショップ店員
172	ビデオレンタル店員
173	営業（IT）
174	保険営業（生命保険、損害保険）
175	銀行・信用金庫渉外担当
176	商品企画開発（チェーンストア）
177	OA 機器営業
178	化粧品販売/美容部員
179	化粧品訪問販売
180	清涼飲料ルートセールス
181	自転車販売
182	レンタカー店舗スタッフ
183	代理店営業（保険会社）
184	デパート店員
185	スーパー店長
186	スーパーレジ係
187	スーパー店員
188	商社営業
189	住宅・不動産営業
190	自動車営業
191	広告営業
192	印刷営業
193	医薬情報担当者（MR）
194	コールセンターオペレーター
195	せり人
196	フラワーショップ店員

197	電器店店員
198	書店
199	メガネ販売
200	スポーツ用品販売
201	ホームセンター店員
202	ペットショップ店員
203	衣料品販売
204	検針員
205	フランチャイズチェーン・スーパーバイザー
206	シューフィッター
207	駅構内売店店員
208	コンビニエンスストア店員
209	ベーカリーショップ店員
210	銀行支店長
211	ディーラー
212	マーケティング・リサーチャー
213	証券アナリスト
214	証券外務員
215	内部監査人
216	ファンドマネージャー
217	M&A マネージャー、M&A コンサルタント/M&A アドバイザー
218	独立系ファイナンシャル・アドバイザー（IFA）
219	中小企業診断士
220	経営コンサルタント
221	アクチュアリー
222	IT コンサルタント
223	広報コンサルタント
224	人事コンサルタント
225	知的財産コーディネーター
226	知的財産サーチャー
227	社会保険労務士
228	司法書士
229	行政書士
230	土地家屋調査士
231	弁護士
232	公認会計士
233	弁理士
234	税理士

235	ファイナンシャル・プランナー	275	製版オペレーター、DTP オペレーター	312	セキュリティエキスパート（脆弱性診断）
236	不動産鑑定士	276	印刷オペレーター	313	データエンジニア
237	パラリーガル（弁護士補助職）	277	製本オペレーター	314	運用・管理（IT）
238	秘書	278	動画制作	315	ヘルプデスク（IT）
239	受付事務	279	CG 制作	316	セキュリティエキスパート（オペレーション）
240	一般事務	280	ゲームクリエーター	317	プロジェクトマネージャ（IT）
241	データ入力	281	アートディレクター	318	データサイエンティスト
242	経理事務	282	広告デザイナー	319	デジタルビジネスイノベーター
243	営業事務	283	広告ディレクター	320	AI エンジニア
244	人事事務	284	グラフィックデザイナー	321	Web デザイナー
245	総務事務	285	コピーライター	322	Web ディレクター
246	企画・調査担当	286	ディスプレイデザイナー	323	ネット通販の企画開発
247	NPO 法人職員（企画・運営）	287	インテリアデザイナー	324	ネット通販の運営
248	調剤薬局事務	288	インテリアコーディネーター	325	Web マーケティング（ネット広告・販売促進）
249	介護事務	289	カラーコーディネーター	326	外科医
250	生産・工程管理事務	290	ファッションデザイナー	327	小児科医
251	銀行等窓口事務	291	パタンナー	328	内科医
252	貿易事務	292	イラストレーター	329	精神科医
253	損害保険事務	293	アニメーター	330	産婦人科医
254	通信販売受付事務	294	看板制作	331	看護師
255	学校事務	295	テクニカルイラストレーター	332	看護助手
256	医療事務	296	インダストリアルデザイナー	333	救急救命士
257	広報・PR 担当	297	スタイリスト	334	助産師
258	IR 広報担当	298	ブックデザイナー	335	薬剤師
259	企業法務担当	299	テキスタイルデザイナー	336	歯科医師
260	コンプライアンス推進担当	300	フラワーデザイナー	337	保健師
261	新聞記者	301	ジュエリーデザイナー	338	臨床検査技師
262	雑誌記者	302	フードコーディネーター	339	細胞検査士
263	図書編集者	303	舞台美術スタッフ	340	診療放射線技師
264	雑誌編集者	304	舞台照明スタッフ	341	臨床工学技士
265	テレビ・ラジオ放送技術者	305	システムエンジニア（業務用システム）	342	歯科技工士
266	録音エンジニア	306	プログラマー	343	歯科衛生士
267	映像編集者	307	システムエンジニア（Web サイト開発）	344	理学療法士（PT）
268	放送記者	308	システムエンジニア（組込み、IoT）	345	作業療法士（OT）
269	アナウンサー	309	ソフトウェア開発（パッケージソフト）	346	言語聴覚士
270	放送ディレクター	310	ソフトウェア開発（スマホアプリ）	347	視能訓練士
271	商業カメラマン	311	システムエンジニア（基盤システム）	348	栄養士
272	テレビカメラマン			349	あんまマッサージ指圧師
273	報道カメラマン			350	柔道整復師
274	テクニカルライター				

351	診療情報管理士	390	職業訓練指導員	430	調香師
352	はり師・きゅう師	391	社会教育主事	431	アロマセラピスト
353	義肢装具士	392	自動車教習指導員	432	リフレクソロジスト
354	治験コーディネーター	393	音楽教室講師	433	葬祭ディレクター
355	医療ソーシャルワーカー	394	西洋料理調理人（コック）	434	きもの着付指導員
356	福祉ソーシャルワーカー	395	日本料理調理人（板前）	435	国会議員
357	施設管理者（介護施設）	396	すし職人	436	国家公務員（行政事務）
358	カウンセラー（医療福祉分野）	397	そば・うどん調理人	437	地方公務員（行政事務）
359	スクールカウンセラー	398	中華料理調理人	438	警察官（都道府県警察）
360	学童保育指導員	399	ラーメン調理人	439	科学捜査研究所鑑定技術職員
361	児童指導員	400	ハンバーガーショップ店長	440	消防官
362	障害者福祉施設指導専門員（生活支援員、就労支援員等）	401	カフェ店員	441	海上保安官
		402	飲食チェーン店店員	442	麻薬取締官
363	老人福祉施設生活相談員	403	ソムリエ	443	入国警備官
364	児童相談所相談員	404	バーテンダー	444	入国審査官
365	福祉事務所ケースワーカー	405	ホールスタッフ（レストラン）	445	裁判官
366	保育士	406	ホテル・旅館支配人	446	検察官
367	介護支援専門員/ケアマネジャー	407	フロント（ホテル・旅館）	447	検察事務官
		408	客室清掃・整備担当（ホテル・旅館）	448	家庭裁判所調査官
368	訪問介護員/ホームヘルパー			449	法務教官
369	施設介護員	409	接客担当（ホテル・旅館）	450	法務技官（心理）（矯正心理専門職）
370	手話通訳者	410	旅行会社カウンター係		
371	キャリアカウンセラー/キャリアコンサルタント	411	ツアーコンダクター	451	刑務官
		412	観光バスガイド	452	税務事務官
372	福祉用具専門相談員	413	遊園地スタッフ	453	外務公務員（外交官）
373	幼稚園教員	414	キャディ	454	国際公務員
374	小学校教員	415	通訳ガイド	455	国際協力専門家
375	中学校教員	416	翻訳者	456	労働基準監督官
376	専門学校教員	417	通訳者	457	特許審査官
377	図書館司書	418	速記者、音声反訳者	458	陸上自衛官
378	高等学校教員	419	理容師	459	海上自衛官
379	学芸員	420	美容師	460	航空自衛官
380	土木・建築工学研究者	421	エステティシャン	461	気象予報士
381	情報工学研究者	422	メイクアップアーティスト	462	自然保護官（レンジャー）
382	医学研究者	423	ネイリスト	463	アウトドアインストラクター
383	薬学研究者	424	クリーニング師	464	動物園飼育員
384	バイオテクノロジー研究者	425	スポーツインストラクター	465	獣医師
385	エコノミスト	426	ピアノ調律師	466	動物看護
386	特別支援学校教員、特別支援学級教員	427	ブライダルコーディネーター	467	水族館飼育員
		428	家政婦（夫）	468	調教師
387	学習塾教師	429	ベビーシッター	469	厩舎スタッフ
388	日本語教師				
389	英会話教師				

34

470	犬訓練士		480	花き栽培者		490	産業用ロボットの保守・メンテナンス
471	トリマー		481	水産養殖従事者		491	太陽光発電の企画・調査
472	ブリーダー		482	沿岸漁業従事者		492	太陽光発電の設計・施工
473	酪農従事者		483	水産技術者		493	太陽光発電のメンテナンス
474	畜産技術者		484	林業作業		494	植物工場の研究開発
475	農業技術者		485	林業技術者		495	植物工場の設計、施工
476	造園工		486	起業、創業		496	植物工場の栽培管理
477	稲作農業者		487	会社経営者		497	ドローンパイロット
478	ハウス野菜栽培者		488	産業用ロボット開発技術者			
479	果樹栽培者		489	産業用ロボットの設置・設定			

注）2022 年 3 月頃に、2021 年度に作成された 14 職業（41〜42 ページ参照）が追加される予定。

第2章　日本版 O-NET における職業解説の作成

田中　歩

第1節　収録職業選定の方法

1 基本的な考え方

JILPT が開発する職業情報は、具体的には職業解説（定性データ）及び職業の数値情報（定量データ）から構成されるが、ここでは、職業解説の作成について述べる。まず、職業情報を収集する職業の選定、すなわち収録職業選定の基本的な考え方については、日本版 O-NET に収録する職業は、職業探索中の生徒・学生、求職者等が幅広く利用できるよう「現存する職業をある程度、体系的、網羅的にカバーする」ことを基本としている。

一方、日本版 O-NET は、進路指導、就職支援を行うキャリアコンサルタント、企業の人事担当者等の実務家に利用しやすく役立つことを重視し、こうした現場で必要性が低く、一般的な就職支援、人事配置等の場面にはなじまないプロスポーツ選手（プロ野球選手、力士等）、芸能人、芸術家等の職業は現時点では収録していない。また、今後、需要拡大等が見込まれず求人がほとんどない職業についても同様としている。

2 2018 年度及び 2019 年度における収録職業選定の方法

日本版 O-NET の職業情報の収集は、約 500 職業について 2018 年度に約 250、2019 年度に約 250 と 2 ヶ年に分けて実施した。それに先立ち収録職業の選定を行った。以下では、職業の選定の手順等について述べる。

(1) 収録職業の区分

2018 年度当初、収録職業を選定するため、旧職業データベース（当機構が構築した総合的職業情報データベースに 2006 年 9 月から 2011 年 3 月まで

の間に蓄積した職業情報）の 512 職業については「更新職業」「削除職業」
「保留職業」の 3 区分に分けて整理を行った。これとは別に、旧職業データ
ベースにはなかった職業で、日本版 O-NET のために新たに選定した「新規
職業」と、過去に当機構で情報収集はしていたが未公開であった「既情報収
集職業」の 2 つも区分した。

　これらの 5 区分が 2018 年度、2019 年度において情報収集する職業の前提
となった。それぞれの区分の考え方は、以下のとおりである。

① 　更新職業

　旧職業データベースの職業名一覧に掲載されていた職業で、新たな職業名
一覧にも残す職業である。

② 　削除職業

　旧職業データベースの職業名一覧に掲載されていたが、新たな職業名一覧
からは削除した職業である。削除したのは、第 1 節 1 でも述べた以下のもの
である。

・就職支援の現場で必要性が低く、一般的な進路指導、就職支援になじまな
　いプロスポーツ選手、芸能人等の職業

・今後需要拡大等が見込まれず求人がほとんどない職業　　等

③ 　保留職業

　旧職業データベース情報の職業名一覧に掲載されていたが、新たな職業名
一覧に収録するかどうか 2018 年度当初の時点では判断できなかったため、
いったん判断を保留した職業である。具体的には、IT 分野、製造分野、事
務・ホワイトカラー系職業等を保留職業とした。

　判断を保留した理由は、これらの職業は、技術革新等の影響により現場で
の職務が大きく変化している可能性が高いためである。2018 年度後半に業
界ヒアリング等により業界動向等の調査により情報収集を行い、2019 年度
に情報収集する職業を選定する際に、再度取り扱いを検討することとした。

④ 　新規職業

　日本版 O-NET に収録するために新たに選定した職業である。主に、公共
職業安定所（以下「ハローワーク」という。）に多く求人が出ている職業、
人手不足等が課題となっている職業、今後、需要の拡大が見込まれる分野の

職業等の観点で選定を行った。

⑤　既情報収集職業

　過去に当機構で職業情報の収集をしていたが未公開であった職業である。

(2)　職業情報を収集する職業の選定等

　2018 年度に職業情報を収集するために選定した職業は、上述の 5 区分の
うち「更新職業」230、「新規職業」20 の合計 250 となった。

　「更新職業」については、国家資格等の取得が必要な専門職（看護師、臨
床検査技師、栄養士等）、公務員（国家公務員（行政事務）、海上保安官、麻
薬取締官等）等のほか、建設、サービス、運輸関係等の職業を選定した。

　「新規職業」については、ロボット、太陽光、植物工場等一定の需要が見
込まれる新しい分野の仕事、ハローワークでも求人の多い施設警備員、看護
助手、フォークリフト運転作業員等の職業を選定した。

　一方、2019 年度に職業情報を収集するために選定した職業は、上述の 5
区分のうちの「保留職業」、「新規職業」、「既情報収集職業」である。

　「保留職業」については、2018 年 10〜11 月に実施した業界ヒアリング調
査等により業界動向等の情報収集を行い、再度検討した結果、①2018 年度
の「更新職業」と同様の類型とした職業と、②旧職業データベースを作成し
た当時と比べ、職務の内容等に変化が大きいとしてほぼ「新規職業」と同様
の類型とした「大幅修正職業」の 2 つとなった。また、再検討の過程で削除
された職業もあった。

　結果、2019 年度に職業情報を収集するため選定した職業は、「保留職業」
改め「更新職業」145、「保留職業」改め「大幅修正職業」27 に加えて「新
規職業」48、「既情報収集職業」23 の 243 職業となった。

　「更新職業」については、職務の内容等に大きな変化はないと見込まれた
製造分野の職種、事務系職種（一般事務、経理事務、医療事務等）、医師、
教員、研究者等の職業を選定した。「大幅修正職業」は職務の変化が大きい
製造分野、IT 分野の職種を中心に選定した。

　「新規職業」については、2018 年度同様、選定基準に沿って 48 の職業を
選定した。新しい IT 職種（AI エンジニア、セキュリティエキスパート

等）、需要が見込まれる介護関連職種（介護施設長、介護事務、介護タクシー運転手等）、ハローワークでも求人の多い携帯電話販売、雑踏・交通誘導警備員、ピッキング作業員、送迎バス等運転手等を選定した。

「既情報収集職業」については、専門的な事務職（企業法務担当、アクチュアリー、知的財産サーチャー等）、IT 関係職種（IT コンサルタント、データサイエンティスト等）が含まれている。

(3)　2018 年度及び 2019 年度の職業情報の収集結果

最終的に、2018 年度は約 247 職業、2019 年度は約 242 職業、合計 489 職業の職業情報を厚生労働省に提供した。

489 職業のうち、95 職業（収録職業の約 19.4％）が新規職業（大幅修正職業を含む）であり、394 職業（収録職業の 80.6％）は旧職業データベースに収録されていた職業等を選定した。

世の中にある職業をある程度、体系的、網羅的にカバーすることを基本として職業情報の収集を行ったが、厚生労働省編職業分類の小分類項目数 369のカバー率は 72.4％ であった。

(4)　収録職業決定のプロセス

収録職業の決定にあたっては、2018 年度当初に、JILPT 内に、収録職業や数値情報項目の内容等の職業情報（インプットデータ）に関する方針決定等を行う「インプットデータ研究会」を設置した。同研究会のメンバーは厚生労働省・経済産業省の実務担当者を中心に外部有識者、JILPT 研究員で構成した。

具体的には、2018 年度、2019 年度の 2 ヶ年で職業情報を収集する約 500の職業の選定、選定した全職業について収集する数値情報の項目等について方針を決定した。また、職業の数値情報の収集のために各職業の就業者を対象に行う Web 就業者調査の設問、回答方式等についても同研究会で意見交換を行った。

収録職業の選定方針、具体的な職業の選定にあたっては、インプットデータ研究会において JILPT の収録職業案に対する委員の意見等を踏まえ最終

的な収録職業を決定した。

　検討の結果、2019 年度末までに約 500 の職業の収録を目指し、世の中にある職業をある程度、体系的、網羅的にカバーすることを基本としつつ、選定方針等については、「ハローワークに求人が出ている職種」を中心とすることとなった。また、同時に国が示す「成長戦略」等の中でも成長が見込まれるとされる分野、人材育成が求められる分野に関連する新しい職業（仕事）については新規職業として追加していくこととされた。

3 **2020 年度及び 2021 年度における収録職業選定の方法**

⑴　収録職業選定の原則

　日本版 O-NET は 2020 年 3 月に公開されたが、毎年、新規職業を 10 程度増やす方針とし、2020 年度には 10 職業を追加、2021 年度には 14 職業を追加予定である。

　2020 年度及び 2021 年度における新規職業を選定するにあたっての原則は、次のとおりである。

【日本版 O-NET に収録する新規職業の選定の原則】

① 　幅広い分野から代表的な職業を抽出する。具体的には厚生労働省編職業分類等に掲載されている代表的な職業については漏れのないように収録する。

② 　IT 分野、金融関係等現在注目され、または、今後の成長が見込まれる分野を手厚くする。

③ 　国の施策として、重点化している分野を優先し、かつ、手厚くする（例：人手不足分野（医療・介護、建設、運輸等）。

④ 　一般に求職者が日常生活においてその職業を目にし、その業務内容がわかりやすいものよりも、職業を目にしにくく、業務内容を理解しづらいものを優先する。

⑤ 　職業のステップとして、初心者からステップアップして従事する職業がある場合は、そのステップを踏まえて選定する。

⑵　職業情報を収集する職業の選定等

ア　2020 年度の新規職業と選定理由

　2020 年度に新たに職業情報を収集し職業解説を作成した職業（10 職業）は以下のとおりである。

2020 年度：新規職業（10 職業）

1　セキュリティエキスパート（脆弱性診断）

2　NPO 法人職員（企画・運営）

3　データエンジニア

4　独立系ファイナンシャル・アドバイザー（IFA）

5　タンクローリー乗務員

6　法務技官（心理）（矯正心理専門職）

7　入国審査官

8　検察事務官

9　労働基準監督官

10　特許審査官

　2020 年度の新規職業の 1〜5 までの職業は、システムセキュリティ関連や IT 分野、金融分野などの今後人材需要の伸びがある程度見込まれる職業や、多様な分野で多様な活動が広がってきている NPO 法人、比較的高齢者、女性等も活躍しているトラック運転関係の職業である。また、6 以降の職業は、公務分野の職業のうち、2019 年度までに収集していなかったものである。

イ　2021 年度の新規職業と選定理由

　2021 年度に新たに職業情報を収集し職業解説を作成した職業（14 職業）は以下のとおりである。

2021 年度：新規職業（14 職業）

1　検査工（工業製品）

2　食品営業

3　自動運転開発エンジニア（自動車）

4　医療機器開発技術者

5　風力発電のメンテナンス

6　臨床開発モニター

7　セキュリティエキスパート（デジタルフォレンジック）

8　セキュリティエキスパート（情報セキュリティ監査）

9　キッティング作業員（PC セットアップ作業員）

10　フードデリバリー（料理配達員）

■管理職

11　人事課長

12　経理課長

13　営業課長

14　総務課長

　選定の背景、選定理由は以下のとおりである。

　「1 検査工（工業製品）」、「2 食品営業」、「11〜14 管理職（人事課長、経理課長、営業課長、総務課長）」は、日本版 O-NET に掲載されている全職業を再度確認し、上記の「日本版 O-NET に収録する新規職業の選定の原則」の「① 幅広い分野から代表的な職業を抽出する。具体的には厚生労働省編職業分類等に掲載されている代表的な職業については漏れのないように収録する。」との観点から、比較的就業者数が多いにもかかわらず掲載職業から漏れていた職業について候補とした。

　なお、「11〜14 管理職（人事課長、経理課長、営業課長、総務課長）」については、現状では各社の人事課長、経理課長、営業課長、総務課長といった管理職は入社後社内で勤続年数を重ね経験を積む中で配置される場合が多いと思われる。一方、今後、特定の分野での経験を重ね企業間の移動も含めてキャリア形成していく可能性も否定できない。今回、職業情報の収集を行うことで「人事」「経理」「営業」「総務」といった分野で必要とされる「スキル」「知識」等に明確な特徴があるのか、あるいは分野にかかわらず「管

理職」との観点で「スキル」「知識」等に共通性がみられるのか、といった管理職の職域の実態を把握することも職業情報の収集の目的と言える。

「3 自動運転開発エンジニア（自動車）」は、現在注目されている技術であり、自動車のみならず今後他の分野での応用も期待される分野であることから候補とした。

「4 医療機器開発技術者」は、コロナウイルス感染症の拡大等の影響もあり国産の医療機器、医療用設備等が注目され、今後も高水準の医療機器開発の技術者への人材需要が見込まれることから候補とした。

「5 風力発電のメンテナンス」は、政府が 2050 年までにカーボンニュートラルを実現していくためにもグリーンエネルギー（太陽光、風力、バイオマス等）の供給を今後増やす方向であり、そうした産業の担い手等の需要拡大が一定程度見込まれることから候補とした。

「6 臨床開発モニター」は、新薬開発のプロセスである治験に製薬会社側の立場から関わる職業である。医療機関で治験に対応する「治験コーディネーター」の職業は既に日本版 O-NET で取り上げている。一方でどういった仕事を行う職業かイメージするのが難しい職業でもあることから候補とした。コロナ禍でワクチン開発の過程における治験についても一般の関心は高まっており、今後も治験関連分野の人材については一定の需要は見込まれるところである。

「7 セキュリティエキスパート（デジタルフォレンジック）」、「8 セキュリティエキスパート（情報セキュリティ監査）」は、今後人材需要が見込まれる重要な分野であることから候補とした。なお、セキュリティ監視・運用の職業である「セキュリティエキスパート（オペレーター）」、システムの脆弱性を診断する職業である「セキュリティエキスパート（脆弱性診断）」については、既に収録している。

「9 キッティング作業員（PC セットアップ作業員）」、「10 フードデリバリー（料理配達員）」は、コロナウイルス感染症の拡大等の中、テレワークの急拡大等の影響で求人が増え、今後も一定の需要が見込まれることから候補とした。

なお、収録職業の決定にあたっては、2020 年度及び 2021 年度において

も、インプットデータ研究会を開催し、議論を行った。

第2節　職業解説の作成の意義と構成要素

1 職業解説作成の意義と留意すべき事項

　職業解説は文章により職業を記述したものである。簡潔、的確に職業について表現された職業解説を読むことは、利用者が職業について、全体としてのイメージや必要な情報を効率的に入手できる有効な方法と言える。

　日本版 O-NET は職業探索中の学生、求職者、在職者、企業の人事担当者等はもちろん進路指導、就職、転職等の場面で求職者等の支援を行うキャリアコンサルタント等現場の実務家を利用者として見込んでいる。

　想定される利用者は多様であり、その利用目的も様々であると考えられる。そうした利用者が自身の利用目的を達成し、日本版 O-NET を継続して使ってもらうためには、公的機関の情報としての中立性、客観性、正確性そして情報の鮮度を維持することで利用者の信頼を得ることが重要である。その上で、それぞれの職業に関わる専門家ではない利用者が、一読してその職業のイメージが湧き、理解できるよう、わかりやすい記述とすることが必要である。

　提供方法が Web サイトであることは、誰もがインターネットで手軽にアクセスでき、かつ無料であり、内容の更新も容易であるため、情報の鮮度を維持しやすい有効な情報提供手段と言える。

2 職業解説の構成要素

　日本版 O-NET 利用者が、職業解説を一読して、その職業のイメージが湧き、理解できるわかりやすい記述とするため、全ての職業について構成を統一し標準的に記述した。

　具体的には、職業解説を「どんな職業か（職務の内容）」、「就くには（入職経路等）」、「労働条件の特徴」の3項目で構成した。各項目の中で、さらに細かく盛り込むべき要素をおおよそではあるが決めて作業を進めた。

　ヒアリング調査等を実施してもそれぞれの職業についての情報量を均一に

揃えることは困難であり、同じ要素の情報であっても職業にとっての重要性の軽重は異なるため、盛り込む要素を決めつつも、全ての要素を揃えることよりは、全体としてその職業の特徴等が伝わる記述となることを重視した。したがって、職業解説の文量等は職業ごとに異なる。

　そのほか、「参考情報」として、関連団体（URL 表示）、関連資格（本文中で記載したものに限る）を掲載した。

　職業解説を構成する 3 項目の具体的な内容は以下のとおりである。

① 「どんな職業か（職務の内容）」

　その職業に就いている人が具体的に実施する職務等をできる限り平易な言葉でまんべんなく解説する。

　第 1 段落でその職業の内容を概説し、第 2 段落以降で詳述する。職業を構成する職務の内容は、全ての勤務先で完全に一致するものではないが、多くの職場で共通する職務と、必要に応じて、職場に応じて実施する職務について記述する。一日の流れ等によりどんな職業かを表す場合もある。

　その他に職務を構成する「タスク」のリストも数値情報としての実施率とともに職業ごとに提供する。タスクはそれぞれの職業で 6～23 項目の範囲となる。

② 「就くには（入職経路等）」

　その職業（仕事）に就くための一般的、典型的な入職経路、学歴、資格について記述している。入職経路を図解したチャート図も掲載する。必須な免許・資格については必ず記述し、必須ではないものの職務を実施する上で関連する資格等についても記述している。

　新卒採用、中途採用の多寡等の状況、入職後の研修、配属、実務経験の積み方、キャリアパス等についても可能な範囲で記述する。また、その職業に求められる資質等についても触れている。

③ 「労働条件の特徴」

　その職業における主な勤務先、就業場所・就業地、就業者の状況（男女構成、年齢別構成等）、一般的な雇用形態（正社員、パート・アルバイト等）、労働条件（賃金、労働時間、休日、勤務形態等）等についてその職業に特徴的なものについて記述した。データがあれば、資料出所を記載の上、数値を

掲載したが、ない場合は、情報収集の結果把握した傾向等を定性的に記述した。

　同じ職業であっても、職場ごとに就業者の状況、労働条件等は異なるため具体的な記述は容易ではなく、抽象的な記載にとどまる場合も多かった。

　また、この項目の後段で、全ての職業ではないが、その職業を取り巻く最新動向、技術革新や社会経済情勢の影響等を記載した。また定性的な記述ではあるが可能な範囲でその職業の需給見通し等にも触れた。

第3節　職業解説作成の方法

■1　2018年度及び2019年度における職業解説作成の方法

　2020年の日本版O-NETのサイト公開に向けて、2018年度及び2019年度の2年間という短期間で大量の職業情報の収集が必要であった。情報収集を効率的に進めるため、1次的な情報収集及び職業解説案の作成を外部調査機関に委託し、後述する外部の有識者、厚生労働省担当者及びJILPT研究員から成る「職業解説検討会」でその職業解説案の内容を精査・吟味し職業解説の質の確保を図った。

(1)　訪問等調査の実施

　外部調査機関に委託した情報収集の調査は「訪問等調査」と称して、2018年度は250職業、2019年度は220職業について実施した。

　更新職業については、文献等調査（インターネット、参考文献等による情報収集・調査）、新規職業（大幅修正職業を含む）については、関係団体、企業等への訪問ヒアリング調査を実施した。

　また、JILPTが過去に情報収集し、収録職業として選定した「既情報収集職業」については、厚生労働省とともに更新のための情報収集を行い、職業解説案を作成の上、「職業解説検討会」での検討を行った。

(2)　「更新職業」についての文献等調査

　更新職業については、旧職業データベースの職業解説の内容について、

「文献等調査」として、主にインターネットで公開されている情報、加えて既存の資料、書籍、雑誌、新聞、業界誌、業界紙、統計、テレビ番組の情報、厚生労働省及び JILPT の過去の調査結果等を使って情報の最新化、事実関係の確認等の調査を行い更新した。

　2018 年度は、更新が必要な箇所を委託事業者が確認するため、全ての対象職業共通の「情報更新チェックシート」（情報更新のポイントを列挙したチェックリスト）を活用し調査を進めた。

　2019 年度は、2018 年度の文献等調査の状況を踏まえ、職業ごとに確認のポイントが異なる面があることから、調査対象職業ごとに職業解説検討会委員が作成した「修正等指示書」（もととなる職業解説（旧職業データベースの職業解説）の更新、修正等が必要な箇所に具体的な指示内容を記載したもの）を活用し調査を進めた。

　いずれの年度でも既存の資料等での調査のみでは情報が不足、不確実と判断された場合は、関係団体、事業所への電話あるいはメール等による聞き取り等の調査も実施した。

⑶ 「新規職業」（「大幅修正職業」を含む）についての訪問ヒアリング調査

　「新規職業」のうち「大幅修正職業」は旧職業データベースに収録されていた職業ではあるが、職務の変化等が大きいと想定されることから「新規職業」と同様の調査方法で職業解説を作成することとした職業である。

　「新規職業」の職業解説は、インターネット、既存の文献、資料、調査等による事前の情報収集と関係団体（業界団体）及び対象職業が存在する企業への訪問ヒアリング調査の結果等から作成した。「大幅修正職業」については、「新規職業」の職業解説を収集する手法に加え、旧職業データベースの職業解説も一部参考とした。

　訪問ヒアリング調査にあたっては、JILPT がこれまで職業情報を収集する際に使用してきた「職業調査票」を活用し、事前の情報収集の結果を仮のものとして記入した上で、関係団体（業界団体）、企業への訪問ヒアリング調査を実施することとし、限られた時間の中で効率的、効果的なヒアリング調査の実現を目指した。なお、「職業調査票」は、これまで数次の改訂を続

けてきており、その項目は職業に関連して多岐にわたり職業について総合的に情報を収集できるものとなっている。

　ヒアリング先として関係団体（業界団体）を選定する理由は、団体は、業界内の多くの企業（職能団体であれば、多くの企業等で働く就業者）を会員とし、多種多様な情報を集約でき、該当の職業の標準的な実態を把握する上でヒアリング対象として適切と考えたからである。一方、企業へのヒアリングでは、該当職業の個別具体的な職務の内容、働き方の事例について実態を把握することができるメリットがある。その職業で実際に働いている就業者の話を聞くことにより、よりリアルな職業の現場情報を収集できると考えた。

(4)　職業解説検討会の設置

　外部調査機関、厚生労働省及び JILPT が作成した職業解説案の内容を精査・吟味するため職業解説検討会を設置した。職業解説検討会では、職業解説案を完成版の職業解説に仕上げていく検討を実施した。

　職業解説検討会は、2018 年度、2019 年度の 2 年間にわたり実施し、外部有識者、厚生労働省担当者、JILPT 研究員で構成した。職業解説検討会では、外部調査機関等が更新または新規作成した職業解説案を公的機関の情報としての中立性、客観性、正確性そして情報の鮮度が担保されているか等の観点から吟味を行った。また、その上で、職業解説がそれぞれの職業に関わる専門家ではない日本版 O-NET の利用者にとって、一読してその職業のイメージが湧き、理解できるようなわかりやすい内容、表現となっているかについても検討した。さらに、約 500 の職業間で、ある程度整合のとれた記載となっているかについても精査した。

2　2020 年度及び 2021 年度における職業解説作成の方法

(1)　2020 年度における職業解説作成の方法

ア　職業解説の作成

　2020 年度は、JILPT で直接ヒアリング調査等を行い職業解説案を作成した。作成した職業解説案は、2018 年度、2019 年度と同様、後述する厚生労

働省担当者及び JILPT 研究員等から成る「職業情報編集会議」（2018 年度、2019 年度の「職業解説検討会」から名称変更）で解説の内容の精査・吟味を行った。

　民間 5 職業については、JILPT で該当職業の就業者がいる民間企業にヒアリング調査の依頼を行った。ヒアリングでは、複数の就業者から同時に話を聞く場合もあった。なお、コロナ感染症が拡大していたこともあり Zoomでのヒアリング調査を実施した職業もあった。

　公務 5 職業については、所管官庁のホームページに掲載されている採用情報、採用パンフレット等を参考に職業解説案を作成した。職業解説案は、職種を所管する官庁の担当者に監修の依頼を行い職業解説を完成させた。

イ　職業解説の更新

　2020 年度には、職業解説の更新の一環として、その内容充実のために、①用語解説の作成、②（各職業で）よく使う道具、機材、情報技術等の情報の職業解説への追記を行った。以下ではその概要等について記載する。

　㋐　用語解説の作成

　日本版 O-NET は、学生、求職者、在職者、企業の人事担当者等はもちろん就職支援等を行うキャリアコンサルタント等現場の実務家など多様な利用者を見込んでいる。とりわけ進路選択、職業探索中の生徒、学生等若年者にとっては日本版 O-NET が初めて職業情報に触れる機会となる場合もあり、職業解説のわかりやすさが重要となることから、職業解説の中に出てくる専門用語、業界用語等について用語解説を作成した。また、若年者のみならず異業種・異職種からの転職希望者等にとっても職業情報をよりよく理解し、職業選択の際の一助となることが期待される。

なお、用語解説は、2021 年 2 月末より日本版 O-NET サイト上の職業解説でポップアップ形式で表示されるようになっている。

　㋑　よく使う道具、機材、情報技術等の記載

　日本版 O-NET は、米国の職業情報提供サイトである「O＊NET Online」をモデルとして開発された。同サイトでは職業を検索した際に、職業ごとに Technology Skills と Tools Used という項目の中でその職業で使用する機

械、機器、ツール、ソフトウェア等に関する情報が提供されている。こうした情報提供を参考に日本版 O-NET においても「（各職業で）よく使う道具、機材、情報技術等」について、職業解説の中に記載することとした。

　職業解説は、「どんな職業か（仕事の内容）」、「就くには（入職経路等）」、「労働条件の特徴」の３項目で構成されているが、「どんな職業か」の区分の職業解説の後ろにそれぞれの職業、仕事で使用する道具、機材、情報技術、ソフトウェア等の情報を「◇よく使う道具、機材、情報技術等」の項目を設け記載した。

　記載内容は、第１段階の作業としては職業解説の本文中に出てくる文言で「◇よく使う道具、機材、情報技術等」にあてはまるものを抽出し文言を羅列的に記載した。抽出にあたっては複数の研究員等で抽出を行い共通して挙げた文言を記載した。

　ただし、この方法だと職業解説本文中に文言として出てこなければ、その職業でよく使う道具、機材、情報技術等であっても抜けてしまうこととなる。そのため、第２段階の作業として、ある程度、職種横断的に統一した方法により、各職業でよく使う道具、機材、情報技術等の情報を収集することとした。具体的には、2021 年１月に実施した数値情報を取得するための Web 就業者調査の中で全約 500 職業の就業者を対象に「よく使う道具、機材、情報技術等」について、選択式項目と自由記述項目により情報収集を行った。収集したアンケート調査結果を参考に、第１段階の作業と同様に複数の研究員等で結果の精査を行い各職業の「◇よく使う道具、機材、情報技術等」に情報の記載、追加を行った。

ウ　職業情報編集会議の開催

　日本版 O-NET に収録する新規職業の職業情報のうち職業解説については、前述のように「職業情報編集会議」を設置し、該当職業の就業者へのヒアリング調査をもとに作成した職業解説案の内容の精査・吟味を行った。具体的には職業情報編集会議では、職業解説案を公的機関の情報としての公正性（公平性）、正確性そして情報の鮮度が担保されているか等の観点から吟味を行った。その上で、職業解説がそれぞれの職業に関わる専門家ではない

日本版 O-NET の利用者にとって、一読してその職業のイメージが湧き、理解できるようなわかりやすい内容、表現となっているかについても検討した。さらに、約 500 の職業間である程度、整合のとれた記載となっているかについても精査した。

　また、2020 年度後半においては、「職業情報編集会議」の中で 2021 年度以降の新規職業の候補を選定するため民間職業紹介事業者等からヒアリングを行った。ヒアリングを通して求人等が増加している職業・仕事の動向等を把握し、新規職業選定の参考とした。

⑵　2021 年度における職業解説作成の方法

　2021 年度も、当機構で直接ヒアリング調査等を行い職業解説案を作成しているところである。作成した職業解説案は、これまでと同様、「職業情報編集会議」で解説の内容の精査・吟味を行うこととしている。

　作成対象となる 14 職業のうち、11 職業については、Web モニター調査会社に委託し、該当職業の複数の就業者にヒアリング調査を行う予定である。また、新しい職業であり、今後就業者数が増える見通しはあるが、現段階では就業者がそれほど多くないと考えられた 3 職業については、当機構で該当職業の就業者がいる民間企業や関係団体にヒアリング調査の依頼を行った。全てのヒアリングは、Zoom 会議で実施することとしている。

【引用文献】
労働政策研究・研修機構（2018）「仕事の世界の見える化に向けて－職業情報提供サイト（日本版 O-NET）の基本構想に関する研究－」労働政策研究報告書 No.203　労働政策研究・研修機構
労働政策研究・研修機構（2020）「職業情報提供サイト（日本版 O-NET）のインプットデータ開発に関する研究」労働政策研究報告書 No.227　労働政策研究・研修機構
労働政策研究・研修機構（2021）「職業情報提供サイト（日本版 O-NET）のインプットデータ開発に関する研究（2020 年度）」労働政策研究報告書 No.240　労働政策研究・研修機構

第3章　日本版 O-NET における 数値情報の開発

鎌倉　哲史

　本章では厚生労働省が開発・運営する職業情報提供サイト（以下、日本版 O-NET という）における職業横断的な数値情報について概要を紹介する。その際まず第1節では「背景」として、作成にあたり手本とした米国 O＊NET について説明する。その後第2節以降で具体的な本章の目的、調査の方法、データの内容など当機構の取り組みについて紹介していく。

第1節　背景

1　米国における O＊NET とは何か

　日本版 O-NET という名称は米国の O＊NET に由来している。O＊NET とは The Occupational Information Network の略称であり、米国労働省の下で開発されている職業情報データベースである。また、O＊NET のデータを用いて情報の検索や閲覧が可能な Web サイトとして「O＊NET On-Line」がある。たとえばある職業に向いているのはどんな人か、その職業で求められる学歴や経験、スキル、知識は何か、その職業の仕事環境はどのようなものか、その職業では具体的にどのような仕事を実施するのか等、職業に関する多角的な情報を共通の基準に基づき数値化して提供する点が O＊NET の特徴である。

　また開発当事者である Peterson et al.（2001）によれば、O＊NET とは「職業名辞典（DOT：Dictionary of Occupational Titles）の代替」であり、「DOT 開発以来60年間にわたる職務や仕事の性質に関する知見を取り込んだもの」である（p.453）。この記述に則り DOT プロジェクトが開始された1934年[1]を O＊NET の歴史的起源とすれば、2021年現在 O＊NET は87年

1　DOT が完成し公開されたのは5年後の1939年となる。

間の社会実践と研究蓄積の上に成立しているものと言える。

　日本版 O-NET の数値情報は我が国の就業者に沿った内容となるようある程度のローカライズを行ってはいるが、原則として米国 O＊NET の設問、指標、尺度を翻訳したものがベースとなっている。この意味で日本版 O-NET はその理論的根拠の多くを米国 O＊NET に依存していると言える。そこでやや特殊な構成ではあるが当機構における具体的な取り組みに関して紹介する前に、まず本節にて先行事例である米国 O＊NET について概要を説明する。

2　O＊NET スタイルの職業情報の構成と特徴

　O＊NET のデータベースは 1998 年に「O＊NET 98」として初めて一般公開され、その後も調査の方法やデータ内容の修正、変更、追加が継続的に続けられ現在の形へと進化している。しかし、その根本的な設計思想は現在でも APDOT（DOT 諮問会議）の提言、および提言を受けて作成された「コンテンツモデル」に準拠している。本項では「O＊NET スタイル」の職業情報の特徴について述べる。

(1)　O＊NET のコンテンツモデル

　図表 3-1 が、2021 年 10 月現在 O＊NET OnLine の Web サイト（https://www.onetonline.org）上に掲載のコンテンツモデルである。同サイト上では、「コンテンツモデルは O＊NET の概念的基礎である」、「コンテンツモデルは仕事に関するほとんどのタイプの重要な情報を明確化し、またそれらを理論的・実証的なシステムへと統合するための枠組みを提供する」としている。

　細部の情報構成は多少変化しているが、モデル全体の枠組み自体は 1995 年の策定当時から変わっておらず、縦軸は上が就業者に関する情報（Worker-oriented）を、下が職務に関する情報（Job-oriented）を表し、横軸は左が職業横断的情報（Cross Occupation）を、右が職業固有の情報（Occupation Specific）を表す。また 2 つの軸の中に 6 つの領域（domain；「窓」（window）とも呼ばれる）が配置されており、その中に複数のサブ領域（subdomain）が包含されている。

図表 3-1　米国 O＊NET のコンテンツモデル（O＊NET OnLine より抜粋、訳語は本章筆者が挿入。2021 年 10 月現在）

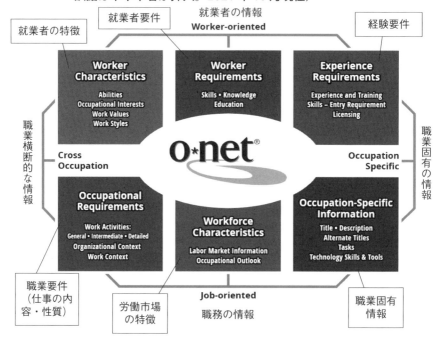

(2)　O＊NET スタイルの職業情報の特徴：他の先進諸外国との比較

　このコンテンツモデルに従い、就業者への質問紙調査を中心とした様々な方法を組み合わせてデータを収集・提供している O＊NET だが、ここで改めて O＊NET スタイルの情報の特徴について他国の職業情報と比較しつつ確認する。その際、米国を含め各国において公的機関だけが職業情報を作成しているわけではない。たとえば我が国でも業界団体等が作成している情報や、民間の人材マッチング会社が作成している情報など無数の「職業情報」が存在している。目的や範囲が千差万別のそれら全ての事例と体系的に比較を行うことは難しい。そこで以下では焦点を絞って、米国 O＊NET と同様、(1)公的機関が提供主体である、(2)インターネット上で無料で利用可能であ

る、(3)職業の世界全体を対象としている、(4)利用者による情報検索機能を有する、の 4 点を満たす職業情報ツールを有する事例について比較を行う。あくまで職業の世界全体を対象とする公的職業情報の比較である点に留意されたい。

さて、イギリス、フランス、ドイツ、EU、カナダの 5 事例について、O＊NET コンテンツモデルの 6 領域と対応づけてまとめたものが図表 3-2 である。興味、スキル、知識、タスクなど米国以外でも O＊NET と同じような情報領域が用意されている様子がうかがえる。各国の職業情報の具体的な内容は井原（2020）を参照されたい。

しかし、このうち職業横断的な性質を有する情報項目に関して就業者や分析官による評定プロセスに基づき 1〜5 点、0〜7 点といった一定の幅の中で全職業を共通の基準で数値化しているのは O＊NET のみである。O＊NET スタイルの職業情報のユニークさを図表 3-3 の概念図を用いて説明する。一

図表 3-2　他の先進諸外国における公的情報提供の状況（鎌倉，2020 より抜粋、凡例を加筆の上で一部加工）

国・地域 （ツール名）	O＊NETコンテンツモデル　6領域					
	就業者 の特徴	就業者 要件	経験要件	職業要件	労働市場 の特徴	職業固有 情報
	>> 興味、価値観、先天的特性等	>> スキル、知識等	>> 学歴、被教育歴、免許資格等	>> 仕事活動の内容、仕事の性質等	>> 就業者数、求人数、雇用動向等	>> 職業の定義、別名、タスク等
イギリス (Job Profiles)	○	○	◎	○	△	○
フランス (ROME, Onisep)	○	○	○	○	△	○
ドイツ (BerufeNet)	○	○	○	○	△	○
EU (ESCO)	―	○	○	○	○	○
カナダ (Job Bank)	―	○	○	○	◎	○

◎：情報が充実している　　○：情報がある　　△：部分的に情報がある　　―：情報がない

図表3-3　O＊NETスタイルの職業情報の特徴の模式図（鎌倉，2020より抜粋）

他国で一般的に用いられている職業情報スタイル

職業情報を記述する場合、一般的には職業の個性・特徴を特筆する。

O＊NETの数値情報における職業情報スタイル

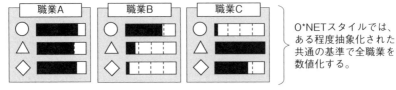

O＊NETスタイルでは、ある程度抽象化された共通の基準で全職業を数値化する。

般的な職業情報スタイル（図表3-3の上部）では、職業の個性や特徴に注目して情報が整備される。たとえばスキルで言えば、「必要なスキルは何か」を具体的に記述し、「必要性が低いスキル」はわざわざ記述しない。一方、O＊NETの職業情報スタイル（図表3-3の下部）では、ある程度抽象化された共通の基準に基づき全職業共通の基準で数値化を行う。

　こうしたO＊NETスタイルの「スキル」「知識」等の職業情報は情報の具体性が損なわれるため、特定職業に注目したいだけならば不利である。本章筆者らが2017年に実施した米国労働省雇用訓練局でのヒアリング調査でも、担当者は「O＊NETは、ある一つの職業になりたいと決めている人にはあまり貢献できない」と明言している（松本・鎌倉，2018，p.43）。特定の職業を強く志望している学生や求職者にとっては、個別の具体的なスキルや知識の情報が充実している方が参考になるだろう。しかし、何百という職業の世界全体の中から自分の興味・能力・適性に合致する職業を広い視野で探索したり、職業間の類似性を相対的に比較したりしたい場合にはO＊NETスタイルの方が有利である。米国O＊NETでは変化の激しい時代において後者の利点が勝るとの信念の下、このようなユニークな方針で公的職業情報ツールを提供している。

　ここで、読者の中には「O＊NETスタイルの職業情報が優れているのであれば、なぜ他国はこの20年あまり追随していないのか」と疑問に思われ

る方もいるかもしれない。その背景には職業情報に対する各国の文脈やスタンスの違いもあるが、コスト面での制約も大きいと考えられる。たとえば英国雇用・技能委員会は 2012 年のレポートで「理想を言えば、英国でも O＊NET スタイルのシステムを持ちたい」、「スキルのトレンドを公共政策に活かせる」と高く評価しつつ、「そのような（O＊NET スタイルの）システム開発は、予算面でも開発期間の面でも相当なコストが生じる」とし、次善策として英国における O＊NET のデータの転用可能性を検討している（Dickerson et al., 2012, p.2）。

　米国の場合、DOT 時代の莫大な人件費と比較すれば O＊NET の年間 6.5〜7 億円（松本・鎌倉，2018，p.32）という予算は非常に「低コスト」と見なせるかもしれない。しかし、我が国を含め他の先進諸国にとっては決して「安くない」額面である。この意味で、米国は「職業情報の公共的価値を信じ、高品質のインフラを相応のコストをかけて継続的に作ってきた」点が O＊NET を含む職業情報関連事業における基本的特徴と言える[2]。

3　米国 O＊NET と日本版 O-NET の違い

　さて、前項までは米国 O＊NET について紹介してきたが本項では米国 O＊NET と日本版 O-NET の違いについて述べる。

(1)　日本版 O-NET の創設経緯

　まず簡単に日本版 O-NET の創設経緯について説明する。2012 年の政権交代で発足した自民党・公明党の連立政権は、2017 年 3 月 28 日に「働き方改革実行計画」を策定した。その中で、「職業能力・職業情報の見える化」の一環として、職業情報を総合的に提供するサイト（日本版 O-NET）の創設が提言され（上市，2018）、その後の未来投資戦略 2017、2018 においても一貫して「日本版 O-NET」の創設が明記されることとなった。

2　とはいえ、もちろん米国 O＊NET も予算の無駄遣いについては常に神経を尖らせている。たとえば、O＊NET が 3 年に 1 度予算案の承認を得るため作成している OMB Clearance Report の最新版（2021 年公開）でも、いかに O＊NET が「必要最低限の調査」を行っているか、そのための具体的な工夫も含めて詳細に報告されている（U.S. Department of Labor, 2021）。

その経緯や創立の意義に関しては松原（2020）を参照いただきたいが、注目すべきは我が国で公的職業情報基盤の整備が政府方針という形で決定されたのはこれが初めてであったという点である。GHQ の指導の下で労働省（当時）の職員が DOT を手本として作成した 1953 年の職業辞典から、1969年に設立された職業研究所での諸研究、および厚生労働省の要請で開発された 2006 年のキャリアマトリックス（2011 年に廃止）に至るまで、これまでの我が国における公的職業情報の整備事業は適宜有識者の助言を仰ぎつつも、省庁としては厚生労働省 1 省のみが関与するプロジェクトだった。これに対し日本版 O-NET は 2017 年度の基本構想（上市，2018）の策定プロセスから有識者、厚生労働省に加え、経済産業省、日本経済団体連合会（経団連）、日本労働組合総連合会（連合）が議論に加わっている。この意味で日本版 O-NET は過去の職業情報作成プロジェクトと比較して政策的意思決定の下で国家的プロジェクトとして始動した点が創設の経緯として特徴的だったと言える。

⑵　米国 O＊NET と日本版 O-NET の職業情報構成要素の違い

　こうした経緯で策定された基本構想に従い厚生労働省により日本版 O-NET の開発が進められ、2020 年 3 月 19 日より一般公開されている。その主な職業情報の構成要素は 2021 年 10 月現在、各職業情報のページ画面上部から順に図表 3-4 のようになっている。

　この図表からも読み取れる通り、日本版 O-NET が提供する職業情報は米国 O＊NET が提供する情報だけではなく、米国 OOH が提供する情報もあわせて作成・公開している点が特徴と言える。ここで米国の OOH（Occupational Outlook Handbook）とは、第二次世界大戦終結後に大量に発生した退役軍人を民間産業へ転換するため 1949 年に米国労働省労働統計局（BLS: Bureau of Labor Statistics）が配布した冊子を起源とする「職業解説集」である。その後「1959 年の第 4 版より、復員軍人向けの内容から若者を対象としたものとなった」（松本，2018）。OOH は BLS のエコノミストたちの元来の強みを生かした豊富な労働市場統計データを紹介しつつも、「職業について分かりやすく解説する」という伝統的な特徴があり（松本・鎌倉，

図表 3-4　日本版 O-NET の主な職業情報構成要素（2021 年 10 月時点）

表示順	内容	情報提供元	対応する内容の米国での提供元
1	職業名、別名、職業分類、属する産業	JILPT[1]	O＊NET
2	職業解説「どんな仕事？」	JILPT	OOH
3	タスク	JILPT	O＊NET
4	職業紹介動画	厚生労働省委託事業者	OOH
5	職業解説「就業するには？」	JILPT	OOH
6	学歴、入職前後の訓練期間、入職前の実務経験	JILPT	O＊NET[2]
7	職業解説「労働条件の特徴」	JILPT	OOH
8	統計データ（就業者数、労働時間、賃金、年齢）	国勢調査等基幹統計	BLS 職業雇用賃金統計
9	ハローワーク求人統計データ	全国のハローワーク	各自治体のCareer One Stop
10	しごと能力プロフィール[3]	JILPT	O＊NET

※1：「属する産業」のみ、厚生労働省の委託事業者が作成している。
※2：情報の内容は異なるが、米国 O＊NET の Education、Job Zone 等が対応する。
※3：この名称は厚生労働省が Web サイト作成時に設定したものである。当機構の過去の報告書類では慣習的に「職業プロフィール情報」と呼称している。

2018, p.48）、O＊NET を担当する雇用訓練局（ETA）とは全く別の開発思想・専門性・人員・予算のプロジェクトとして 2021 年 10 月現在も Web 媒体に移行しつつ 324 職業の情報を更新・提供している。

⑶　米国 O＊NET と日本版 O-NET の収録職業数の違い

　また第 2 の違いとして収録職業数に関しても米国 O＊NET と日本版 O-NET で大きく異なる。日本版 O-NET では約 500 の職業を収録しているが、これは米国 O＊NET の 923 職業（2021 年 10 月現在）と比べると半数程度にとどまる。

　その背景として上述の OOH スタイルの職業解説の作成負担が挙げられる。確かに職業解説は一般の就業者や高校生、大学生が職業理解を深めるにあたっては非常に有益と考えられる。しかし、職業解説の作成は業界団体や企業・就業者へのヒアリング調査、文献調査等が求められ開発コストが非常

に高い。これを米国 OOH プロジェクトの 324 と比べても約 1.5 倍程度作成・更新する必要があるため、これ以上の大幅な収録職業数の上積みは難しいという事情がある。

第2節　本章の目的

前節で述べたように、プロジェクトの全体として見た場合には日本版 O-NET プロジェクトは数値情報だけでなく職業解説も作成する等、米国の O＊NET プロジェクトとは構造的に大きな違いがある。しかし、図表 3-4 における「3」「6」「10」に対応するタスクと職業横断的な数値情報に限って言えば、基本的には米国 O＊NET を参考とした就業者調査に基づき当機構がデータを作成・提供している。そこで本章ではこの「日本版 O-NET における『O＊NET スタイル』の職業横断的な数値情報」に関して、そのデータ作成プロセスの概要を紹介することを目的とする。

第3節　データ作成の方法

1　作成対象とする情報領域

本稿執筆時現在、当機構が作成している職業に関する数値情報の領域を図表 3-5 に示す。濃いグレーで塗りつぶされている領域（職業興味、仕事価値観等）が 2021 年 10 月現在日本版 O-NET の Web サイトに実装されている領域（以下、「初期開発領域」という）である。

まず縦軸の上側は職業ごとに異なる基準で収集される情報で、初期開発領域としては「タスク」のみが該当する。一方、縦軸の下側は全職業共通の基準で収集される情報で、当機構の過去の刊行物では慣習的にこれらの情報群を「職業プロフィール情報」と呼称している。初期開発領域としては右から順に「職業興味」「仕事価値観」「教育と訓練」「スキル」「知識」「仕事の性質」の 6 領域が該当する。この横軸の並びは、右にいくほど「就業者に関する情報」であることを、左にいくほど「仕事に関する情報」であることを表している。

　また二重線で囲った「仕事の内容（ワーク・アクティビティ）」領域については、本稿執筆時現在は実装されていないものの、2020 年度に追加でデータを収集し厚生労働省に提供済みとなっている。加えて、「仕事の性質」領域に関しても 2020 年度に 14 項目の追加データの作成・提供が完了しており、これらの情報は Web サイトのシステム改修が完了次第実装される見込みとなっている。

　この他、点線で囲った「アビリティ」と「道具と技術」の 2 領域に関しては就業者調査に基づく作成が困難なため、米国 O＊NET には存在するものの今のところ当機構では開発を行っていない[3]。将来的に開発の可能性がある領域という位置づけとなる。

　以下では実装済み、もしくは実装予定の計 8 領域に関して、まず図表 3-5 の下段、職業プロフィール情報の「職業興味」から「仕事の内容」まで右か

図表 3-5　当機構が作成している職業に関する数値情報領域模式図（2021 年 10 月時点）

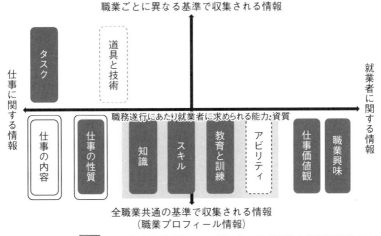

職業ごとに異なる基準で収集される情報

タスク　道具と技術

仕事に関する情報　　就業者に関する情報

職務遂行にあたり就業者に求められる能力・資質

仕事の内容　仕事の性質　知識　スキル　教育と訓練　アビリティ　仕事価値観　職業興味

全職業共通の基準で収集される情報
（職業プロフィール情報）

■ 初期開発時領域　□ 2020 年度開発領域　┊┊ 将来的に情報収集を行う可能性がある領域

3　米国 O＊NET でも、この 2 つの情報領域は就業者調査とは異なる方法で作成されている。

ら順に説明し、最後にやや性質の異なる「タスク」領域について概要と項目
内容を紹介する。とはいえ全ての詳細は紙面の都合から掲載できないため、
当機構 Web サイト（https://www.jil.go.jp）にて全文公開されている JILPT
資料シリーズ No.227、No.240 の巻末付録「Web 調査画面サンプル」も適宜
参照されたい。

⑴　職業興味

　職業興味とは本来は人間の側の情報であり、米国 O＊NET OnLine では
Interests 情報を「仕事の環境や結果に関する個人の嗜好」（Preferences for
work environments and outcomes.）と定義している。つまり、「こういう
仕事がしたい」という人々の素朴な選好（好き嫌い）が職業興味である。
翻って、O＊NET において職業の側の情報として整備される職業興味とは
「ある職業に向いている職業興味とはどのようなものか」、すなわち各職業の
職業興味への合致度について類型別に数値化した情報領域である。

　米国 O＊NET の Interest 領域には 6 項目があるが、これらの項目の起源
は Holland（1959）の「職業選択の理論」（A theory of vocational choice.）
まで遡ることができる。ホランドの職業興味は 6 領域（Realistic, Investiga-
tive, Artistic, Social, Enterprising, Conventional）の頭文字を取って、いわ
ゆる「RIASEC」として我が国でもキャリアコンサルティングの現場で広く
知られているものである。

　当機構では米国 O＊NET の Interest 領域を参考に、ほぼ同内容の 6 項目
を使用した（図表 3-6）。各職業の就業者に対して「あなたが従事している
仕事に合っているのは、どのような人ですか？」という設問で、図表 3-6 に
示す 6 項目について「1：合っていない」から「5：合っている」までの 5 段
階で回答を求め、その平均値を収録データとした。

⑵　仕事価値観

　仕事価値観とは本来は「こんな仕事だったら満足できる」という人々の評
価基準である。米国 O＊NET OnLine でも Work Values のサブ領域はコン
テンツモデル上で「就業者の特性」領域に置かれているが、一方で定義とし

図表 3-6　職業興味 6 項目（RIASEC）（教示文概要：「あなたの仕事に向いているのはどんな人ですか？」）

通し番号	項目名	調査票上の文言
1	現実的（R）	機械、道具を使ったり、モノ（動植物を含む）を対象とした具体的で実際的な仕事や活動が好きな人。
2	研究的（I）	研究や調査のような研究的、探索的な仕事や活動が好きな人。
3	芸術的（A）	音楽、デザイン、絵画、文学等、芸術的な仕事や活動が好きな人。
4	社会的（S）	人と接したり、人に奉仕したりする仕事や活動が好きな人。
5	企業的（E）	企画、立案したり、組織の運営や経営等の仕事や活動が好きな人。
6	慣習的（C）	定型的な方式や規則、慣習を重視し、それに従って行う仕事や活動が好きな人。

ては「個人が満足感を得る上で重要な仕事の全体的様相」（Global aspects of work that are important to a person's satisfaction.）としている。言い換えれば、職業の側の情報として整備される仕事価値観とは「ある職業が、個人の仕事価値観をどの程度満たしやすいか」、すなわち仕事に対する満足感の充足のしやすさを類型別に数値化した情報領域と言える。

　仕事に関する価値観については Super（1970）が作成した最初の測定尺度である「仕事価値観目録」（WVI：the Work Values Inventory）以来、実証的な測定尺度の開発が進められてきた。しかし、それらの測定尺度はほぼ全て職業ではなく人々の測定のため構成されており、その中でも唯一の例外だったのが米国 O＊NET の項目の理論的根拠ともなった Dawis & Lofquiest（1984）の「仕事合致理論」（TWA：Theory of Work Adjustment）、ならびに「ミネソタ職務記述調査票」（MJDQ：the Minnesota Job Description Questionnaire）である（Sager, 1999, p.201）。この理論の元となった人間の側の仕事価値観を測る MIQ（the Minnesota Information Questionnaire）では仕事の満足感を促進し得る「強化子」（reinforcer）21 項目についてその因子構造から 6 次元の仕事価値観の分類を特定している。

　米国 O＊NET では MJDQ の 21 項目を「一部表現を修正」（Sager, 1999）して分析官が評価し、これを上記の 6 次元にまとめて情報を提供している。一方、当機構の調査では米国の 6 項目を参考としつつも独自の 10 項目で

データを取得している。項目設定の根拠は下記2点である。

1：米国Ｏ＊ＮＥＴで情報提供する6次元のうち「Working Condition」については「雇用や報酬の安定性」と、「安全で衛生的に働ける」が混在するが、少なくとも我が国の就業者の感覚からすれば両者を分けた方が自然と考えられた。

2：米国Ｏ＊ＮＥＴの6次元には、近年我が国で注目される「ワーク・ライフ・バランス」に該当する価値観が含まれていない。そこで、これに該当する項目を持つシャイン（1980 金井訳 2003）の「キャリアアンカー」（Career Anchors）8項目を参考としつつ、Ｏ＊ＮＥＴの6次元と重複しない価値観の中から「専門性」「奉仕・社会貢献」「私生活との両立」を追加した[4, 5]。

こうして確定した図表3-7に示す10項目について、各職業の就業者に対して「あなたが従事している仕事では、どのような点で満足感を得やすいですか？」という設問で「1：満足感を得にくい」から「5：満足感を得やすい」までの5段階で回答を求め、その平均値を収録データとした。

(3) 教育と訓練

職業の側の情報として整備される「教育と訓練」の情報は、就業者の一般的な学歴、入職前に必要な教育・訓練期間、入職前に必要な実務経験、および入職後に一通り仕事を覚えるまでの期間（≒ＯＪＴ期間）の4項目について就業者の回答の分布を数値で示すものである。事実や実態を尋ねる内容であるため概念の整理はさほど必要とされない領域だが、「就業者の認識を尋ね、職業ごとの標準的な状況について情報整備を目指す」という意味では他

4　ただし項目名については全体の並びの中で違和感が無いよう、金井の邦訳とは異なるものとしている。
5　キャリアアンカーにはこの他に「起業家的創造性」（Entrepreneurial Creativity）があるが、インプットデータ研究会で協議し、全職業で尋ねるにはやや異質であるため除外した。

図表 3-7　仕事価値観 10 項目（教示文概要：「あなたの仕事ではどのような点で満足感を得やすいですか？」）

通し番号	項目名	調査票上の文言	O＊NET (TWA)	キャリアアンカー
1	達成感	努力した結果が達成感に結びつく。	○	○
2	自律性	自ら意思決定し、自主的に業務を遂行できる。	○	○
3	社会的 認知・地位	人から認められたり、社会的な地位が高い。	○	○
4	良好な 対人関係	仕事で関わる人々と良好な人間関係を築ける。	○	－
5	労働条件	雇用や報酬が安定している。	△	○
6	労働安全 衛生	安全で衛生的な環境で働ける。	△	－
7	組織的な 支援体制	企業や団体の内外から就業者のための組織的支援が受けられる。	○	－
8	専門性	自分の専門性を生かして働き、さらに専門性を高めていくことができる。	－	○
9	奉仕・社会貢献	社会全体や、困っている人々のために働くことができる。	－	○
10	私生活 との両立	仕事だけでなく、家族と過ごす時間や趣味の時間など、私生活も充実することができる。	－	○

○：対応あり　　△：一部対応あり　　－：対応なし

の職業プロフィール情報と共通である。

　当機構では米国O＊NETのEducation領域、Job Zone領域の調査項目を参考に、図表3-8の4項目について尋ねた。

　学歴の選択肢は「高卒未満」「高卒」「専門学校卒」「短大卒」「高専卒」「大卒」「修士課程卒（修士と同等の専門職学位を含む）」「博士課程卒」「わからない」の9つあり複数回答方式にて回答を求めた。複数回答である理由は、回答者自身の学歴ではなく、その職業の就業者の一般的な状況を尋ねているためである。なお「わからない」のみ排他項目であり、他の選択肢と同時には選択できないよう設定されていた。

　その他の期間を尋ねる3項目の選択肢は、「1：特に必要ない」「2：1ヶ月以下」「3：1ヶ月超～6ヶ月以下」「4：6ヶ月超～1年以下」「5：1年超～2年以下」「6：2年超～3年以下」「7：3年超～5年以下」「8：5年超～10年以下」「9：10年超」「10：わからない」の10個あり、択一方式で回答を求め

図表 3-8　教育と訓練 4 項目

通し番号	項目名	調査票上の文言　※一部修正
1	学歴	あなたの仕事ではどのような学歴の人が多いですか。
2	入職前に必要な教育・訓練期間	あなたの仕事では、<u>学歴以外で</u>、<u>その仕事に就く前に</u>、教育、訓練、研修、学習等の期間はどのくらい必要ですか。
3	入職前に必要な実務経験	あなたの仕事では、その仕事に就く前に、実務経験、類似の仕事や関連する仕事での経験等、どのくらいの期間が必要ですか。
4	入職後に一通り仕事を覚えるまでの期間	あなたの仕事では、その仕事に就いた後に、仕事のやり方を一通り覚え、周囲から特別なサポートが無くても他の一般的な就業者と同程度の仕事をこなせるようになるまで、どれくらいの期間が必要ですか。

た。ただし、第 4 項目の選択肢「1」については、設問と対応させるため「1：必要でない（未経験でも即戦力となる）」と表現を修正した。

　なお収録データは、各設問の回答比率である。

⑷　スキル

　職業に関するスキルは本来人間の側の情報であり、「個人が主として後天的に獲得した仕事の遂行能力」を指す。つまり、「こんな仕事ができる」という個人の能力のうち、練習や訓練を通して蓄積・向上可能である能力が職業スキルである。翻って、今回職業の側の情報として整備されるスキル情報とは「ある職業でどのようなスキルが求められるか」、すなわち職務の遂行にあたって標準的に求められるスキル要件を数値化した情報領域である。

　米国 O＊NET OnLine では Skills 情報を「基盤スキル」（Basic Skills）と「職能横断的スキル」（Cross-Functional Skills）に分けて定義している。基盤スキルとは「学習や、知識の素早い獲得を促進する、開発された能力」（Developed capacities that facilitate learning or the more rapid acquisition of knowledge.）である。職能横断的スキルとは「複数の職務にわたって見られる活動のパフォーマンスを促進する、開発された能力」（Developed capacities that facilitate performance of activities that occur across jobs.）で

ある。ただし、米国 O＊NET では情報提供にあたって両者を区別せずに Skills 領域として扱っているため、今回の我が国における情報整備でも一括して「スキル」という領域名としている。

　米国 O＊NET の項目は主に認知心理学と産業組織心理学の知見に基づいて独自開発され、当初は 46 項目で情報が整備されていた。しかし公開後に「あまりに項目が細かすぎる」という批判があり項目の統廃合が進み、現在では 35 項目となっている。この詳しい経緯については Mumford, Peterson, & Childs（1999）および後続の開発レポートを参照されたい。

　当機構では米国 O＊NET の Skills 領域を参考に 39 項目を設定した（図表 3-9）。米国 O＊NET との最大の違いは「外国語を読む」「外国語を聞く」「外国語で書く」「外国語で話す」の 4 項目を独自に追加している点である。この点も含め項目内容のローカライズの詳細について、詳しくは JILPT 資料シリーズ No.227 の pp.43-45 を参照されたい。

図表 3-9　スキル 39 項目（1〜14 が基盤スキル、15〜39 が職能横断的スキル）

通し番号	項目名	調査票上の文言
1	読解力	仕事に関係する文書を読んで理解するスキル。
2	傾聴力	話の腰を折らずに、要点をおさえ、必要に応じて適切な質問をするスキル。
3	文章力	読者に合わせて文章で効果的に情報を伝えるスキル。
4	説明力	効果的に情報が伝わるように他者に話をするスキル。
5	外国語を読む	外国語の文章を読んで理解するスキル。
6	外国語を聞く	外国語を聞いて理解するスキル。
7	外国語で書く	外国語で文章を書くスキル。
8	外国語で話す	外国語で話すスキル。
9	数学的素養	数学を利用して問題を解決するスキル。
10	科学的素養	科学の法則と手法を用いて問題を解決するスキル。
11	論理と推論（批判的思考）	論理と推論を用いて、問題へのアプローチの仕方や、解決方法、結論について、利点・欠点を明らかにするスキル。
12	新しい情報の応用力	新たな情報が、現在・将来の問題解決や意思決定において持つ意味を理解するスキル。

13	学習方法の選択・実践	自分自身や他者が何かを学ぶとき、訓練や指導の方法・プロセスを状況に応じて選択・実践するスキル。（自分の学習と他者の学習支援でレベルが異なる場合は、より高いレベルを回答）
14	継続的観察と評価	改善・是正のために、自分自身や、他者、組織、その他外部環境や状況を継続的に観察し、評価するスキル。
15	他者の反応の理解	他者の反応に気づき、なぜそのように反応したのかを理解するスキル。
16	他者との調整	自分と他者の活動を調整するスキル。日程の調整や、共同での作業、取引先との調整などを含む。
17	説得	考え方もしくは行動を変えるよう他者を説得するスキル。
18	交渉	他者の意見の違いを解消させるように交渉するスキル。
19	指導	他者に物事のやり方を教えるスキル。
20	対人援助サービス	顧客や困っている人など、他者のためにどのような援助や手助けが有効かを主体的に探すスキル。
21	複雑な問題解決	複雑な問題の本質をつかみ、関連する情報を整理して問題解決するスキル。
22	要件分析（仕様作成）	仕様書や設計図を作成するために、提示された要望・要件を分析するスキル。
23	カスタマイズと開発	ユーザーのニーズに応えるため、機器および技術を新規に開発したり、現場に合わせて改造したりするスキル。
24	道具、機器、設備の選択	業務に必要な道具や機器、設備の種類を決定するスキル。
25	設置と設定	仕様にあわせて機器、機械を設置したり、配線を行ったり、プログラムのインストールや設定を行うスキル。
26	プログラミング	様々な目的のためにコンピュータ・プログラムを作成するスキル。
27	計器監視	機械が正しく動作していることを確認するために、計器、ダイヤル、その他のインジケーターを監視するスキル。
28	操作と制御	機器、設備、もしくはシステムの運転・動作を制御するスキル。
29	保守点検	定例のメンテナンスを行うほか、どの時期にどのような特別メンテナンスの実施が必要かを決定するスキル。
30	故障等の原因特定	誤動作の原因を突き止めてその是正策を決定するスキル。
31	修理	必要な道具を使って、機械もしくはシステムを修理するスキル。
32	クオリティチェック	性能や品質を評価するために、製品、サービス、工程のテストを実施するスキル。

33	合理的な意思決定	実行可能な措置の相対的なコストと利益を検討して、最適な ものを選ぶスキル。
34	企業・組織の活動の分析	社会や技術、状況の変化が企業・組織の活動に及ぼす影響を 分析し、どのように対応すべきかを判断するスキル。
35	企業・組織の活動の評価	企業・組織のパフォーマンス（業績、生産性、業務効率等） を評価するための尺度や指標を把握し、目標を踏まえ改善・ 是正に必要な措置を明確化するスキル。
36	時間管理	自分自身および他者の時間を管理するスキル。
37	資金管理	仕事の達成に必要な資金の支払い方法を決定したり、それら の支出の会計処理を行ったりするスキル。
38	資材管理	特定の業務の遂行に必要な機器、設備および材料を入手し、 それらが適切に利用されるよう管理するスキル。
39	人材管理	人々の勤務中にやる気を引き出し、能力開発を行い、指示を 与え、その中で特定の職務に最適な人材を把握するスキル。

　なお、日本版 O-NET ではスキル領域について具体的にどの程度の「レベル」が必要かという情報が有意義であるとの観点から、0〜7 の 8 段階で回答を求めるにあたってレベル 2、4、6 にレベル感の目安となる「アンカー」[6] を付して調査を実施した。米国 O＊NET には 35 項目分、各 3 個、計 105 の「アンカー」があり、当初はその翻訳による使用を検討したが、外部有識者を委員に含むインプットデータ研究会にて我が国の文脈では意味がわかりにくいもの、レベル感が伝わりにくいもの、レベル感が「2 としては低すぎる」もの、「6 としては高すぎる」ものなど、全般にわたって違和感があるとの意見があった。そこで委員のご意見を踏まえて「我が国の就業者にとって適切なレベル感が伝わるもの」となるよう全面的に差し替えを行った。最終的に米国 O＊NET の原案をほぼそのまま活用したのは 4 個のみで、残る 101 個＋外国語新規 12 個は独自作成版となった。

6　レベルに関しても重要度や頻度等の評価と同様に、シンプルな程度の違いを表す選択肢ラベルをつけることは可能である。たとえば「非常に高いレベル」から「非常に低いレベル」まで、高低表現で程度を評価するといった手法である。しかしこの方法で実際に自分の仕事に関して回答しようとすると「何をもって高レベル、低レベルと言うべきなのか」に戸惑うことになりやすい。そこで米国 O＊NET ではレベルを尋ねる場合には「0」（無関係）を除く 7 段階のレベルの任意の 3 カ所に具体的なレベル感を表すタスク事例を「アンカー」として使用することで「レベル 2 の具体例よりは低いので『1』」「レベル 2 とレベル 4 の間なので『3』」等、回答できるようにしている。

こうして完成したレベルの調査票を用いて前掲の39項目について、それぞれ自分の仕事とは無関係の場合は「レベル0（無関係）」に、関係がある場合は「レベル1（低）」から「レベル7（高）」の7段階の範囲で回答を求め、平均値を収録データとしている。アンカーの具体的な内容は、JILPT資料シリーズNo.227の巻末付録「Web調査画面サンプル」を参照されたい。

(5)　知識

　知識は人間の側の情報として見た場合、「個人が後天的に獲得した意味記憶[7]」である。ただし、知識は「情報」として個人から切り離して外在化し複製・保存・共有が可能な点が前述の3領域とは異なる特徴である。今回職業の側の情報として整備される「知識」とは、「ある職業でどのような知識が求められるか」、すなわち職務の遂行にあたって標準的に必要とされる知識要件を数値化した情報である。

　なお、米国O＊NET OnLineではKnowledge情報を「一般領域に応用される組織化された原理や事実のまとまり」（Organized sets of principles and facts applying in general domains）と定義している。知識の最小単位（例：「AはBである。」）は短時間で比較的容易に共有され得るため、個人の安定的な職務パフォーマンスを弁別する職業情報の単位としては不適切である。このため、「知識」領域の情報を整備する上ではある程度体系化された知識群を一定の学習・経験を通して身につけているかどうかに注目する視点が有効となる。

　スキルと同じく、米国O＊NET33項目はO＊NET開発プロセスにあたり独自開発されたものである。詳しい項目策定経緯は、Costanza, Fleishman, & Marshall-Mies（1999）の開発レポートを参照されたい。今回当機構では米国O＊NETのKnowledge領域を参考に33項目を策定した（図表3-10）。

　今回の調査でも項目数や主たる内容は米国O＊NETと同数だが、一部内容を日本の状況に合わせてローカライズしている。その詳細はJILPT資料

7　人間の言語的な記憶には「AはBである。」といった意味記憶のほかに、「いつ、どこで、だれが、何をした」というエピソード記憶があるが、一般に「知識」とは前者を指す。

シリーズ No.227 の pp.51-52 を参照されたい。

図表 3-10　知識 33 項目

通し番号	項目名	調査票上の文言
1	ビジネスと経営	戦略的企画立案、資源配分、人的資源管理、リーダーシップ、生産方法、人員や資源の調整などの、ビジネスと経営についての知識。
2	事務処理	文書の作成や、ファイル・記録の管理、速記と書き起こし、書式の設計、および、その他オフィスにおける手続きや専門用語についての、事務的な手続きや処理体系についての知識。
3	経済学・会計学	経済と会計の原理、慣行、金融市場、銀行業務と、財務データの分析および報告についての知識。
4	販売・マーケティング	製品もしくはサービスの展示、販促、販売の原理と方法についての知識。これには、マーケティングの戦略と戦術、製品のデモンストレーション、営業テクニック、販売管理システムの知識が含まれる。
5	顧客サービス・対人サービス	顧客・対人サービスを提供するための行動指針とプロセスについての知識。この知識の内容には、顧客のニーズ査定、サービスの品質基準の評価方法、顧客の満足度評価に関する知識が含まれる。
6	人事労務管理	職員の採用、選定、研修、報酬と福利について、および労使関係と交渉、人事情報システムについての、行動指針や手続きに関する知識。
7	輸送	人や物を空路、鉄道、海路または道路により輸送するための行動指針と方法、ならびにそれらの輸送方法のそれぞれの相対的なコスト、利点に関する知識。
8	生産・加工	商品の効果的な製造と流通を最大限実現するための、原材料、生産工程、品質管理、コスト、およびその他の手法についての知識。
9	農業・畜産業	消費者用の食料（植物と動物）の種まき、収穫、育成、飼育の手法と設備についての知識。これには、貯蔵／処理の手法が含まれる。
10	工学	工学的な科学技術の実践的な応用に関する知識。これには、多様な製品やサービスの設計・製造に向けて、原理、手法、手続き、設備を適用・応用してゆくことを含む。
11	コンピュータと電子工学	回路基板、プロセッサ、チップ、電子機器、およびコンピュータのハードウェアとソフトウェアについての知識。これにはアプリケーションの操作やプログラミングの知識を含む。

12	設計	精密な技術計画や、設計図、図面、モデルの作成に関連する設計の手法、ツール、原理についての知識。
13	建築・建設	住宅や建物、あるいは道路のようなその他の構造物の建設・修繕に必要とされる材料、方法、工具についての知識。
14	機械	設計、用法、修理、保守を含む、機械や工具についての知識。
15	数学	算数、代数、幾何、微積分、統計学およびその応用についての知識。
16	物理学	物理的な原則・法則とその相互関係についての知識、および、それらの存在・作用を予測する知識。また、それらを流体・材料・大気の力学や、機械的・電子的・原子的・素粒子的な構造・作用の理解に応用する知識。
17	化学	物質の化学的組成、構造や特性、ならびに物質が被る化学的プロセスと変質についての知識。これには、化学薬品の使用とその相互作用、危険表示、生産技法、処分方法に関する知識が含まれる。
18	生物学	動植物の有機体、生体組織、細胞、機能、相互依存性、および動植物同士や周囲の環境との相互作用についての知識。
19	心理学	人間の行動と成果、能力・性格・関心における個人差、学習と動機付け、心理学的調査の方法、行動障害と情動障害のアセスメントと治療についての知識。
20	社会学	集団の行動と力学、社会傾向と個人に及ぼす影響、人の移動、民族性、文化についての知識。
21	地理学	土地、海、気団の特性を記述するための原理と方法についての知識。この知識の内容には、その物理的特性、所在、相互関係、動植物および人間の分布が含まれる。
22	医学・歯学	人間の傷害、病気、障害等を診断し治療するのに必要な情報と技法についての知識。この知識には、症状、取り得る治療法の選択肢、医薬品の特性と相互作用、予防法が含まれる。
23	セラピーとカウンセリング	心身の機能不全の診断、治療、リハビリ、ならびにキャリアカウンセリングと指導のための原理、方法、手順についての知識。
24	教育訓練	カリキュラムや訓練の設計、個人やグループに対する教育と指導、訓練効果の測定に関して、それらの原理と方法についての知識。
25	日本語の語彙・文法	語句の意味や綴り、文章作成法、構文、文法等、自国語を使う上での知識。
26	外国語の語彙・文法	語句の意味とスペル、発音、作文と文法の規則等、外国語を使う上での知識。

27	芸術	音楽、舞踊、視覚芸術、演劇、彫刻などを創作、制作、実演するのに必要な理論と技法についての知識。
28	歴史学・考古学	歴史上のできごととその原因、兆候、文明・文化に対する影響についての知識。
29	哲学・宗教学	様々な哲学体系や宗教についての知識。この知識の内容には、それらの基本教義、価値観、倫理、思考方法、習慣、慣行、人間の文化への影響が含まれる。
30	公衆安全・危機管理	人、データ、財産、制度を保護することを目的とする地域、県、全国における効果的なセキュリティ対策の運営を推進するための、関連する装備、政策、手順、戦略についての知識。
31	法律学、政治学	法律、法規、法廷手続き、前例、条例、行政命令、政府機関規則、民主政治のプロセスについての知識。
32	通信技術	電気通信システムの伝送、放送、切り替え、制御、運用についての知識。
33	コミュニケーションとメディア	メディアの制作、通信、伝播の技法と方法についての知識。この知識には、文字、音声、視覚メディアを介して情報を伝え、娯楽を提供するための様々な方法が含まれる。

　以上の 33 項目について、それぞれ自分の仕事と無関係の場合は「0：現在の仕事は無関係」に、関係がある場合は「1：関係はあるが重要ではない」から「5：きわめて重要」の 5 段階の範囲で回答を求め、平均値を収録データとしている。

⑹　仕事の性質

　仕事で行う活動、およびそれを取り巻く環境は、様々な観点でその性質（特徴）を記述することができる。たとえばチームワークの必要性（対人関係）、屋内か屋外か（物理的環境）、どこまで個人に仕事の裁量が認められているか（構造的特徴）、等の観点である。これらの情報について職業ごとに標準的な状況を示すのが「仕事の性質」の情報領域である。

　なお、米国 O＊NET OnLine では Work Context 情報を「仕事の性質に影響を及ぼす物理的・社会的な諸要因」（Physical and social factors that influence the nature of work）と定義している。領域名を直訳すれば「仕事文脈」となるが、2019 年度開催のインプットデータ研究会にて委員より「文脈」という日本語では領域のイメージが利用者に伝わりづらいとの意見

があり、「仕事の性質」としている。

米国 O＊NET の本領域には 57 の項目があり、スキルや知識と同様 O＊NET の開発にあたって独自開発されたものである。詳しい経緯は Strong et al.（1999）の開発レポートを参照されたい。

当機構の初期開発 2 ヶ年の調査では米国 O＊NET の Work Context 領域を参考に 23 項目を策定し（図表 3-11）、そのうち 22 項目については 5 段階評価を、1 項目（23 番：スケジュールの規則性）については 3 択での回答を求めた。また、2020 年度にはさらに 14 項目について追加でデータを収集している（図表 3-12）。設問ごとに選択肢のタイプに違いがあるため、その内容についても図表 3-13 に示す。

このうち、Web サイトへの実装にあたっては基本的には平均値を収録データとしているが、23 番「スケジュールの規則性」のみ、「規則的」「不規則」「季節的」の 3 つの選択肢に順序性は無いため回答比率をそのまま収録データとしている。

なお項目は下位区分として対人関係、物理的環境、構造的特徴に分かれているが、Web サイトへの実装時には特に下位区分を使用したデータ提供は意識されていない。

図表 3-11　仕事の性質　初期開発 23 項目

通し番号	項目名	調査票上の文言	下位区分	選択肢のタイプ
1	他者とのかかわり	どれくらいの頻度で、他者とのかかわりが求められるか	対人関係	頻度 A
2	対面での議論	どれくらいの頻度で、議論が求められるか（グループでの討論も含む）	対人関係	頻度 A
3	電話での会話	どれくらいの頻度で、電話で話すことが求められるか	対人関係	頻度 A
4	ビジネスレターやメモの作成	どれくらいの頻度でビジネスレターを作成しメモを求められるか	対人関係	頻度 A
5	仕事上での他者との対立	どれくらいの頻度で、他者との対立、摩擦などがあるか	対人関係	頻度 A
6	時間的切迫	どれくらいの頻度で、厳格な締め切りに合わせて働く必要があるか	構造的特徴	頻度 A

7	グループやチームでの仕事	グループ、チームに貢献するためのやりとりがどの程度重要か	対人関係	重要性
8	外部の顧客等との接触	外部の顧客や、一般の人々への対応がどの程度重要か	対人関係	重要性
9	他者と調整し、リードする	他者と調整したり率先して動いたりすることがどの程度重要か	対人関係	重要性
10	厳密さ、正確さ	仕事の遂行にあたって精密であること、正確であることがどの程度重要か	構造的特徴	重要性
11	同一作業の反復	継続的で反復的な心身の活動はどの程度重要か	構造的特徴	重要性
12	機器等の速度に応じた作業	設備や機械のペースに合わせて仕事をすることがどの程度重要か	構造的特徴	重要性
13	結果・成果への責任	他の労働者の結果や成果について、どの程度責任を持つことになるか	対人関係	責任の度合い
14	空調のきいた屋内作業	どれくらいの頻度で、空調のきいた屋内で働いているか	物理的環境	頻度 B
15	空調のきいていない屋内作業	どれくらいの頻度で、空調のきいていない屋内で働いているか	物理的環境	頻度 B
16	屋外作業	どれくらいの頻度で、屋外で働いているか	物理的環境	頻度 B
17	座り作業	就業時間のうち、座って作業している時間はどの程度か	物理的環境	就業時間に占める比率
18	立ち作業	就業時間のうち、立って作業している時間はどの程度か	物理的環境	就業時間に占める比率
19	反復作業	就業時間のうち、反復的な動作をしている時間はどの程度か	物理的環境	就業時間に占める比率
20	ミスの影響度	容易には直せないミスをした場合、どの程度深刻な事態を引き起こすか	構造的特徴	ミスの影響度
21	意思決定の自由	どの程度、誰かの指示を受けることなく自由に意思決定できるか	構造的特徴	意思決定の自由度
22	優先順位や目標の自己設定	仕事の優先順位や目標について、どの程度予め決められておらず自分の判断にゆだねられているか	構造的特徴	構造化の程度
23	スケジュールの規則性	働くスケジュールはどの程度規則正しいか	構造的特徴	規則性

図表 3-12　仕事の性質　2020 年度追加 14 項目

通し番号	項目名	調査票上の文言	下位区分	選択肢のタイプ
24	電子メール	どれくらいの頻度で電子メールを使う必要があるか（私用メールは除く）	対人関係	頻度 B
25	窮屈な仕事の場所、居心地が悪い姿勢	どれくらいの頻度で、居心地が悪い姿勢にさせるような窮屈な場所で働くか（例：機械装置の隙間、配管工事の現場、飛行機内の狭い通路）	物理的環境	頻度 B
26	病気、感染症のリスク	職務上、どれくらいの頻度で病気や感染症のリスクに晒されるか（例：患者の治療・看護、研究施設での病原体の取り扱い、クラスター発生場所の消毒作業）	物理的環境	頻度 B
27	軽度の火傷、切り傷、噛まれ傷、刺し傷	どれくらいの頻度で、職務上、軽度の火傷や切り傷、噛まれ傷、刺し傷などを負うリスクがあるか（例：製造、建設、農林漁業、動物の飼育、調理、縫製）	物理的環境	頻度 B
28	一般的な保護・安全装備の着用	どれくらいの頻度で、保護・安全のための一般的な装備（専用の履物や特殊なメガネ、グローブ、耳の保護、堅いヘルメット、ライフジャケットなど）を着用するか	物理的環境	頻度 B
29	特殊な保護・安全装備の着用	どれくらいの頻度で、保護・安全のための特殊な装備（呼吸器、安全ハーネス、完全防護スーツ、耐放射線防護服など）を着用するか	物理的環境	頻度 B
30	暴力的な人々への対応	どれくらいの頻度で暴力的な人々による身体的攻撃への対応が求められるか（例：暴動・テロ・犯罪等への対応、暴力を伴う客同士の喧嘩への介入、認知症や精神疾患を背景とする暴力への対応）	対人関係	頻度 B
31	歩行、走行	就業時間のうち、歩いたり走ったりする時間はどの程度か	物理的環境	就業時間に占める比率
32	モノ、道具、制御装置を扱う手作業	モノや、道具、制御装置を、手で握ったり、操作したり、感触で確かめたりしている時間はどの程度か	物理的環境	就業時間に占める比率
33	他者との身体的近接	仕事中、他者と身体的にどの程度近接しているか（同僚、顧客、患者、通行人等）	物理的環境	身体的近接性
34	機械やコンピュータによる仕事の自動化	仕事は機械やコンピュータによってどれくらい自動化されているか	構造的特徴	自動化の程度

76

35	他者の健康・安全への責任	他者の健康や安全についてどの程度責任を持つことになるか	対人関係	責任の程度
36	意思決定が他者や企業に及ぼす影響力	仕事上の意思決定が、他者や、雇用主のイメージ・評判・資産に与える影響はどの程度重大か	構造的特徴	意思決定の影響の程度
37	競争水準	競争することや、競争に勝たなければならないというプレッシャーを自覚することがどの程度求められるか	構造的特徴	競争水準

図表 3-13　仕事の性質の選択肢のタイプ

選択肢のタイプ	選択肢の構造	選択肢の内容
頻度 A	5 段階評価	「1：年に 1 度未満、あるいは全く求められない」～「5：ほぼ毎日」
頻度 B	5 段階評価	「1：年に 1 度未満、あるいは全くない」～「5：ほぼ毎日」
重要性	5 段階評価	「1：まったく重要ではない」～「5：きわめて重要である」
責任の程度	5 段階評価	「1：まったく責任はない」～「5：きわめて大きな責任がある」
就業時間に占める比率	5 段階評価	「1：まったくない」～「5：ほぼ常に」
ミスの影響度	5 段階評価	「1：まったく深刻な事態にならない」～「5：きわめて深刻な事態を引き起こす」
意思決定の自由度	5 段階評価	「1：全く自由はない」～「5：大いに自由がある」
構造化の程度	5 段階評価	「1：完全に決められ判断の余地はない」～「5：すべて自分で判断する」
規則性	3 択	「1：規則的（ルーチンやスケジュールが決まっている）」、「2：不規則（天候、生産需要、契約期間などで変わる）」、「3：季節的（一年のうちの一定の時期だけ）」
身体的近接性	5 段階評価	「1：他の人と近くで仕事はしない、または 30 メートル以上離れている」～「5：非常に近い（ほとんど肩が触れる状態）」
自動化の程度	5 段階評価	「1：全く自動化されていない」～「5：完全に自動化されている」

意思決定の 影響の程度	5段階 評価	「1：全く影響は出ない」 〜「5：非常に重大な影響が出る」
競争水準	5段階 評価	「1：全く競争的ではない」 〜「5：極めて競争的である」

⑺ 仕事の内容（ワーク・アクティビティ）

　2020年度に追加でデータが作成された仕事の内容（ワーク・アクティビティ）とは米国O＊NETにおけるGeneralized Work Activities（GWA）を参考として新規に情報収集を行った情報領域である。GWAは「主要な仕事の役割を果たす上で、その根底にある似たような職務活動・職務行動の集積である」（Jeanneret et al., 1999, p.106）。端的に言えば「仕事で行う活動」に関する情報であり、就業者に41項目について「あなたの職業において求められるレベルと重要度」を尋ね作成されているものである。

　米国O＊NETではWork ActivitiesをDetailed、Intermediate、Generalizedの3層に分けているが、O＊NET OnLine（https://www.onetonline.org）のWebサイト上では全職業共通に数値化できる最も抽象化されたGeneralized Work Activitiesのことを単に「Work Activities」と表記しているため、当機構でも同領域の邦訳版作成にあたって領域名から「一般化された〜〜」との修飾語は省略している。また直訳である「仕事活動」という表現についてはインプットデータ研究会にて「日本人には意味が伝わりにくい」との指摘があり、かといって米国O＊NETとの対応関係の明確化も重要であるとの観点から最終的に「仕事の内容（ワーク・アクティビティ）」という領域名とされた。米国O＊NETの3層構造の詳細についてはJILPT資料シリーズNo.227の第5章第1節「米国O＊NETにおける仕事活動（Work Activity）情報の内容と開発過程」（pp.134-160）を参照されたい。

　項目の邦訳にあたっては日本労働研究機構（2003）による初期のGWAの翻訳を参考としつつ新たに原案を作成し、当機構と厚生労働省首席職業指導官室の関係者、および「インプットデータ研究会」に出席の外部有識者から意見を募集し修正を行った。抽象度が高く直訳では意味がわかりにくい項目も多かったため適宜意訳したほか、特にわかりにくいものについては具体例

を付記するよう努めた。41 項目の内容を図表 3-14 に示す。

図表 3-14　仕事の内容（ワーク・アクティビティ）41 項目

通し番号	項目名	調査票上の文言
1	情報を取得する	情報を取得するための活動を行う。自分自身で直接観察・観測するほか、他者から情報を引き出す・受け取る、あるいはマスコミや SNS、インターネット等、あらゆる情報源を用いて情報を調べることも含まれる。
2	継続的に状況を把握する	特定の対象（材料、出来事、環境など）について、問題の発見や評価のために状況の推移をリアルタイムに監視する、あるいは後からチェックする。 例：ボイラーの計器の数値、道路の渋滞状況、工場機器の稼働状況、患者のバイタルサイン、Web サーバのアクセスログなど。
3	情報の整理と検知を行う	単に観測したりモニタリングするだけでは分かりにくいモノや行為、出来事などから、意味のある情報を整理し、検知する。検知のための情報整理には、分類、推定、類似点・相違点の認識、状況・事象の変化の把握などが含まれる。 例：食品の成分表からアレルギー物質の有無を知る、地質調査の結果から地盤の安定性を確認する、店舗の売り上げと天候の関係を特定する、過去と現在の診断結果を見比べ病気の進行状況を把握する、など。
4	設備、構造物、材料を検査する	不具合の原因やその他の問題、欠陥を突き止めるために、設備や構造物、材料を検査する。
5	数値の算出・推計を行う	直接測定できない、もしくは測定しづらい大きさや距離、量を計算によって見積もったり、ある仕事の実施に必要な時間、費用、資源、材料などを計算によって算出・推計する。
6	クオリティを判断する	人、モノ、サービスの価値、重要性、クオリティを評価する。 例：人事評価を行う、資産価値を評価する、古い絵画の芸術的価値を見積もる、など。
7	法律や規定、基準を適用する	出来事やプロセスが法律、規定、基準などに従っているかどうか判定するため、関連情報を活用したり、自分の経験や知識から判断する。
8	情報やデータを処理する	情報やデータの編集、コード化、分類、計算、作表、監査、検証を行う。
9	情報やデータを分析する	情報やデータを分解して細分化することで、それらの背景にある原理や原因、事実を明らかにする。
10	意思決定と問題解決を行う	情報を分析し、結果を評価して最善の解決策を選択し、問題を解決する。

11	創造的に考える	既存のものにとらわれず、新しく何かを開発、設計、創造する。これには芸術的な観点での関与・貢献を含む。 例：アイデア、広報、システム、ソフトウェア、製品、芸術作品など。
12	仕事に関連する知識を更新し、活用する	最新の技術や状況の変化に遅れずについていき、新しい知識を職務に応用する。 例：法律の改訂内容を調べて事業に及ぼす影響を検討する、新しい医療機器の使い方と注意点を学び患者に適用する、新しい情報技術の仕組みを理解しソフトウェアを開発する、など。
13	目標と戦略を策定する	長期目標を設定し、それを達成するための戦略と措置を具体的に示す。
14	スケジュールを作成する	イベント、プログラム、活動、および他者の作業のスケジュール（日程表）を作成する。
15	仕事を整理、計画する、優先順序を決める	仕事に優先順位をつけ、整理し、遂行するために、具体的な目標と計画を策定する。
16	全身を使って身体的な活動を行う	登る、持ち上げる、バランスをとる、歩く、かがむ、資材を運搬するなど、手足をかなり使って全身を動かす必要がある身体的な活動を行う。
17	手と腕を使って物を取り扱い動かす	全身を使わずに持ち上げられる程度の大きさ・重さのモノの運搬、据え付け、設置、移動のため、もしくはそれらの物を扱うために、手と腕を用いる。
18	機械、および機械製造のプロセスをコントロールする	機械や、機械製造のプロセスを直接身体を使ってコントロールする、または制御装置を使用して間接的にコントロールする。ただし、コンピュータと乗り物は含まない。 例：レジを打つ、電動ドリルを使う、NC旋盤を操作する、など。
19	乗り物を運転・操縦する	フォークリフト、乗用車、航空機、船舶などの乗り物を操縦、航行、運転する。
20	コンピュータを用いて作業を行う	コンピュータとコンピュータ・システム（ハードウェアとソフトウェアを含む）を利用してプログラミングを行ったり、ソフトウェアを作成したり、機能を設定したり、データを入力したり、情報を処理したりする。
21	装置、部品、機器の図面を作成する、配列や仕様を設定する	装置、部品、機器、もしくは構造物の製造、構成、組み立て、改変、保守、使用について他者に説明するために、文書、詳細な指示、図面、仕様を提供する。
22	機械装置の修理と保守を行う	主に機械的な原理（電子的ではない）で作動する機械、装置、可動部や機器の保守、修理、調整、テストを行う。
23	電子機器の修理と保守を行う	主に電気的もしくは電子的な原理（機械的ではない）で作動する機械、装置や機器の保守、修理、キャリブレーション、調節、微調整、テストを行う。

24	情報の文書化と記録を行う	文書または電子・磁気記録で情報を入力、転記、記録、保存、保持する。
25	情報の意味を他者に説明する	情報の意味を解釈し何を意味しているのか、またどのように活用できるのかについて、他者のために説明する。例：血圧の数値の解釈方法を説明する、輸出製品にかかる他国の税金のシステムを説明する、物理学の論文の内容を噛み砕いて説明する、など。
26	上司、同僚、部下とコミュニケーションを取る	電話、書面、電子メール、対面で上司、同僚、部下に情報を提供する。
27	組織外の人々とコミュニケーションを取る	自分の所属する組織を代表して、顧客、一般の人々、政府、その他の外部の人々とコミュニケーションを取る。対面のほか、書面や電話、メールで情報交換を行う。
28	人間関係を構築し、維持する	他者との間に建設的な協働関係を発展させ、長期にわたってその関係を維持する。
29	他者に対する支援とケアを行う	同僚、顧客、患者などの他者に対して、個別支援を行ったり、医療上の注意を払ったり、情緒面でのサポートをしたり、その他の個別のケアを行う。
30	他者に対して売り込む、または他者の思考・行動が変容するよう働きかける	製品や商品を購入するよう、説得する。または、他者に考えや行動を変えるよう働きかける。
31	対立を解消させる、他者と交渉する	苦情を処理し、争いを収め、不満や対立を解消する、または他者と交渉する。
32	公共の場で一般の人々のために働いたり、直接応対する	公共の場で一般の人々のために働いたり、人々と直接応対して働く。これにはレストランや商店での顧客への応対、クライアントやゲストの受け入れなどが含まれる。
33	メンバーの仕事量や活動内容を調整する	グループのメンバーが、仕事の完遂に向けて一緒に働けるように仕事量や活動内容を調整する。
34	チームを構築する	チームのメンバー同士の相互の信頼、尊重、協力を促し、チームを構築する。
35	他者の訓練と教育を行う	教育の必要性を明らかにし、正規の訓練プログラムや授業を開発し、他者に教える、または指導する。
36	部下への指導、指示、動機づけを行う	部下を指導し、指示を与え、動機づける。これには職務遂行にあたって求められる水準の設定や、職務の進捗管理が含まれる。
37	他者をコーチし、能力開発を行う	他者の能力開発の必要性を明らかにし、知識やスキルを向上させるためにコーチング、メンタリング、助言、支援を行う。

38	コンサルティングと他者へのアドバイスを行う	技術、システム、プロセスに関するトピックについて、経営陣やその他のグループに指導と専門的助言を与える。
39	管理業務を遂行する	情報をまとめたファイルの維持管理や、書類事務の処理など、日常的な管理業務を実行する。
40	組織の人事管理を行う	組織において従業員の募集、面接、選定、雇用、昇進を行う。
41	資源、資材、財源の監視と管理を行う	仕事に関わる資源、資材など、様々なリソースの監視と管理を行い、関連するお金の支出を監督する。 例：ホテルのシーツの管理、厨房の食材の管理、大企業の年間予算の管理、など。

　以上の 41 項目について「1：重要でない」、「2：ある程度重要」、「3：重要」、「4：とても重要」、「5：きわめて重要」の 5 段階の範囲で回答を求め、平均値を収録データとした。

⑻　タスク

　職務分析では伝統的に、作業の最小単位であるエレメント（要素、要素作業）がひとまとまりになったものをタスク（課業）と定義する。この定義は日本版 O-NET のタスクにも当てはまるが、一方で、当機構の調査ではより実務的に「原則として 1 つの主要動詞を含む 1 文単位で切り出された、仕事の活動内容に関する記述」と定義する。つまり、前章で述べた職業解説「どんな仕事？」も「仕事の活動内容に関する記述」を含むが、そのうち主要な内容を「〜〜する」という動詞単位で細分化したものをタスクと呼ぶという意図である。

　項目については、当機構が過去に作成した「タスクリスト」をベースとして、第 2 章の職業解説編集委員会における協議により加筆修正した他、新規職業については新規のタスクリストを書き起こした。こうして確定したタスクリストを用いて実施の有無を Web 就業者調査にて複数回答形式で尋ねた。図表 3-15 に配管工のタスクリストの例を示す。これにより「各タスクがどの程度実施されているか（実施率）」を数値情報として整備した。タスクの項目数は職業ごとに異なる。

図表 3-15　タスクリストのサンプル：配管工の場合タスク 11 項目 +1 項目

通し番号	タスクの記述内容
1	必要な資材や道具を準備するために、図面を読んだり構造物を調べたりする。
2	定規や水準器を使用して、パイプを敷設する位置を決めて印をつける。
3	手動工具と動力工具を使用して、構造物にパイプとパイプ取付部品を入れる開口部を取り付ける。
4	スクリュー、ボルト、はんだ、プラスチック溶剤、コーキングを使用して、管材、管、取付部品を組み立てる。
5	手動工具と動力工具を使用して、パイプ組立品、取付部品、バルブと流し、便器、浴槽などの備品を取り付ける。
6	パイプカッター、パイプねじ切り機、パイプ曲げ機を使用して、パイプを加工する。
7	漏れている箇所を見つけるためにパイプや衛生器具に水や空気を満たし、圧力計を観察する。
8	壊れた部品やパイプを交換または修理する。
9	排水溝の詰まりを直す。
10	作業員を指揮し、技術的な指導をする。
11	配管や配管部品の溶接をする。
12	この中に実際行っている仕事はない※

※排他項目：1つでもタスクにチェックを入れている場合には、選択できない。

2　Web 就業者調査の概要

　前項で述べた8つの初期開発領域および実装予定領域に関して、当機構では 2018 年度、2019 年度、2020 年度にそれぞれ Web 就業者調査を実施した。その実施概要について以下で年度別に紹介する[8]。

(1)　2018 年度 Web 就業者調査の実施概要
ア）調査手法
　Web モニター調査

---

[8]　なお、2021 年 10 月現在の最新公開データセットである「簡易版数値系ダウンロードデータ version 2.01」で数値情報が収録されている 450 職業のうち 11 職業については Web 調査にて十分なサンプルサイズが得られなかったために関連の機関等に直接依頼にて紙媒体の郵送調査を実施しているが、絶対数が少ないこともあり本稿では割愛する。関心のある読者は JILPT 資料シリーズ No.227、No.240 を参照されたい。

イ）調査時期

2018 年 12 月〜2019 年 1 月

ウ）調査対象者

Web 調査会社にモニター登録している者の中から、230 職業の就業者を対象とした。各職業で最終的に 50 名程度の回答者を確保することを目指し、調査時点の目標件数は各職業 60 名に設定した。

エ）調査のプロセス

Web モニターに対して調査会社より調査協力の依頼メールを送付した。回答は PC からでもスマートフォンからでも可能であった。

回答者は依頼メールから専用の調査用 Web サイトへ飛び、230 職業の中から自分の職業を選択した。全ての調査項目に回答し調査は終了した。

⑵ **2019 年度 Web 就業者調査の実施概要**

ア）調査手法

Web モニター調査

イ）調査時期

2019 年 11 月〜12 月

ウ）調査対象者

Web 調査会社にモニター登録している者の中から、情報収集対象である 287 職業の就業者を対象とした。このうち 3 職業は 2018 年度調査で十分なサンプルサイズが得られず、また後述の直接依頼も実施が難しかった職業の再調査である。目標収集数等は 2018 年度と同様 60 名とした。

エ）調査のプロセス

調査のプロセスは原則として 2018 年度と同様である。

⑶ **2020 年度 Web 就業者調査の実施概要**

ア）調査手法

Web モニター調査

イ）調査時期

2021 年 1 月〜2 月

ウ）調査対象者

　Web 調査会社にモニター登録している人の中から、504 職業の就業者を対象とした。2019 年度までの調査と同様、各職業で最終的に 50 名程度の回答者を確保することを目指し、調査時点の目標件数は各職業 60 名に設定した。

エ）調査のプロセス

　調査のプロセスのほとんどは 2018 年度、2019 年度と同様である。ただし、2020 年度は前年度までと比較して 1 回の調査における対象職業数が約 2 倍になっており、職業名を直に列記したリストから自分の職業を探すことは困難であると予想された。そこで 2020 年度の調査ではまず 21 種の「カテゴリ」を選択し、各カテゴリの中で自分の職業を探す形式に変更された。カテゴリの詳細については JILPT 資料シリーズ No.240 の p.20 を参照されたい。

3　データ回収後のスクリーニングプロセス

　さて、前項で示したように当機構では基本的に Web モニター調査によって職業ごとに一定数の回答者を得て平均値や比率を収録しているが、回収したデータをそのまま最終データセットとして採用しているわけではない。米国 O＊NET プロジェクトでは就業者調査にあたってその職業の就業者がいることが判明している企業に協力を依頼し、企業経由で就業者に回答を依頼している。このため回答者の職業はある程度客観的に保証されており異なる職業の回答が混入するリスクは少ない。一方、今回当機構が実施した Web 就業者調査では職業の選択は回答者自身が行った。したがって各職業の就業者は一部例外を除き「自称」であり、本当にその職業の就業者かどうかは保証されていない。

　もちろん国勢調査を含めあらゆる職業関連調査において「自称」で職業を尋ねることは一般的であり、この意味では当機構の Web 就業者調査が国内の他の調査より特に劣っているというわけではない。とはいえ、当該職業の就業者ではない回答者の「混入」は可能な限り排除することが望ましい。

　そこで初期開発 2 ヶ年の Web 就業者調査では各年度で Web 調査会社による第 1 次スクリーニング、および当機構における第 2 次スクリーニングに

て非就業者の「混入」の除外を試みている。その内容は大きく分けて、(1) Web 調査会社の規定の基準に基づく除外（極端に短時間で回答しているもの等）、(2)ある設問に全て同じ値で回答している等の不誠実回答の除外、(3) ほとんどのタスクを「実施していない」と回答しており、かつ年齢・性別・居住地域・就業形態・自由記述内容等の総合的な観点から見て「その職業の人物ではない」と思われる回答の除外、といったものである。また 2020 年度の Web 就業者調査では上記のスクリーニングに加えて、「職業経験年数」、「同一職業選択者の平均値からの乖離の程度（標準化ユークリッド距離）」等の指標に基づくデータ選別も行った。

これらのスクリーニングの詳細はサンプルに基づく母集団推定の精度を高めるにあたって重要な論点ではあるものの、内容的にやや周辺的な情報であること、また説明には多くの紙面を要することから本書では詳細を割愛する。関心のある読者は JILPT 資料シリーズ No.227 の pp.60-65、および No.240 の pp.35-43 を参照されたい。

4　日本版 O-NET のための「インプットデータ」収録基準

上記のスクリーニングプロセスを経て確定した最終データセットを用いて各職業サンプルの平均値や比率を算出し、日本版 O-NET のための数値情報とした。その際、原則としてサンプルサイズが 20 件未満の職業は「データ不足」として数値情報を収録しなかった。この収録基準は米国 O＊NET の先行事例を参考として設定されている。紙面の都合から本書では詳細を割愛するが、関心のある読者は JILPT 資料シリーズ No.227（pp.66-69）を参照されたい。

第 4 節　作成されたデータと活用方法

前節ではデータの作成方法について紹介した。とはいえ、やはり実際に作成されたデータを見なければデータのイメージは掴みづらいと思われる。そこで本節では 8 つの初期開発領域および実装予定の領域ごとに具体的なデータ事例を紹介する[9]。

　その際、本書では「建築塗装工」「理容師」「Web ディレクター」の 3 職業のデータを事例として紹介する。この 3 職業は JILPT 資料シリーズ No.227 における事例紹介に際してランダムに選択されたもので、職種の違いが比較的イメージしやすいこともあって本書でも同じ枠組みを踏襲することとした。

　また、単にデータ事例を紹介されてもどのようにキャリア教育・キャリア支援で活用できるのかがわからないという読者も多いと思われる。そこで、過去の報告書ではあまりこうした視点では記載してこなかったが、本書では各情報領域の性質を踏まえた実践現場での活用方法に関しても筆者の見解を申し添える。もとより公開されたデータは自由な発想と工夫でご活用いただく前提ではあるが、参考程度にお考えいただければ幸いである。なお記載の内容は筆者個人の見解であり、当機構や厚生労働省の公式見解ではない。

1 「職業興味」領域のデータ事例と活用方法

　仕事の「好き嫌い」に関して「どのようなタイプの人が向いているか」を実際に就業中の人々に 1～5 の 5 段階で尋ねた平均値である職業興味領域について、3 職業の収録データは図表 3-16 のようになっている。建築塗装工は「現実的」な興味の人（モノを対象とした具体的で実際的な仕事が好きな人）が比較的向いており、理容師は「社会的」な興味の人（人と接したり、

図表 3-16　職業興味領域の収録データ事例

収録番号	職業名	現実的	研究的	芸術的	社会的	企業的	慣習的
43	建築塗装工	3.565	3.032	3.097	3.210	2.968	3.145
115	理容師	3.575	3.301	3.575	3.890	2.986	3.260
327	Web ディレクター	3.338	3.385	3.554	3.554	3.754	2.969

※各職業において最も値が高い項目を網かけしている。以下同じ。

9　紹介データは日本版 O-NET の Web サイト上「職業情報データダウンロード」のページ（https://shigoto.mhlw.go.jp/User/download）で公開されている簡易版数値系ダウンロードデータ version 2.01、および JILPT 資料シリーズ No.240（https://www.jil.go.jp/institute/siryo/2021/240.html）のオンライン追加資料からの引用である。

人に奉仕したりする仕事が好きな人）が向いており、Web ディレクターは「企業的」な興味の人（企画、立案したり、組織の運営や経営等の仕事が好きな人）が向いていることが示唆されている。これは概ね、各職業の内容や性質を考えれば妥当なデータであるように思われる。

　この職業興味の収録データはあらゆる年齢層のキャリア教育、キャリア支援に活用できるが、特に職業経験の乏しい若年層が自己理解を深めたり、仕事の世界を探索したりする時に使いやすい情報と言える。というのも職業興味は幼少期の直接的な成功体験や周囲の大人からの賞罰等によって形成されるものと考えられており（例：Lent, Brown, & Hackett, 1994）、中高生や大学生でも比較的本人の希望を把握する指針となりやすいためである[10]。したがってまず本人の職業興味を検査ツール（例：VPI 職業興味検査）等を活用して把握し、これと日本版 O-NET の同領域収録データを照合して検索やマッチングに役立てるといった活用方法が考えられる。

　もちろん既に職業経験がある場合でも「今の仕事は自分に向いていない気がするので、改めて職業興味の観点から適職を考えたい」といった場面では職業興味データを大いに活用できるであろう。ただし、一般論として扶養家族がいる場合には職業興味という「好き嫌い」だけで仕事を選ぶことは難しくなりがちである。また前職までに身につけたスキルや知識を活かす方針で仕事を探した方がキャリア形成という観点では有効なケースもある。単純に居住地域には本人の職業興味と合致する応募可能な求人が無いこともあるだろう。

2 「仕事価値観」領域のデータ事例と活用方法

　仕事を通してどのような観点で満足感を得られやすいかを 1〜5 の 5 段階で尋ねた仕事価値観について、3 職業の収録データは図表 3-17 のようになっている。建築塗装工と Web ディレクターは「達成感」（努力した結果が達成感に結びつく）の観点で、理容師は「専門性」（自分の専門性を生かして働き、さらに専門性を高めていくことができる）の観点で最も満足感が

10　ただし、中には職業興味が 6 項目とも「全て高い」「全て低い」といった未分化と呼ばれる状況にある人もいる。この場合は自己理解を深める等、別のアプローチが必要となる。

図表 3-17　仕事価値観領域の収録データ事例

収録番号	職業名	達成感	自律性	社会的認知・地位	良好な対人関係	労働条件(雇用や報酬の安定性)	労働安全衛生	組織的な支援体制	専門性	奉仕・社会貢献	私生活との両立
43	建築塗装工	3.903	3.532	2.855	3.274	2.903	2.823	2.726	3.677	2.952	3.145
115	理容師	3.932	3.753	3.164	3.740	2.767	3.575	2.630	3.973	3.548	3.233
327	Web ディレクター	3.631	3.431	3.123	3.338	2.985	3.523	3.000	3.600	2.938	3.215

得られやすいことが示唆される。ただし理容師は全般に平均値が高い項目が多く、「達成感」の絶対値は 3 職業内で最も高くなっている。

　人間が仕事に求める価値観は必ずしも職業経験が無くとも形成され得る。この点は職業興味と共通である。ただし、職業興味が純粋に個人の嗜好性（好き嫌い）であったのと比べると仕事価値観はある程度社会的に規定され得る点が異なる。たとえば独身の間は「達成感」や「自律性」、「専門性」といった価値観を重視していたが、結婚後は「労働条件（雇用や報酬の安定性）」や「私生活との両立」を重視するようになる、といったライフイベントによる変化が想定し得る。この他、人間関係を理由に離職した人が転職時に「良好な対人関係」を重視したり、自身の健康上の理由から「労働安全衛生」を重視したり、家族の病気の治療費のために比較的高収入とつながりやすい「社会的認知・地位」を重視したりといったケースが考えられる。

　また仕事価値観に関しては満足感を介して離職率と関係しているとの研究が比較的多い（例：Queiri, Wan Yusoff, & Dwaikat, 2014; Van Vianen, De Pater, & Van Dijk, 2007）。つまり、せっかく就職できても本人が希望する仕事価値観の基準が充足されなければ満足感は低下し離職につながる可能性が高まる。したがって、家庭環境や健康上の理由、本人の思い描くライフスタイル等で譲れない価値観がある場合は仕事価値観の方が探索に適している可能性がある[11]。

　ただし一方で、仕事価値観を用いた検索では「結果的にその価値観が満た

11　なお仕事価値観ほど先行研究は多くないが、職業興味に関してもたとえば Van Iddekinge, Roth, Putka, & Lanivich（2011）が満足感や離職率との関係を示している。

されやすい職業」がリストアップされるので雑多な業種・職種の職業が表示されがちとなる。たとえば「達成感」の収録平均値が高いものから10職業をピックアップすると以下のようになる。

　調教師、ネイリスト、検察官、大工、助産師、フラワーデザイナー、エステティシャン、放送ディレクター、ジュエリーデザイナー、パイロット

　これらの職業では確かに仕事を通して達成感を得られやすいのかもしれない。また、求職者の視野を広げるという観点では役立つこともあるだろう。しかし、実際に目指すべき業種・職種を特定しようとする上ではかえって混乱を招くかもしれない。一方、職業興味「現実的」について同様に10職業をピックアップすると以下のようになる。

　インダストリアルデザイナー、自動車整備士、大工、義肢装具士、航空整備士、花き栽培者、船舶機関士、録音エンジニア、造園工、農業技術者

　主に製造業やエンジニア、動植物相手の仕事が集中している。このように職業興味を用いると仕事内容が直感的に「似たような」職業がリストアップされやすいので、中高生のキャリア教育等で職業の世界をある程度体系的に探索してもらいたい場合などは職業興味の方が有効である可能性がある。

3 「教育と訓練」領域のデータ事例と活用方法

　各職業で一般的な学歴について、3つの職業の収録比率の事例を図表3-18に示す。本設問のみ複数回答形式のため、合計は100%を超える。建築塗装工については「高卒」が、理容師については「専門学校卒」が、Webディレクターについては「大卒」がそれぞれ最も一般的である様子がうかがわれる。

　次に入職前に必要な教育・訓練期間（学歴を除く）の収録比率の事例を図表3-19に示す。建築塗装工では「特に必要ない」が、理容師では「1年超〜2年以下」が最も多く選択されている。理容師の場合、免許取得後のアシ

図表 3-18　一般的な学歴の収録データ事例（複数回答）

収録番号	職業名	高卒未満	高卒	専門学校卒	短大卒	高専卒	大卒	修士課程卒※	博士課程卒	わからない
43	建築塗装工	46.8%	62.9%	14.5%	0.0%	0.0%	8.1%	1.6%	0.0%	4.8%
115	理容師	15.1%	17.8%	80.8%	2.7%	1.4%	5.5%	0.0%	0.0%	4.1%
327	Web ディレクター	0.0%	13.8%	27.7%	7.7%	3.1%	60.0%	3.1%	0.0%	20.0%

※正確な調査上の文言は「修士課程卒（修士と同等の専門職学位を含む）」。

図表 3-19　入職前に必要な教育・訓練期間（学歴を除く）の収録データ事例

収録番号	職業名	特に必要ない	1ヶ月以下	1ヶ月超～6ヶ月以下	6ヶ月超～1年以下	1年超～2年以下	2年超～3年以下	3年超～5年以下	5年超～10年以下	10年超	わからない
43	建築塗装工	46.8%	4.8%	6.5%	9.7%	4.8%	9.7%	1.6%	4.8%	3.2%	8.1%
115	理容師	4.1%	1.4%	1.4%	1.4%	27.4%	17.8%	15.1%	16.4%	4.1%	11.0%
327	Web ディレクター	18.5%	7.7%	12.3%	13.8%	6.2%	3.1%	4.6%	3.1%	0.0%	30.8%

スタントの期間や通学中の理容室でのアルバイト期間等が1～2年程度あるといった状況を指しているものと考えられる。一方、Web ディレクターに関しては「わからない」との回答が最も多くなっている。この「わからない」は多義的だが、同職業の職業解説「就くには」の記述によれば最初はWeb デザイナーやプログラマーとして入職して、経験を積んで Web ディレクターとなるケースが多いとされている。したがって「Web ディレクターの入職前の訓練期間を一般論として回答せよと言われても、どう数えれば良いのかわからない」という回答者が比較的多かった可能性がある。

　続いて入職前に必要な実務経験の収録比率の事例を図表 3-20 に示す。建築塗装工は「特に必要ない」が、理容師は「3 年超～5 年以下」が最も多く選択されている。Web ディレクターについて「わからない」が最も多く選択されている理由はおそらく上述の「必要な教育・訓練期間」と同様の理由によるものと思われる。

　本領域の最後の項目である、入職後に一通り仕事を覚えるまでの期間の収録比率の事例を図表 3-21 に示す。建築塗装工は「3 年超～5 年以下」が、理

図表 3-20　入職前に必要な実務経験の収録データ事例

収録番号	職業名	特に必要ない	1ヶ月以下	1ヶ月超〜6ヶ月以下	6ヶ月超〜1年以下	1年超〜2年以下	2年超〜3年以下	3年超〜5年以下	5年超〜10年以下	10年超	わからない
43	建築塗装工	53.2%	3.2%	1.6%	16.1%	3.2%	8.1%	1.6%	3.2%	3.2%	6.5%
115	理容師	16.4%	0.0%	1.4%	9.6%	12.3%	16.4%	19.2%	9.6%	4.1%	11.0%
327	Webディレクター	23.1%	0.0%	4.6%	6.2%	15.4%	12.3%	3.1%	3.1%	1.5%	30.8%

図表 3-21　入職後に一通り仕事を覚えるまでの期間の収録データ事例

収録番号	職業名	必要でない（未経験でも即戦力となる）	1ヶ月以下	1ヶ月超〜6ヶ月以下	6ヶ月超〜1年以下	1年超〜2年以下	2年超〜3年以下	3年超〜5年以下	5年超〜10年以下	10年超	わからない
43	建築塗装工	6.5%	4.8%	4.8%	9.7%	11.3%	14.5%	21.0%	16.1%	6.5%	4.8%
115	理容師	0.0%	2.7%	4.1%	0.0%	5.5%	8.2%	21.9%	43.8%	6.8%	6.8%
327	Webディレクター	4.6%	3.1%	23.1%	12.3%	9.2%	10.8%	7.7%	4.6%	1.5%	23.1%

容師は「5年超〜10年以下」が、Webディレクターは「わからない」と同率で「1か月超〜6か月以下」が最も多く選択されている。3職業ともに未経験でも即戦力というわけにはいかない様子がうかがわれる。

　以上の本領域に含まれる4つの収録データについては、その活用方法は支援対象となる当人の年齢や状況によって変わるものと考えられる。たとえば若年層のキャリア教育、進路指導であれば「学歴」は将来的な行動指針として機能しやすいが、中高年の場合は比較的固定化した入職の可能性の程度を表す情報として機能しやすいと予測される。

　また、たとえば経済的な理由で直ちに入職を希望する場合には入職前の教育・訓練期間や実務経験が「特に必要ない」職業を候補として考えることが有用であろうし、希望の職業に向けてしっかり準備期間をとれるという場合には目安感を把握するデータとして活用し得る。

　ただし本領域の比率データ活用における留意点として、「比率が低い選択肢の情報を重視すべきではない」点が挙げられる。なぜなら、最低20名と

いう小規模サンプルの回答比率をそのまま収録している本領域においては平均値収録データと比べて「客観的に見て違和感のある回答」が浮き彫りとなりがちであるためである。

　あらゆる質問紙調査で全ての回答者が「もっともらしい」回答をするという事態は考えづらく、多かれ少なかれ「違和感のある」回答が含まれることになる。この時、平均値に関しては一定数のサンプルサイズを確保することで「ならされる」ためこうしたデータの存在は目立ちにくくなるが、回答比率をそのまま収録データとしている本領域では浮き彫りとなりやすい[12]。

　たとえば図表 3-19 の理容師の「入職前に必要な教育・訓練期間」について、「特に必要ない」が 4.1% となっている。しかしこれをもって「教育・訓練を受けなくても、理容師になれる人が 4.1% いる」と解釈することは望ましくない。あくまで「回答比率が高い『1 年超〜2 年以下』、『2 年超〜3 年以下』等がその職業の実態を表しているもの」と解釈することがキャリア教育、キャリア支援の現場における実践としては望ましいと言える。

4　「スキル」領域のデータ事例と活用方法

　各職業で求められるスキルのレベルを 0〜7 の 8 段階で尋ねた平均値収録データ事例を図表 3-22 に示す。本領域については前節で述べた通り、項目ごとに独自にレベル感を示す「アンカー」を設定しているため単純に平均値を比較することはできないが、建築塗装工で最も平均値が高かったのは「指導」、理容師は「傾聴力」、Web ディレクターは「説明力」となっている。ただし「指導」については絶対値としては 3 職業ともほぼ横並びであり、建築塗装工が相対的に高いというわけではない。理容師は客の要望を聞いて散髪するため「傾聴力」が求められるという結果や、Web ディレクターは魅力的な Web コンテンツ制作のためにチームのメンバーやクライアントに対しての「説明力」が求められるとの結果は自然なものと考えられる。

12　もちろん本領域について当機構が「事前に違和感のある回答を不誠実な回答として除外した上で再集計する」方針もあり得た。しかし、(1)もし調査するまでもなく事実を把握しており、それに適合しない回答を除外する方針ならば、そもそも就業者調査など不要だったはずである。(2)何が「違和感のある回答」なのかは職業ごとに個別具体的に判断せざるを得ず、結果的にデータ選別基準の職業間の公平性が損なわれる懸念がある。以上の 2 つの理由から「教育と訓練」領域の 4 つの比率データに関しては一見して「違和感がある」回答もそのまま調査結果として収録している。

図表3-22　スキルの収録データ事例

収録番号	職業名	読解力	傾聴力	文章力	説明力	外国語を読む	外国語を聞く	外国語で書く	外国語で話す	数学的素養	科学的素養
43	建築塗装工	3.177	3.613	2.984	3.694	0.726	0.516	0.419	0.468	2.242	1.629
115	理容師	3.630	4.767	2.863	4.110	1.233	1.356	0.795	1.411	1.644	1.699
327	Webディレクター	4.154	4.508	4.538	4.554	2.462	1.785	1.738	1.415	2.492	1.646

収録番号	職業名	論理と推論（批判的思考）	新しい情報の応用力	学習方法の選択・実践	継続的観察と評価	他者の反応の理解	他者との調整	説得	交渉	指導	対人援助サービス
43	建築塗装工	2.371	2.758	2.661	2.823	2.984	3.403	3.258	3.048	3.742	2.581
115	理容師	2.740	3.411	3.548	3.274	4.110	3.603	3.493	3.164	3.616	3.425
327	Webディレクター	3.569	3.800	3.354	3.554	3.477	4.338	3.815	3.600	3.723	2.908

収録番号	職業名	複雑な問題解決	要件分析（仕様作成）	カスタマイズと開発	道具、機器、設備の選択	設置と設定	プログラミング	計器監視	操作と制御	保守点検	故障等の原因特定
43	建築塗装工	2.597	2.742	2.677	3.435	2.742	1.339	1.677	2.016	2.403	2.339
115	理容師	2.849	2.479	2.753	3.781	2.493	1.342	1.493	1.507	2.151	2.014
327	Webディレクター	3.569	3.631	3.415	3.200	3.062	2.938	1.646	2.154	1.862	2.385

収録番号	職業名	修理	クオリティチェック	合理的な意思決定	企業・組織の活動の分析	企業・組織の活動の評価	時間管理	資金管理	資材管理	人材管理
43	建築塗装工	2.597	3.258	2.742	2.242	2.065	2.823	2.645	2.710	2.597
115	理容師	2.534	2.342	2.671	2.041	2.205	2.822	2.877	2.384	2.493
327	Webディレクター	1.954	3.785	3.400	2.938	2.662	3.815	2.738	2.154	2.877

　さて、キャリア教育やキャリア支援の実践現場で働く人々が「仕事で求められるスキルに関する情報領域」と聞いた時、おそらくその期待は非常に高いものになると思われる。就職活動においては「何ができるか」「どんなスキルを持っているか」は、求人票と照らし合わせてマッチングを進めるにあたって最も重要な情報の一つと言えるためである。

　ところが、こうした実践現場の視点から高い目的意識をもって日本版

O-NET のスキル領域を活用しようとしても、その試みはうまくいかない可能性が高い。なぜなら日本版 O-NET の 39 項目はある特定の業種・職種・職業の就職活動を直接的に支援するにはあまりに抽象的で大雑把すぎるためである。

たとえばプログラマーの場合、ある特定のプログラミング言語に習熟しているかどうかで年収・待遇が全く異なるようなケースが多い。したがって直接的なキャリア支援にあたっては、少なくともある程度はプログラミング言語の中での細分化したレベル感の目安が不可欠である。ところが日本版 O-NET のスキル領域の情報は「プログラミング」という大雑把なものであり、そのレベルがわかったところで直接的な人と仕事のマッチングには結びつかない。同様の事態が、ほぼ全てのスキル項目に関してあてはまる。

本章第 1 節でも述べたように O*NET スタイルの情報は個別の職業を目指している人にとってはあまり有効ではない。したがって本領域の収録データを活用するにあたっては、あくまでスキルの観点から幅広く類似の職業を探したり、個人が持つスキルをある程度抽象化した上で、そのスキルが共通に求められる職業を探すといった場面で活用することが有効と考えられる。

5 「知識」領域のデータ事例と活用方法

各職業における知識の重要度を 0～5 の 6 段階で尋ねた平均値収録データ事例を図表 3-23 に示す。本領域はスキルとは異なり、全項目共通のラベルで重要度を尋ねているため平均値を単純に比較することができる。その結果、建築塗装工は「建築・建設」の知識が、理容師は「顧客サービス・対人サービス」の知識が、Web ディレクターは「販売・マーケティング」の知識がそれぞれ最も重要であることが示唆されている。各職業の業務内容を考えれば妥当な結果と言える。

この知識領域の収録データをキャリア教育・キャリア支援の実践現場で活用するにあたっては、スキルと同様、個別具体的な知識が項目化されているわけではないため、必ずしも個別の職業を目指す上では有効な指標ではない可能性に留意されたい。

その上で具体的な活用場面としては、たとえば大卒者の場合には自身が専

図表 3-23　知識の収録データ事例

収録番号	職業名	ビジネスと経営	事務処理	経済学・会計学	販売・マーケティング	顧客サービス・対人サービス	人事労務管理	輸送	生産・加工	農業・畜産業	工学	コンピュータと電子工学
43	建築塗装工	1.839	1.677	1.306	1.323	1.984	1.500	1.097	1.419	0.548	0.855	0.710
115	理容師	2.055	1.726	1.795	2.178	3.370	1.685	0.644	0.712	0.493	0.644	0.658
327	Web ディレクター	2.046	2.523	1.554	2.785	2.738	1.523	0.938	1.215	0.738	1.154	2.138

収録番号	職業名	設計	建築・建設	機械	数学	物理学	化学	生物学	心理学	社会学	地理学	医学・歯学
43	建築塗装工	1.048	2.823	1.887	1.355	1.000	1.371	0.806	0.935	1.016	0.919	0.710
115	理容師	0.740	0.575	0.740	0.877	0.918	1.397	1.000	1.671	1.466	0.822	1.425
327	Web ディレクター	1.831	0.785	0.846	1.538	0.846	0.708	0.692	1.923	2.046	0.846	0.769

収録番号	職業名	セラピーとカウンセリング	教育訓練	日本語の語彙・文法	外国語の語彙・文法	芸術	歴史学・考古学	哲学・宗教学	公衆安全・危機管理	法律学、政治学	通信技術	コミュニケーションとメディア
43	建築塗装工	0.597	0.887	0.742	0.629	0.677	0.613	0.581	1.000	0.806	0.629	0.806
115	理容師	1.589	1.315	1.301	0.836	1.384	0.849	0.753	1.288	1.027	0.685	1.644
327	Web ディレクター	0.769	1.292	2.754	1.477	2.015	0.908	1.000	1.692	1.246	1.954	2.738

攻した学問領域の知識体系が活用可能な職業を検索するといった場面で本領域の情報が活用され得る。また学問領域でなくとも、たとえば「事務処理」、「人事労務管理」、「設計」などはある種の職種で共通に求められる知識体系と考えられ、「農業・畜産業」、「建築・建設」、「公衆安全・危機管理」、「通信技術」などはある程度業種との繋がりが予想される知識体系と考えられる。

　もちろん、実際の就職活動や就職後の業務では個別具体的な知識の有無が重要となる。あくまで本領域の数値情報はある程度体系化された知識体系の重要度を示すものであり、個別の求人応募に直接対応しているものではない。それでも、たとえば「生物学」の知識体系を一度身につければその基本的価値は業種や企業が変わっても損なわれることはないと期待できる。こうした観点から職業の類似性を検討したり、適職探索の手がかりとしたりする

ことは有効と考えられる。

6 「仕事の性質」領域のデータ事例と活用方法

　各職業の仕事の性質について、一部例外を除き 1～5 の 5 段階で尋ねた平均値の収録データ事例を図表 3-24 に示す。前節で述べたように本領域では項目ごとに尺度が異なるため平均値を単純に比較することはできないが、参考までに建築塗装工では「他者とのかかわり」の平均値が、理容師では「空調のきいた屋内作業」が、Web ディレクターでは「電子メール」が最も平均値が高くなっている。このうち「他者とのかかわり」は 3 職業とも 5 段階中で平均値が 4 を超えており共通性が見られるが、「空調のきいた屋内作業」や「電子メール」についてはそれぞれ職業間の違いが顕著である様子がうかがわれる。

　また、本領域において唯一、回答比率を収録データとしている「スケジュールの規則性」（図表 3-24 の最下段）についても、建築塗装工と Web ディレクターは「不規則」が最も多く選択されている一方、理容師は「規則的」が過半数を占めている。

　前項までに述べてきた職業興味、仕事価値観、教育と訓練、スキル、知識といった情報が「人間の側の情報」としての側面と「仕事の側の情報」としての側面の両方が考えられたこととは対照的に、仕事の性質、および次項で述べる仕事の内容の数値情報は純粋に「仕事の側の情報」である。このため、キャリア教育・キャリア支援の実践現場での活用方法としては人間と仕事の間で一致度を見るといった方法は考えづらい。それよりも、本人の能力や障害の有無、健康上の理由等により特に苦手としている特定の性質の平均値が「低い」職業を検索するといったことが考えられる。

　たとえば「他者とのかかわり」が特に苦手だという場合、同項目の平均値収録データが低い（＝発生頻度が低い）職業をピックアップすると以下のようなものになる。

　鍛造工/鍛造設備オペレーター、豆腐製造/豆腐職人、製品包装作業員、製本オペレーター、靴製造、鋳造工/鋳造設備オペレーター、ハム・ソー

図表 3-24　仕事の性質の収録データ事例

収録番号	職業名	他者とのかかわり	対面での議論	電話での会話	ビジネスレターやメモの作成	仕事上での他者との対立	時間的切迫	グループやチームでの仕事	外部の顧客等との接触	他者と調整し、リードする
43	建築塗装工	4.323	3.597	3.919	3.016	2.726	3.484	3.419	3.500	3.452
115	理容師	4.616	3.904	3.781	2.466	2.247	3.055	2.849	3.438	3.000
327	Web ディレクター	4.338	3.615	3.646	3.738	2.923	3.538	3.677	3.308	3.554

収録番号	職業名	厳密さ、正確さ	同一作業の反復	機器等の速度に応じた作業	結果・成果への責任	空調のきいた屋内作業	空調のきいていない屋内作業	屋外作業	座り作業	立ち作業
43	建築塗装工	3.823	3.306	3.113	3.855	2.048	3.113	4.177	1.903	4.290
115	理容師	3.890	3.288	2.822	3.740	4.863	1.658	1.575	1.658	4.603
327	Web ディレクター	3.662	3.185	2.954	3.446	4.692	1.692	1.723	4.677	1.538

収録番号	職業名	反復作業	ミスの影響度	意思決定の自由	優先順位や目標の自己設定	電子メール	窮屈な仕事の場所、居心地が悪い姿勢	病気、感染症のリスク	軽度の火傷、切り傷、噛まれ傷、刺し傷	一般的な保護・安全装備の着用
43	建築塗装工	3.371	3.306	3.629	3.468	2.821	3.357	2.125	2.482	3.857
115	理容師	3.658	3.479	3.959	4.068	2.048	1.651	3.571	2.683	1.667
327	Web ディレクター	2.231	3.231	3.600	3.662	4.800	1.917	1.583	1.150	1.200

収録番号	職業名	特殊な保護・安全装備の着用	暴力的な人々への対応	歩行、走行	モノ、道具、制御装置を扱う手作業	他者の身体的近接	機械やコンピュータによる仕事の自動化	他者の健康・安全への責任	意思決定が他者や企業に及ぼす影響力	競争水準
43	建築塗装工	2.732	1.661	3.464	3.768	2.643	1.357	2.589	2.429	1.982
115	理容師	1.175	1.460	3.063	3.968	4.397	1.333	3.508	2.683	2.429
327	Web ディレクター	1.200	1.183	1.550	1.950	2.150	2.267	1.783	2.583	2.400

収録番号	職業名	スケジュールの規則性		
		規則的	不規則	季節的
43	建築塗装工	14.5%	80.6%	4.8%
115	理容師	54.8%	37.0%	8.2%
327	Web ディレクター	38.5%	56.9%	4.6%

セージ・ベーコン製造、ディーラー、ハウス野菜栽培者

　そこで支援対象となる学生や求職者にこれらの職業の職業解説や職業紹介動画を見てもらい、関心のあるものを探すといった方法が考えられる。実際、建築塗装工の場合は職業興味としては「現実的」が最も高い（図表3-16）にも関わらず、本領域のデータからは「他者とのかかわり」が頻繁に生じる様子がうかがわれ、必ずしも興味の観点での「向き不向き」だけでは「苦手な性質があるかどうか」はわからない。こうした場面で、本領域のデータが活用され得る。

　なお全職業共通の基準で数値化されている点は他の領域と共通しているため、他の情報領域と同様、「仕事の性質」という観点から職業間の類似性を検討することももちろん可能である。

７　「仕事の内容（ワーク・アクティビティ）」領域のデータ事例と活用方法

　各職業の仕事の内容に関して1～5の5段階で重要度を尋ねた平均値の収録データ事例を図表3-25に示す。本領域では全項目で尺度が共通のため、平均値の直接比較が可能である。また、前節でも述べた通り本領域の5段階は「1：重要でない」、「2：ある程度重要」、「3：重要」、「4：とても重要」、「5：きわめて重要」の5段階であり、範囲内の中央値は「3」だが、平均値が3未満だから「重要でない」というわけではない点に留意されたい。

　さて、建築塗装工は「手と腕を使って物を取り扱い動かす」が、理容師は「仕事に関する知識を更新し、活用する」が、Web ディレクターは「クオリティを判断する」がそれぞれ最も平均値が高くなっている。これら3項目に

図表 3-25　仕事の内容の収録データ事例

収録番号	職業名	情報を取得する	継続的に状況を把握する	情報の整理と検知を行う	設備、構造物、材料を検査する	数値の算出・推計を行う	クオリティを判断する	法律や規定、基準を適用する	情報やデータを処理する	情報やデータを分析する	意思決定と問題解決を行う	創造的に考える
43	建築塗装工	2.464	2.625	2.554	2.946	2.857	2.714	2.625	2.482	2.464	2.643	2.464
115	理容師	2.683	2.762	2.619	2.508	2.159	2.683	2.635	2.254	2.270	2.698	2.905
327	Webディレクター	3.633	3.500	3.517	2.867	2.933	3.750	3.367	3.483	3.517	3.683	3.683

収録番号	職業名	仕事に関連する知識を更新し、活用する	目標と戦略を策定する	スケジュールを作成する	仕事を整理、計画する、優先順序を決める	全身を使って身体的な活動を行う	手と腕を使って物を取り扱い動かす	機械、および機械製造のプロセスをコントロールする	乗り物を運転・操縦する	コンピュータを用いて作業を行う	装置、部品、機器の図面を作成する、配列や仕様を設定する	機械装置の修理と保守を行う
43	建築塗装工	2.679	2.482	2.750	2.857	2.929	2.982	2.250	2.161	1.982	2.214	2.143
115	理容師	3.048	2.619	2.381	2.794	2.635	2.873	2.048	1.317	1.714	1.460	1.683
327	Webディレクター	3.733	3.333	3.600	3.617	1.850	1.733	1.600	1.467	3.633	2.033	1.517

収録番号	職業名	電子機器の修理と保守を行う	情報の文書化と記録を行う	情報の意味を他者に説明する	上司、同僚、部下とコミュニケーションを取る	組織外の人々とコミュニケーションを取る	人間関係を構築し、維持する	他者に対する支援とケアを行う	他者に対して売り込む、または他者の思考・行動が変容するよう働きかける	対立を解消させる、他者と交渉する	公共の場で一般の人々のために働いたり、直接応対する	メンバーの仕事量や活動内容を調整する
43	建築塗装工	2.036	2.196	2.321	2.714	2.839	2.786	2.536	2.214	2.518	2.339	2.625
115	理容師	1.524	1.968	1.841	2.063	2.365	2.730	2.556	2.206	2.286	2.317	1.968
327	Webディレクター	1.683	3.050	3.300	3.067	3.450	3.300	2.583	2.733	2.867	2.067	2.850

収録番号	職業名	チームを構築する	他者の訓練と教育を行う	部下への指導、指示、動機づけを行う	他者をコーチし、能力開発を行う	コンサルティングと他者へのアドバイスを行う	管理業務を遂行する	組織の人事管理を行う	資源、資材、財源の監視と管理を行う
43	建築塗装工	2.607	2.446	2.571	2.339	2.161	2.429	2.304	2.446
115	理容師	1.937	2.095	1.952	1.984	1.857	2.302	1.889	2.143
327	Webディレクター	2.983	2.417	2.650	2.483	2.767	2.983	2.100	2.500

着目すると、「手と腕を使って物を取り扱い動かす」は理容師も比較的高いが Web ディレクターでは低くなっている。逆に「クオリティを判断する」については Web ディレクターが他の 2 職業よりも重要と判断されている。「仕事に関する知識を更新し、活用する」については確かに理容師の中では最も高い重要度だが、絶対値で見ると Web ディレクターの方が高く、変化の激しい IT・Web 系職種らしい特徴を示している。

　この仕事の内容に関する収録データは前項の仕事の性質と同じく純粋に「仕事の側の情報」である。したがってキャリア教育・キャリア支援の実践現場では人間と仕事の一致度を見るといった使い方はできない。やはり個別項目に注目して「苦手なもの」を回避する形で利用するか、もしくは職業間の類似度を仕事内容の観点から数値化するといった利用が現実的と考えられる。

8 「タスク」領域のデータ事例と活用方法

　最後に、当機構が作成している日本版 O-NET の数値情報の中で唯一、職業横断的ではなく職業固有の情報として整備されているタスクについて、3 職業における実施率を図表 3-26、3-27、3-28 に示す。もとより職業間の比較には使えないデータのため職業ごとに見ていくと、まず建築塗装工では「4: 下地をつくる」「5: 表面を滑らかにする」「8: マスキングをする」「9: 塗装する」といったタスクは実施率が 80% 超であり、同職業において一般的なタスクである様子がうかがわれる。一方、「10: 文字や飾りを描く」や「12: 古い塗料を取り除く」といったタスクは実施率が 20% 未満であり、あまり一般的には実施されていないことが示唆される。

　次に理容師については、ヒアリング等を通じて準備された 17 のタスク全ての中で実施率が 80% 未満だったのは「13: 男性用化粧品を販売する」、「15: 予約を受け付け、予定表に記録する」の 2 つのみで、この 2 つも実施率は 70% 超であった。

　続いて Web ディレクターについては 80% 超の実施率だったのは「3: 制作する Web サイトのコンセプトを決める」のみで、多くのタスクは 40～80% の範囲という状況だった。「12: 営業活動を行う」のみ 27.7% と、やや他

図表 3-26　タスクの収録データ事例 1：建築塗装工

タスク No.	タスク文言	実施率
1	建物の各部分の素材を調べて塗料の種類や色を決め、仕様書を作成する。	58.1%
2	地上より高い位置での作業のため、はしごをかけたり足場を組む。	71.0%
3	オイル、テレビン油、かび除去剤などで塗装面を洗浄し、前処理をする。	50.0%
4	コーキング・ガンやパテナイフを使用して、ひび、穴、継ぎ目を充填材で塞ぎ、下地をつくる。	80.6%
5	紙やすり、スクレーパー、ブラシ、スチールウール、研磨機を使用して、表面を滑らかにする。	82.3%
6	塗料、着色剤、ニスを混合して色を調合する。	79.0%
7	塗料が飛び散らないように足場に飛散防止ネットをかける。	71.0%
8	不要なところを塗料で汚さないように覆ったり、マスキングをする。	90.3%
9	ブラシ、吹き付け器、ローラーを使用して表面を塗装する。	91.9%
10	型紙を切り、壁の表面に置いて上からブラシやスプレーをかけ、文字や飾りを描く。	19.4%
11	被覆の間の表面をサンドペーパーで磨き、仕上げる。	56.5%
12	ブローランプを使用して古い塗料を取り除く。	19.4%

図表 3-27　タスクの収録データ事例 2：理容師

タスク No.	タスク文言	実施率
1	希望のサービスとヘアスタイルをお客に聞く。	95.9%
2	落ちた髪が服につかないよう、お客の体をタオルやクロス（ケープ）で覆う。	89.0%
3	お客の髪をとかしながら切りそろえる。	94.5%
4	バリカンで髪を刈り上げる。	90.4%
5	お客にシャンプーをする。	94.5%
6	お客の髪にカラーリングやパーマをする。	91.8%
7	かみそりを使用し、シェービングローションをつけてお客のひげや眉をそる。	93.2%
8	お客の顔、首、頭皮をマッサージする。	95.9%
9	ドライヤーでお客の髪を乾かす。	93.2%
10	お客に整髪剤やローションをつける。	94.5%
11	消耗品の在庫を確認し、発注する。	89.0%

12	仕事場の床などを掃除する。	94.5%
13	ローション、トニックなどの男性用化粧品を販売する。	74.0%
14	会計をする。	94.5%
15	電話などで予約を受け付け、予定表に記録する。	75.3%
16	使ったタオルを洗濯して干す。	91.8%
17	使った理容器具の消毒や手入れをする。	94.5%

図表 3-28　タスクの収録データ事例 3：Web ディレクター

タスク No.	タスク文言	実施率
1	依頼主と打ち合わせを行い、目的、内容、予算、納品期日などを確認する。	73.8%
2	共同作業するスタッフと協議し、アイディアをまとめる。	73.8%
3	制作する Web サイトのコンセプト（方向性）を決める。	87.7%
4	画面のデザインやレイアウト、提供する機能などの仮案を作成する。	75.4%
5	作成した仮案を依頼主に見せ、了承を得る。	66.2%
6	各ページに用いる素材（写真、イラスト、アイコン、ロゴ等）の制作をスタッフに指示する。	72.3%
7	カメラマンやイラストレーター、デザイナー等に素材（写真、イラスト、アイコン、ロゴ等）の制作を依頼または指示する。	61.5%
8	プログラマーに、html や CSS などのプログラミング言語を用いた Web サイトの制作を指示する。	60.0%
9	スタッフが作成した成果物のクオリティをチェックする。	67.7%
10	各工程の進捗状況を把握し、納期に間に合うようスタッフに働きかける。	69.2%
11	自社の利益を確保するため、予算を管理する。	43.1%
12	新規の顧客獲得のために営業活動を行う。	27.7%

と比べて実施率が低く一般的なタスクではないことが示唆される。

　このタスクに関する収録データは他の職業横断的な数値情報のように職業間の比較といった目的では使用できない。たとえば 3 職業の収録データを比較して「理容師は他の 2 職業よりもタスクが多い」と解釈するのは誤りである。当機構ではタスクの作成にあたって業界団体、企業、就業者等の協力者へのヒアリングや文献調査等を実施しているが、仕事の内容や性質によって

タスクの切り出しやすさ等、状況はそれぞれ異なる。したがって日本版O-NETのタスクの項目数が多いからといって実態としてその職業のタスクが多いとは言えない。本領域のデータは、あくまで各職業内だけで閉じた形で活用されることが望ましい[13]。

キャリア教育・キャリア支援の実践現場での活用方法としては、職業解説や職業紹介動画とともに学生や求職者に見てもらうことで「特定職業に関する理解を深めたり、具体的な仕事のイメージを掴んでもらったりする」ことが考えられる。また、支援者が自分自身で職業イメージを明確化する際にも有効であろう。次節で言及するように現行の日本版O-NETのタスク項目は必ずしも充実しているとは言い難いが、そうした限界を踏まえてご活用いただければ幸いである。

第5節　今後の開発の見通し

以上、本章では日本版O-NETにおける職業横断的な数値情報について紹介してきた。最後に本節では2021年度以降の開発の見通しについて3点述べる。

1 「アビリティ」領域の開発

アビリティは職業興味や仕事価値観等と同じく本来は人間の側の情報であり、米国O＊NET OnLineでは「職務の遂行に影響を及ぼす個人の変化しづらい性質」（Enduring attributes of the individual that influence performance.）と定義している。翻って、職業の側の情報として整備されるアビリティとは「ある職業で求められるアビリティとはどのようなものか」、すなわち各職業におけるアビリティ要件について数値化した情報領域である。

教育や訓練によって一定の向上が期待される「スキル」や「知識」とは対照的に、たとえば暗闇で物を見る知覚能力（暗視力）や、指・腕の可動範囲

13　なお、前項で紹介した「仕事の内容」領域はある意味で「全職業に共通の基準で尋ねられる程度までタスクが抽象化されたもの」とも捉えられる。仕事の内容の観点から職業間比較をしたいのであれば「タスク」ではなく「仕事の内容」領域の収録データ活用を検討されたい。

といった身体能力、小さなものを精密に操作する精神運動能力、一般的な
ルールを具体的な事象に当てはめて問題を解決できる認知能力など、米国 O
＊NET では本稿執筆時現在で 52 項目が情報提供されている。

　米国 O ＊NET プロジェクトでは APDOT の勧告に従って多くのサブ領域
の情報源を就業者対象の質問紙調査としたが、その中でも本領域は一貫して
分析官の評定平均値を情報源としている。この背景についてはまだ先行研究
レビューが十分でないが、おそらくは各項目が想定する抽象概念が一般の就
業者にはわかりにくいことが一因である。たとえば「カテゴリ柔軟性」とい
う項目は「モノ（事象、things）を異なる方法で結合したりグループ分けし
たりするために新たな一連のルールを生成または活用する能力」だが、これ
を全ての職業の就業者に聞いても戸惑いが生じるだけであろう。

　本領域の情報は通常の適職探索の場面でも自らの長所と短所で職業の適性
を検索・比較する上で有用だが、何らかのハンディキャップのある利用者に
とって特に重要である。この意味で情報整備の社会的意義は大きいため、将
来的な領域追加に向けて今後基礎研究を実施していく予定である。

2 「仕事価値観」領域の刷新

　本稿執筆時現在、当機構内の関連プロジェクトとして仕事価値観の検査
ツールの開発が行われている。また、この検査ツールに合わせて「仕事価値
観」領域の項目内容も刷新される予定となっている。ツール開発について詳
しくは本書第 2 部第 3 章を参照されたい。検査ツールにて自分の価値観を確
かめた上で、それに合致する職業を検索できるようになることは大いに同領
域の情報価値を高めるものと期待される。

3 「タスク」情報の充実

　現在日本版 O-NET で公開されている各職業の「タスク」情報について、
「情報が荒すぎる」「もっと充実させてほしい」との要望が寄せられている。
この点について本稿執筆時現在、過去 3 ヶ年の Web 就業者調査にて収集し
た「その他のタスク」の自由記述内容を「タスクの種」と見なして新たなタ
スク文言の作成を試みている。タスク情報は職業固有の情報であるため短期

間での充実は難しいが、今後、新たなタスク文言を確定・補充した上で再度 Web 調査にかけることで順次充実できるものと考えられる。

　また、本章第3節でも少し言及したが、米国 O＊NET では全職業共通の「仕事の内容」（GWA: Generalized Work Activities）41 項目と職業ごとに固有の「タスク」情報の間に、Intermediate Work Activities（IWA）、Detailed Work Activities（DWA）の2つの中間層を挟むことで対応構造を構築している（詳細は JILPT 資料シリーズ No.227 の第5章第1節「米国 O＊NET における仕事活動（Work Activity）情報の内容と開発過程」（pp.134-160）を参照）。日本版 O-NET において直ちにこうした対応構造を示すことは難しいが、特に DWA については「いくつかの職業で共通に見られる」情報として有用性が指摘されていることもあり、当機構でも基礎研究を継続し、将来的には公開できるよう引き続き開発に努める予定である。

　上記3点のほか、既に実装済みのその他の情報領域に関しても順次再調査を行い情報の更新が行われていく予定である。職業で求められるスキルや知識といった情報は、社会、法、テクノロジーの変化に応じて可変的であり、情報の陳腐化を防ぐことが肝要である。また、データが蓄積されていくことでパネルデータとして、仕事の内容や性質の変化を追うことも可能になっていくと考えられる。

　当機構の開発したデータがキャリア教育・キャリア支援の現場はもとより、政策評価や学術的な研究においても大いに活用されることを期待している。

引用文献

井原祐子（2020）．諸外国の現状に関する情報収集　労働政策研究・研修機構（編）職業情報提供サイト（日本版 O-NET）のインプットデータ開発に関する研究（pp.134-218）　JILPT 資料シリーズ No.227

鎌倉哲史（2020）．職業情報ツールの活用　日本キャリア教育学会（編）　新版キャリア教育概説（pp.150-154）　東洋館出版社

上市貞満（2018）．基本構想　労働政策研究・研修機構（編）仕事の世界の見える化に向けて：職業情報提供サイト（日本版 O-NET）の基本構想に関する研究（pp.5-30）　JILPT 資料シリーズ No.203

日本労働研究機構（編）（2003）．人材の最適配置のための新たな職業の基盤情報システムに関する研究―企業・個人ニーズ調査、諸外国のシステム、翻訳実験版の開発、他―　調査研究報告書 No.151　Retrieved from https://db.jil.go.jp/db/seika/zenbun/E2003020001_ZEN.htm（October

18, 2021）

松原亜矢子（2020）．調査研究等の背景―関連する政府方針等―　労働政策研究・研修機構（編）職業情報提供サイト（日本版 O-NET）のインプットデータ開発に関する研究（pp.1-2）　JILPT資料シリーズ No.227

松本真作（2018）．これまでの職業情報開発の経緯　労働政策研究・研修機構（編）　仕事の世界の見える化に向けて：職業情報提供サイト（日本版 O-NET）の基本構想に関する研究（pp.117-120）　JILPT 資料シリーズ No.203

松本真作・鎌倉哲史（2018）．米国ヒアリング調査：O＊NET の開発と利用の現状　労働政策研究・研修機構（編）　仕事の世界の見える化に向けて：職業情報提供サイト（日本版 O-NET）の基本構想に関する研究（pp.31-65）　JILPT 資料シリーズ No.203

Costanza, D. P., Fleishman, E. A., & Marshall-Mies, J.（1999）. Knowledges. In N. G. Peterson, M. D. Mumford, W. C. Borman, P. R. Jeanneret, & E. A. Fleishman.（Eds.）, *An occupational information system for the 21st century: The development of O＊NET*（pp.71-90）. Washington, DC.: American Psychological Association.

Dawis, R. V. & Lofquist, L. H.（1984）. *A psychological theory of work adjustment: An individual-differences model and its applications.* Minneapolis: University of Minnesota Press.

Dickerson, A., Wilson, R., Kik, G., & Dhillon, D.（2012）. Developing occupational skills profiles for the UK: A feasibility study. *Evidence Report, 44.*

Holland, J. L.（1959）. A theory of vocational choice. *Journal of Counseling Psychology, 6,* 35-45.

Jeanneret, P. R., Borman, W. C., Kubisiak, U. C., & Hanson, M. A.（1999）.Generalized Work Activities. In N. G. Peterson, M. D. Mumford, W. C. Borman, P. R. Jeanneret, & E. A. Fleishman.（Eds.）, *An occupational information system for the 21st century: The development of O＊NET*（pp.49-69）. Washington, DC.: American Psychological Association.

Lent, R. W., Brown, S. D., & Hackett, G.（1994）. Toward a unifying social cognitive theory of career and academic interest, choice, and performance. *Journal of Vocational Behavior, 45,* 79-122.

Mumford, M. D., Peterson, N. G., & Childs, R. A.（1999）. Basic and cross-functuional skills. In N. G. Peterson, M. D. Mumford, W. C. Borman, P. R. Jeanneret, & E. A. Fleishman.（Eds.）, *An occupational information system for the 21st century: The development of O＊NET*（pp.49-69）. Washington, DC.: American Psychological Association.

Peterson, N. G., Mumford, M. D., Borman, W. C., Jeanneret, P. R., Fleishman, E. A., Levin, K. Y., Campion, M. A., Mayfield, M. S., Morgeson, F. P., Pearlman, K., Gowing, M. K., Lancaster, A. R., Silver, M. B., & Dye, D. M.（2001）. Understanding work using the Occupational Information Network（O＊NET）: Implications for practice and research. *Personnel Psychology, 54,* 451-492.

Queiri, A., Wan Yusoff, W. F., & Dwaikat, N.（2014）. Generation-Y employees' turnover: Work-values fit perspective. *International Journal of Business and Management, 9,* 199-213.

Sager, C. E.（1999）. Occupational interests and values. In N. G. Peterson, M. D. Mumford, W. C. Borman, P. R. Jeanneret, & E. A. Fleishman.（Eds.）, *An occupational information system for the 21st century: The development of O＊NET*（pp.197-211）. Washington, DC.: American Psychological Association.

Schein, E. H.（1990）. *Career Anchor: Discovering your real values.* San Diego, CA: Pfeiffer.（シャイン，E. H. 金井壽宏（訳）（2003）．キャリア・アンカー―自分のほんとうの価値を発見しよう　白桃書房）

Strong, M. H., Jeanneret, P. R., McPhail, S. M., Blakley, B. R., & D'egidio, E. L.（1999）. Work context: Taxonomy and measurement of the work environment. In N. G. Peterson, M. D. Mumford, W. C. Borman, P. R. Jeanneret, & E. A. Fleishman.（Eds.）, *An occupational information system for the 21st century: The development of O＊NET*（pp.127-145）. Washington, DC.: American Psychological Association.

Super, D.（1970）. *Work values inventory: Manual.* Boston: Houghton Mifflin.

U.S. Department of Labor（2021）. *O＊NET data collection program: Office of Management and Budget clearance package supporting statement B.*〈https://www.onetcenter.org/dl_files/omb2021/Supporting_StatementB.pdf〉（October 8, 2021）

Van Iddekinge, C. H., Roth, P. L., Putka, D. J., & Lanivich, S. E.（2011）. Are you Interested? A meta-analysis of relations between vocational interests and employee performance and turn-over. *Journal of Applied Psychology, 96*, 1167-1194.

Van Vianen, A. E. M., De Pater, I., & Van Dijk, F. (2007). Work value fit and turnover intention: Same-Source or Different-source fit. *Journal of Managerial Psychology, 22*, 188-202.

コラム　日本版 O-NET の数値情報を使用した応用研究：
タスクのトレンド分析を一例として　　　　　小松恭子

　第 3 章第 1 節でみたとおり、世界をみても、O＊NET スタイルの職業横断的な数値情報を公的に整備しているのは、米国と日本だけである。日本版 O-NET の数値情報は、就職・転職支援の場面、個人の職業能力開発の場面、企業における人事管理や業績評価の場面など様々な場面において活用が可能である[1]。さらに、日本版 O-NET の数値情報は、実務上の活用だけでなく、学術的な研究に応用することも可能である。本コラムでは、日本版 O-NET の数値情報を使用した応用研究の一例として、日本版 O-NET と国勢調査の職業マッチングデータを用いて、日本の労働市場におけるタスクの分布のトレンドについてみていく[2]。

タスクに着目した労働市場の二極化研究

　IT 化やグローバル化の進展による賃金格差の拡大が観察される中で、2000 年以降、欧米を中心に、労働者が従事する業務（タスク）に着目した労働市場の二極化に関する研究が行われている。なお、本コラムにおける「タスク」は、経済学の文脈における定義であり、第 3 章第 3 節における職務分析上のタスクとは異なる文脈で用いられている点に留意が必要である。これらの研究では、労働者が従事するタスクを、定型的（routine）か非定型的（nonroutine）か、頭を使う認知的作業（cognitive）か体を使う身体的作業（manual）かという観点から、「非定型分析タスク（Nonroutine analytical tasks）」、「非定型相互タスク（Nonroutine interactive tasks）」、「定型認識タスク（Routine cognitive tasks）」、「定型手仕事タスク（Routine manual tasks）」、「非定型手仕事タスク（Nonroutine manual tasks）」の 5 つのタイプに分類している。それぞれのタスクは、次のとおり定義されている。「非定型分析タスク」は、「高度な

1　例えば、職業間の距離や類似性についての数値情報は、就職・転職支援の場面で活用できる。また、希望する職業や自身の不足するスキルを把握し、必要な職業訓練や学びにつなげていくなど、個人の職業能力開発の場面においても活用が可能である。大企業を中心に内部労働市場が発達している日本では、個人のスキルをどのように評価するかについては個々の企業に委ねられてきた部分もある。しかし、個別の企業を超えて標準化されたスキルの評価軸は、企業における人事管理や業績評価の場面においても活用できるだろう。このように様々な場面において日本版 O-NET の数値情報が活用されることで、企業を超えてスキルやタスクの転用が可能となるような労働市場が構築されることが期待される。
2　本分析は、Komatsu and Mugiyama（2022）に基づいている。

専門知識を持ち、抽象的思考の下に課題を解決する業務」、「非定型相互タスク」は、「高度な内容の対人コミュニケーションを通じて価値を創造・提供する業務」、「定型認識タスク」は「あらかじめ定められた基準の正確な達成が求められる事務作業」、「定型手仕事タスク」は「あらかじめ定められた基準の正確な達成が求められる身体的作業」、「非定型手仕事タスク」は、「それほど高度な専門知識を要しないが、状況に応じて柔軟な対応が求められる身体的作業」である（図表補－1）。

　また、これらの研究では、IT の導入との対応を念頭に置き、定型的なタスクは IT に代替されて需要が減少するのに対し、非定型的なタスクは IT と補完的であるため、需要が増加するという理論的枠組みが示されている。実際に、米国 O＊NET 等の職業情報を使用した実証研究では、IT の導入により、高度なスキルを必要とする非定型分析・相互タスクの増加がみられる一方で、定型認識・手仕事タスクの減少がみられていることが明らかになっている（Autor et al. 2003; Spitz-Oener 2006; Goos and Manning 2007; Goos et al. 2009; 池永 2009; Acemoglu and Autor 2011; Autor and Dorn 2013; Ikenaga and Kambayashi 2016）。

日本の労働市場におけるタスクの分布の変化

　日本版 O-NET と国勢調査のマッチングデータを使用して、日本の労働市場におけるタスクの分布のトレンドについて確認していく。5 つのタスクは、米国の O＊NET を用いてタスクを分類している Accemoglu and Autor（2011）を参照し、図表補-1 にあるとおり、日本版 O-NET の「仕事の内容」と「仕事の性質」に含まれる複数の項目を使用して作成した[3]。

　図表補－2 は、1990 年から 2015 年にかけての 5 つのタスクの分布のトレンドを示している。グラフの縦軸は、図表補－1 に示した日本版 O-NET の複数

3　ただし、本分析では、「非定型手仕事タスク」についてのみ、Acemoglu and Autor（2011）とは異なる項目を用いている。具体的には、Acemoglu and Autor（2011）では、米国 O-NET の Generalized Work Activities（仕事の内容）指標の「乗り物を運転・操縦する」、Work Context（仕事の性質）指標の「モノ、道具、制御装置を扱う手作業」、Abilitis 指標の「空間定位」「手の器用さ」を使用しているのに対し、本分析では、非定型手仕事タスクに含まれるサービス関連のタスクを捉えることができるよう、「仕事の内容」指標の「全身を使って身体的な活動を行う」「手と腕を使って物を取り扱い動かす」「他者に対する支援とケアを行う」「公共の場で一般の人々のために働いたり、直接応対する」を使用している。

図表補－1　5タスクの特性、技術革新の影響、対応する日本版 O-NET の項目

5タスク 分類	タスクの特性	技術革新 IT の影響	Komatsu and Mugiyama（2022） 対応する日本版 O-NET 項目
非定型分析 Nonroutine Analytical	高度な専門知識を持ち、抽象的思考の下に課題を解決する業務 例：研究、調査、設計	強い補完	【仕事の内容】 ・情報やデータを分析する ・創造的に考える ・情報の意味を他者に説明する
非定型相互 Nonroutine Interactive	高度な内容の対人コミュニケーションを通じて価値を創造・提供する業務。交渉、調整、教育・訓練、販売、宣伝・発表・アピール、指揮・管理・指導・助言等の行為を重視 例：法務、経営・管理、コンサルティング、教育、アート、パフォーマンス、営業	強い補完	【仕事の内容】 ・人間関係を構築し、維持する ・部下への指導、指示、動機づけを行う ・他者をコーチし、能力開発を行う
定型認識 Routine Cognitive	あらかじめ定められた基準の正確な達成が求められる事務作業 例：一般事務、会計事務、検査・監視	大規模な 代替	【仕事の性質】 ・同一作業の反復 ・厳密さ、正確さ ・仕事の構造化
定型手仕事 Routine Manual	あらかじめ定められた基準の正確な達成が求められる身体的作業 例：農林水産業、製造業	大規模な 代替	【仕事の性質】 ・機器等の速度に応じた作業 ・反復作業 【仕事の内容】 ・機械、および機械製造のプロセスをコントロールする
非定型手仕事 Nonroutine Manual	それほど高度な専門知識を要しないが、状況に応じて柔軟な対応が求められる身体的作業 例：サービス、もてなし、美容、警備、輸送機械の運転、修理・修復	限定的な 代替・補 完	【仕事の内容】 ・全身を使って身体的な活動を行う ・手と腕を使って物を取り扱い動かす ・他者に対する支援とケアを行う ・公共の場で一般の人々のために働いたり、直接応対する

注）Autor et al.（2003）、池永（2009）、Accemoglu and Autor（2011）を参照し、筆者作成。

の項目を合算して作成したタスクスコアを示している[4]。2005 年を基準年（0）として各年にどの程度タスクが増加・減少したかを示している。日本版 O-NET の数値情報は 2018 年度、2019 年度ならびに 2020 年度調査で測定されたものであるが、その値は 1990 年から 2015 年まで一定であると仮定している。このため、本分析から明らかになる 5 タスクの分布の時系列変化は、職業

4　タスクスコアの作成方法の詳細は、Komatsu and Mugiyama（2022）を参照されたい。

図表補－2　タスクの分布のトレンド（1990～2015 年）

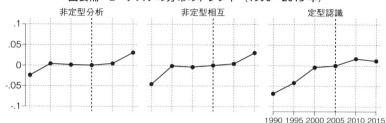

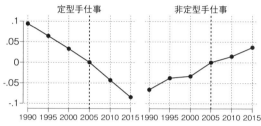

注）国勢調査、日本版 O-NET より筆者計算。国勢調査の職業分類は 2010 年に改訂されているため、2005 年以前
　　は旧職業分類、2010 年以降は新職業分類を使用。2005 年については、遡及集計の値を併用。全就業者を対象
　　とした集計。タスクスコアは 2005 年の職業別就業者数を基準として平均 0、標準偏差 1 となるように変換。

構成の変化のみによって生じるという点に注意が必要である。例えば、非定型
分析タスクスコアが増加する場合は、非定型分析タスクを多く行う職業が増加
している（または、非定型分析をあまり行わない職業が減少している）ことを
示している。

　タスクの分布のトレンドを確認すると、高スキルの非定型分析・非定型相互
タスクや低スキルの非定型手仕事タスクが増加する一方で、定型手仕事タスク
が減少するという「タスクの二極化」がみられることがわかる[5]。一方で、事
務職と関連が大きい定型認識タスクに着目すると、米国では 1980 年代以降、
定型認識タスクが減少しているのに対し（Autor et al. 2003）、日本では 1990
年から 2000 年にかけて増加傾向がみられている。日本は欧米諸国と比べて、
定型タスク集約度が高いという指摘（DeLaRica and Gortazar 2016）と整合的
である。しかし、2000 年まで増加傾向であった定型認識タスクが、2005 年以
降は横ばいとなっていることは注目に値する。

5　本コラムでは詳細は示さないが、Komatsu and Mugiyama（2022）では、タスクの分布
　のトレンドは、性別や年齢、就業形態によって異なることも示されている。

図表補－3 就業者シェアの増加率・減少率上位 10 職業（2005〜2015 年）

増加率上位 10 職業		2005 年シェア (%)	シェア増加率 (%point)	タスクスコア				
				非定型分析	非定型相互	定型認識	定型手仕事	非定型手仕事
1	介護職員（医療・福祉施設等）	1.2%	0.9%	-0.09	0.16	0.26	-0.90	1.39
2	庶務・人事事務員	1.5%	0.6%	0.68	0.46	-0.26	-1.40	-0.76
3	ビル・建物清掃員	0.9%	0.5%	-2.84	-2.35	-1.26	-1.06	-0.82
4	その他の一般事務従事者	5.3%	0.5%	0.71	0.40	0.11	-1.13	-0.73
5	その他の社会福祉専門職業従事者	0.4%	0.4%	1.24	1.45	-0.20	-0.60	1.72
6	その他の運搬・清掃・包装等従事者	1.3%	0.4%	-1.97	-1.63	0.31	0.30	-0.67
7	看護師（准看護師を含む）	1.8%	0.4%	1.28	1.67	1.59	1.07	2.64
8	自動車組立従事者	0.2%	0.4%	-0.08	-0.05	0.17	0.83	0.29
9	営業・販売事務従事者	0.9%	0.3%	0.62	0.59	0.44	-0.53	-0.56
10	ソフトウェア作成者	0.1%	0.3%	1.45	0.41	-0.75	-1.46	-1.25

減少率上位 10 職業		2005 年シェア (%)	シェア減少率 (%point)	タスクスコア				
				非定型分析	非定型相互	定型認識	定型手仕事	非定型手仕事
1	農耕従事者	3.8%	-1.0%	-0.98	-1.62	-2.56	0.42	-0.16
2	総合事務員	5.6%	-0.9%	-1.06	-1.21	-0.08	-0.92	-1.81
3	その他の営業職業従事者	3.7%	-0.8%	0.84	0.60	-0.13	-1.05	-0.66
4	販売店員	6.4%	-0.6%	-0.50	-0.24	-0.12	-0.25	0.19
5	小売店主・店長	1.1%	-0.4%	1.37	1.63	-0.24	0.59	0.71
6	電気機械器具組立従事者	1.2%	-0.4%	-0.14	-0.58	0.72	0.98	-0.65
7	はん用・生産用・業務用機械器具組立従事者	0.9%	-0.4%	-0.28	-0.64	0.66	0.73	-0.32
8	その他の清掃従事者	0.6%	-0.4%	-0.23	0.90	0.07	0.76	1.03
9	会計事務従事者	2.9%	-0.3%	0.29	0.38	1.80	-0.64	-1.07
10	紡織・衣服・繊維製品製造従事者	0.9%	-0.3%	-0.51	-1.01	-0.65	1.15	-0.63

注）国勢調査、日本版 O-NET より筆者作成。グレーの網かけは非定型分析・相互・手仕事タスクスコア（標準化得点）がプラスのものである。

ここで、実際にどういった職業の増減がみられるのか確認してみよう。図表補－3 は、2005 年から 2015 年の就業者シェアの増加率・減少率上位 10 職業を示している[6]。定型手仕事タスクスコアの高い農耕従事者や生産工程従事者のシェアの減少がみられているのに対し、非定型分析・相互タスクスコアの高い事務職や専門・技術職のシェアや、非定型手仕事タスクスコアの高い介護職員や社会福祉専門職のシェアが増加している。図表補 -2 でみたタスクのトレンド分析と整合的である。ここで、定型認識タスクと関連性が高い事務職の就業者シェアの変化も確認しておこう。2005 年以降、同じ事務職の中でも、非定型分析・相互タスクスコアの低い「総合事務員」や定型認識タスクスコアの高い「会計事務員」のシェアが減少しているのに対し、非定型分析・相互タスクスコアが比較的高い「庶務・人事事務員」「その他の一般事務従事者[7]」「営業・販売事務従事者」のシェアが増加している。同じ事務職でも、高度な非定型タスクがあるかないかによって、就業者シェアの増減がみられることがわかる。なお、2005 年から 2015 年にかけて、非定型分析・相互・手仕事タスクスコアが低い「ビル・建物清掃員」「その他の運搬・清掃・包装等従事者」のシェアが増加していることも注目に値する。機械で代替できない細々とした人にしかできないタスクがあることや、機械化するより人間の方が低コストであることなどが、これらの職業のシェアの増加の要因として考えられる。

　以上、日本版 O-NET と国勢調査の職業マッチングデータを使用した分析から、1990 年から 2015 年にかけて、日本の労働市場においてタスクの二極化がみられていることが示された。とりわけ、定型認識タスクの 2005 年以降の傾向の変化には注意が必要である。タスクの内容の違いによる事務職の就業者数の増減にみられるように、今後、日本においても、ICT や AI の導入の進展により、非定型分析・相互タスクを多く行わない定型集約的な職業が減少していく可能性が示唆される。デジタル化の進展や労働生産性の向上に鑑みると、ICT・AI に代替されにくい非定型スキルの開発・育成は、今後の日本にとって重要な課題であると言える。

　本コラムでは、日本版 O-NET の数値情報を使用した応用研究の一例とし

6　国勢調査の職業分類は 2010 年に改訂されているため、ここでは新職業分類による 2005 年から 2015 年の就業者シェアの変化のみを示している。1990 年から 2005 年の就業者シェアの変化については、Komatsu and Mugiyama（2022）を参照されたい。

7　「その他の一般事務従事者」には、企画・立案、業務計画の策定・市場調査、国会議員・社長等の業務補佐、広報・法務等を行う職業が含まれる。

て、タスクのトレンド分析を紹介した。欧米では米国 O-NET の数値情報を使用した多くの研究蓄積がある。日本においても、就職・転職支援などの実務上での活用はもとより、学術研究の観点からも日本版 O-NET の活用が進むことが期待される。

【引用文献】

Acemoglu, D. and Autor, D.（2011）"Skills, tasks and technologies: Implications for employment and earnings," Card, D. and Ashenfelter, O. eds., *Handbook of Labor Economics*, 4, pp.1043-1171.

Autor, D., Levy, F., and Murnane, R.（2003）"The skill content of recent technological change: An empirical exploration," *Quarterly Journal of Economics*, 118（4）, 1279-1333.

Autor, D. H. and Dorn, D.（2013）"The growth of low-skill service jobs and the polarization of the US Labor Market," *American Economic Review*, 103（5）, 1553-1597.

DeLaRica, S. and Gortázar, L.（2016）"Differences in Job De-Routinization in OECD countries: Evidence from PIAAC," *IZA Discussion Paper Series*, No. 9736.

Goos, M. and Manning, A.（2007）"Lousy and Lovely Jobs : The Rising Polarization of Work in Britain," *The Review of Economics and Statistics*, 89（1）, 110-133.

Goos, M., Manning, A., and Salomons, A.（2009）"Job polarization in Europe," *American Economic Review*, 99（2）, 58-63.

Ikenaga, T. and Kambayashi, R.（2016）"Task Polarization in the Japanese Labor Market: Evidence of a Long-Term Trend," *Industrial Relations*, 55（2）, 267-293.

Komatsu, K. and Mugiyama, R.（2022）"Trends in Task Distribution in Japan, 1990-2015: Evidence from the Occupational Information Network of Japan and the Population Census Data", *Japan Labor Issues*, vol.6, no.37.

Spitz-Oener, A.（2006）"Technical change, job tasks, and rising educational demands: Looking outside the wage structure," *Journal of Labor Economics*, 24（2）, 235-270.

池永肇恵（2009）「労働市場の二極化―IT の導入と業務内容の変化について」『日本労働研究雑誌』No.584, 73-90.

第 2 部
就職支援ツール等の整備と今後の展開

第1章　能力評価ツールの検討と整備

深町　珠由

　就職や進路の決定にあたり、自分の特徴を知って整理し、自己理解を深め、その情報をもとに探索する行動は、合理的な職業選択や進路選択を行う上で欠かせない。職業相談の場面で用いられるアセスメントツール（以下、アセスメントツールと記載）は、いつの時代でも、職業選択や進路選択を希望する人にとって自分の特徴を知るための信頼性の高い道具である必要がある。

　本章では、アセスメントツールの一つとして能力評価ツールを取り上げ、その Web システム化の試みについて報告する。システム開発や機能の詳細は、JILPT 資料シリーズ No.244「Web 提供型の簡易版職業適性評価ツール：簡易版 G テスト（仮称）のプロトタイプ開発に係る報告」（2021 年 11 月公表）に譲ることにし、本章では、Web システム化というアセスメントツールの提供スタイルに着目し、これまでの提供形態との比較や変遷を概観し、今後求められるアセスメントツールについての考察を中心に述べてみたい。

第1節　職業相談用アセスメントツールの機能と形態の変遷

　職業相談や進路指導の場面で用いられるアセスメントツールの目的は、利用者が将来の就職や進路を検討する際の自己理解を支援するためである[1]。アセスメントツールは、心理検査の技術をベースとして開発されるが、利用者は、必ずしも何らかの心理臨床的な専門支援を必要とする人とは限らず、

1　もちろん、ツールを使わなくても、職業相談には多様なあり方があり、クライアントの自己理解を支援することは可能だが、本書では、あくまでもアセスメントツールを使った自己理解支援に限定して検討する。

これから自分の将来に向けた職業探索をしたいという意欲を持つ人であれば誰もが対象となり得る。したがって、自分の特性や適性に合った職業を探したいが、必要な情報を持ち合わせていないという利用者に対し、職業選択に資する情報提供機能を有したツールが提供されることが前提となる[2]。さらに、アセスメントツールは、利用者が単独で最後まで使うというよりも、キャリアに関する専門の相談員（コンサルタント、カウンセラー等あらゆる名称の専門家を含む。以下、相談員と記載）が介在し、アセスメントの結果を採点し、利用者に対して解釈をフィードバックするなどといった、コミュニケーションを介した利用が前提となっている。なお、学校の進路指導場面においては、相談員の役割を教員が担うことになる。

1　アセスメントツールの形態の広がりとニーズ

　以上の性質を持つアセスメントツールについて、日本の公的な職業相談や進路指導の場面で主に使用されてきたものを、主に外形的な特徴から分類したのが図表1-1である。

　2000年代より前は、アセスメントツールに関してはいわば紙筆検査全盛の時代であった。どのような適性を測る検査であっても、紙筆検査という形態は、個別相談だけでなく学校での集団的な進路指導の場面においても扱いやすく、比較的安価なものが多く、結果として導入へのハードルが低く、圧倒的なメリットがあると言える。このメリットは現在においてもおおむね通用すると考えられる。

　一方で、科学技術の進展により、1980年代から日本国内でもPCが徐々に普及し始め、アセスメントツールにおいても技術革新の影響が現れてきた。厳密にはアセスメントツールではないが、公的な職業相談の場で最初に公表されたキャリアガイダンスツールは、職業情報をPC上で提供できるようにした「職業ハンドブックCD-ROM検索システム」である（日本労働研

2　そのため、職業探索に向けた意欲が全く湧かない状態にある人は、基本的に、アセスメントツールの利用者層にはなり得ない。もちろん、アセスメントツールの実施を通じて職業探索への意欲が湧くケースもゼロではないが、ツールの結果解釈の範囲にも制限が出るため、その機能に過度に期待を持たせた活用の仕方は利用者本人に精神的負担を強いる可能性がある。これは、どのアセスメントツールでも共通した留意事項と言える。

図表 1-1　公的な職業相談場面で活用されてきた主なアセスメントツール

名称	形態	初公表年	測定対象	利用場面の特徴
厚生労働省編一般職業適性検査（GATB）	紙筆検査・器具検査	1952 年	適性能（能力）	個別実施・集団実施ともに利用可
職業レディネス・テスト（VRT）	紙筆検査	1972 年	職業レディネス（職業興味、基礎的志向性、職務遂行の自信度）	個別実施・集団実施ともに利用可
VPI 職業興味検査	紙筆検査	1985 年	職業興味、傾向（性格）	個別実施・集団実施ともに利用可
キャリア・インサイト	PC	2004 年（若年版）	能力、職業興味、価値観、行動特性	個別実施（集団実施も PC が台数分あれば可）
OHBY カード	カードソート	2008 年	職業興味（職業情報をきっかけとした測定）	個別実施・集団実施ともに利用可
VRT カード	カードソート	2010 年	職業興味、職務遂行の自信度	個別実施・集団実施ともに利用可

※以下は、厳密にはアセスメントツールではないが、アセスメント機能を有する（有していた）キャリアガイダンスツールである。

名称	形態	初公表年	測定対象	利用場面の特徴
職業ハンドブックOHBY	PC	2002 年	職業興味、能力（システム内の「仕事発見テスト」）	個別実施（集団実施も PC が台数分あれば可）
総合的職業情報データベース（キャリアマトリックス）	Web	2006〜2011 年	職業興味、ワークスタイル（「適職探索ナビ」内の診断テスト機能）	個別実施・集団実施ともに可

究機構，1998）。そして、PC による本格的なアセスメントツールとして最初に提供されたツールが、2000 年に開発・公表された In ★ sites2000 であり、その後改訂を経て 2004 年に「キャリア・インサイト」として公表されている。「キャリア・インサイト」（2004 年に公表されたいわゆる若年版だけでなく、以後に開発されたミッドキャリア対象の「キャリア・インサイトMC」（2007 年）や、若年版と MC を統合した 2014 年公表の統合版を含む）は、利用者が単独でキャリアガイダンスの流れ（自己理解〜職業探索〜キャリアプラン）を一貫して体感できる「セルフヘルプ」を技術的に可能にした

初めてのツールであった。しかしながら、実際の利用場面では、誰からの支援も受けないセルフヘルプよりも、利用者が事後に出力結果について相談員と話し合うなど、コミュニケーションをとりながら使う方が、結果に対する納得感を高められ、むしろ有効であることがわかっており、相談現場においてもそのような利用方法が推奨されてきた。

　他方で、キャリアガイダンスツールは、技術革新のみならず、現場の多様なニーズの高まりからの影響も受けてきた。例えば、従来厳密な手順に沿って実施するしかなかった適性検査を、相談現場において手軽に、様々な方法で、圧迫感なく実施でき、利用者の特性や特徴を把握できるようなガイダンスツールが求められ、開発されてきた。それがカードソート法のツールであるOHBYカード（労働政策研究・研修機構，2008；下村・吉田・石井・菰田，2005）やVRTカード（労働政策研究・研修機構，2010；室山，2011）である。カードソート法は、従来心理臨床の場でセラピストがクライアントとのやり取りの中で活用されてきた手法が、職業相談分野にも応用されたものである。OHBYカードは、既にPC用ソフトウェアとして提供されていた中学生・高校生向けの職業ハンドブックOHBY（日本労働研究機構，2002）をもとに、イラストや写真素材から職業理解を深めることを主体とし、さらに職業興味に関する特徴をみられるようなカードソート法ツールとして開発されたものである。VRTカードは、既に標準化されていた紙筆検査である職業レディネス・テスト（VRT）をもとに、職業相談場面で手軽に適性を把握できるカードソート法ツールとして開発された。このように、カードソート法のツールは、既存のツールや検査を軸に開発されているものの、従来のツールや検査から完全に代替されるものではない。既存の適性検査は、適性検査としての厳密な手続きを守って実施しなければならないが、その分、精密な測定ができ、詳細な結果が得られる。一方、カードソート法のツールは、検査としての一定の信頼性を有しつつも、適性に関する簡易的な測定結果をみながら、それをきっかけに相談の幅を広げるためのツールであり、役割が異なる[3]。したがって、既存の適性検査とカードソート法のツールは、それぞれ異なる役割を担っており、相互に補完する位置づけにある。

このように、現在の職業相談場面においては、ニーズに応じて適切な形式の検査やツール類を使い分けて選んで使用できる環境が整ってきた状況にある。

2 アセスメントツールの「Web化」をめぐる課題

次に、技術革新による影響の一環として、アセスメントツールの「Web化」について説明する。技術革新の影響を受けてPC型のアセスメントツールである「キャリア・インサイト」が登場したことは既に述べたが、この「キャリア・インサイト」シリーズは原則としてCD-ROMで提供され、プログラムをPCにインストールし、ソフトを起動して使用する。インストール後のプログラムの起動や利用には、インターネットへの接続は必須ではなく、インターネットとは連動しないシステムである。先に述べた職業ハンドブックOHBYにおいても、利用者の職業興味等から職業情報へ接続する機能が搭載されていたが、これもPC上でのみ稼働するシステムで、インターネットへの接続は考慮されていなかった。

以上の開発とは別に、Web上のキャリアガイダンスサイトでアセスメント機能の搭載が過去に試みられたことがあった。それはかつてWebサイトとして提供されていた「総合的職業情報データベース（キャリアマトリックス）」上に設けられた適職探索ナビの一部で、「興味診断テスト」という機能であった（労働政策研究・研修機構，2011）。しかしこの機能は、厳密にはアセスメントを目的とした機能ではなく、あくまでも簡易的に利用者の職業興味の方向性を示し、それに関連した職業情報へと接続することを主な目的とするものであった。したがって、搭載された設問項目自体には信頼性・妥当性が保証されていたものの、利用者が設問を回答した後に精密な診断結果を示す形にはせず、すぐに職業情報のリストを表示する形で実装されていた。

3　カードソート法のツールは、教示や手続きが厳格に定められた適性検査とは異なり、実施者の創意工夫によって実施方法に自由度があることも大きな特徴の一つである。裏を返せば、自由度が高い分、実施者はツールの構造を熟知し、クライアントに即した柔軟で効果的な使い方となるよう習熟しなければならない。外見は平易なツールにみえるが、効果的に使いこなすためには一定以上の技量と経験が求められる。

　技術的に可能にもかかわらず、精密な診断結果を示す機能を実装しなかったことは、一見すると不便にも不自然にも感じられるかもしれない。診断機能を Web 上に実装しなかった大きな理由の一つは、Web という技術が、基本的に誰もが自由にアクセスすることを想定したものであり、専門家のもとでクローズドな環境で使われることを原則とする適性検査やアセスメントツールとは性質を異にするため、完全な Web 化には適さないという考え方が、当時開発を担当する研究者間において主流だったためである。

　しかし、インターネットの利用状況はその後も大きく進展した。以前はPC 上で使う限定された技術とみなされてきたインターネットが携帯電話に搭載されるようになり、スマートフォンの利用が拡大し、IoT 等、様々な機器が Web に接続することが当然となる時代になった。こうした変化は、利用者にとって日常的な感覚や常識を大きく変えることにつながる。その結果、当然の帰結として、キャリア支援で使われるアセスメントツールの形態やニーズにも大きく影響することになり、今後もその傾向は続くものと考えられる。

　そうした技術革新の進む時代の変化の中で、厚生労働省は、職業情報提供サイト（日本版 O-NET）という Web サイトを 2020 年 3 月に公開した。その翌年には、自己理解支援ツールが搭載され、かつてのキャリアマトリックスで試行されていたような、アセスメントツールを介した職業検索機能が実装されるようになった。折りしも、そのような時期に、労働政策研究・研修機構は、日本版 O-NET 上に搭載する自己理解支援ツールの一部に関するプロトタイプの研究開発の要請を厚生労働省から受けた。自分の知りたい職業情報にたどりつくために、自分の適性や特徴の結果をもとに探索することは自然な流れであり、キャリアガイダンスの一機能として有効であることは疑いの余地はない。しかし、厳密な手続きの下でしか実施できない紙筆型の職業適性検査の提供だけにこだわり続けることは、必ずしも一般社会のニーズに応えたことにはならないと考えた。それは、先に述べたように、職業適性検査は、職業選択に資する情報提供機能を有しており、一般社会で誰もがアクセスできる状態を確保してゆくことが極めて重要であるからである。このような経緯から、今まで技術的に可能だが様々な懸念から搭載を見送ってき

た、アセスメントツールの「Web化」問題に再びチャレンジする機会を得ることになった。

　一方で、一般公開されたWeb上のアセスメントツールは、キャリアに関する専門家が近くにいない状態で気軽に使われるシーンがほとんどであろう。その場合、どのようなツールを提供するのがベストかについては、改めて慎重な議論が必要と考えた。利用者の今日的な感覚や常識に従えば、職業情報への検索方法の一つとして適性検査的な機能は必須である。それをどのような形で実現すれば、専門家不在の状況でも一定の役割を安全に果たすことができるか、という観点から検討に入った。

　次節以降では、日本版O-NETに搭載するためのWeb提供型ツール開発の試みについて述べる。本章では、職業能力を測定する検査の一つであり、厚生労働省から要請があった、厚生労働省編一般職業適性検査（GATB）のWebシステム化について取り上げる。既存の検査をWeb化するにあたって検討された課題と、実際に開発されたツールを簡単に紹介する。最後に、他の形態のツール（紙筆検査）との比較を行い、Web提供型ツール開発の試みを通じて発見した内容と、今後の課題について整理する。

第2節　Web提供型能力評価ツールのプロトタイプ開発の試み

1　開発前に検討された課題

　開発を担当する研究者間で検討された課題について、①Web提供型という形態上の課題、②能力検査としての課題の2点に整理してみたい。ただし、これらの課題は必ずしも明確に区分できるものではなく、一部の課題は重複して関わりあうものもある。

⑴　Web提供型という形態上の課題

　最初に、想定される利用シーンについて検討した。まず、日本版O-NETという誰もが自由にアクセスできるWebサイト上で提供されるツールという性質を理解する必要があった。日本版O-NETでは、PCやスマホ等の媒体の形態に関係なくアクセスできるため、どのような媒体でも実施可能な

ツールとして開発する必要性を確認した。

　次に、利用層としては、幅広い年齢層のユーザーが、キャリアガイダンスの専門家を伴わずに気軽に利用することが想定できた。そのためには、問題の解き方や解答の入力方法などをわかりやすくするだけでなく、検査結果の表示や解釈に誤解が生じないような工夫や配慮が必要であることを確認した。

　気軽に利用するということは、必ずしも集中力を長く保てない状態で使用する場面も考えられた。そのため、受検に長時間の拘束を必要とする事態は避けなければならず、労力をあまりかけなくても一定の適性評価が得られるツールが求められることも要件として確認できた。

　さらに、Web 上で自由に気軽にアクセスできる状態のツールであれば、短期間のうちに繰り返し何度も受検するといった使い方も考えられた。これは、通常の紙筆検査の受検においては現実的に起こりにくいことだが、Web 上の手軽なツールであれば想定しておく必要がありそうであった。そのため、同一の設問を毎回同一の順番で出題することは、将来的に好ましくないことが確認された。しかし今回のプロトタイプ開発の段階では、一回限りの受検者からのデータを収集し尺度を構成することを優先して開発を行ったため、出題順については特に考慮していない。将来的に日本版 O-NET に実装される際には、何らかの対策が必要となる課題だと認識した。

(2)　能力検査としての課題

　次に、Web 提供型の能力検査を開発することに伴う課題について検討した。

　今回要請を受けて開発するのは、GATB という既存の能力検査の Web 化である。GATB での能力の測定方法は、本人の自己申告による能力値ではなく、本人の実際のパフォーマンスの出来不出来で結果が決まるというテストタイプの測定である。したがって、出来不出来という、ある意味で逃げ場のない測定結果を、専門家不在の状態で伝達することが最終的に求められ、非常にデリケートな問題をはらむことに常に留意する必要があった。

　次に、GATB の全ての紙筆検査の中から、Web 上で短時間に気軽に実施

できるような検査領域を事前に絞り込んで開発する必要があった。絞り込みには、Web 化しても紙筆検査とほぼ同等に解答できそうな項目（すなわち、Web 化することによる特別な影響を受けにくい項目）で、かつ絞り込んだ検査だけで一定の適性評価ができる項目を選定する必要があった。そこでWeb 上と紙上で解答のしやすさに大きな違いが生じないことが予想される検査として、G 性能（一般知能）を構成する検査群である検査 9（立体図判断検査：「空間判断力」を測定）、検査 10（文章完成検査：「言語能力」を測定）、検査 11（算数応用検査：「数理能力」を測定）の 3 検査に絞り込んだ。この 3 検査は、GATB を簡易版に要約するという意味でも、検査時間の短さという意味でも、扱う能力領域のバランスからみても適切と考えられた。さらに、開発の技術面でも、文字や数字、静止画といった基本的な技術の組み合わせで開発が可能であり、限られた開発期間でのプロトタイプ完成という要請にも応えられると考えた[4]。また、GATB の内容を忠実に Web 化するといっても、GATB とは別の Web 形態による新検査であることには変わりないので、開発する検査機能自体の信頼性と妥当性を確認するための調査や実験を実施し、有効性を確認する必要性についても認識した。

次に、検査を支える規準集団をどう設定するかについて検討した。オリジナルの GATB では中学生・高校生を規準集団としていたが、今回は、日本版 O-NET 上に搭載されるツールであり、学生から就業者まで多様な年齢層の人が利用することから、一般就業者を対象とした検査解答データの収集を行うことが妥当と考えた。そのため、規準集団を一般就業者に定め、産業や職業になるべく偏りが出ないようにデータを収集し、検査機能の標準化を行うことにした[5]。

最後に、結果表示のあり方について検討した。今回開発するシステムは、日本版 O-NET の職業情報と最終的につなげるための通過点のツールという

---

[4]　今回開発するプロトタイプは、GATB の一部の検査機能の Web システム化にとどまる。今回は、骨格となる G 性能を中心とした開発を行い、将来的には今回取り上げなかった領域の検査も追加検査として組み込む方向で、今後も開発が継続することとなった。

[5]　一般就業者とは、日本版 O-NET に掲載中及び掲載予定の 504 の職業に従事する就業者である。各職業 20 人の収集を目標とし、集まりにくい職業の場合は類似職業や産業から収集することとして、結果として 11,153 名分のデータを収集できた。

位置づけであることから、検査結果を何らかの形で職業情報とつなげる必要がある。そこで、日本版 O-NET 上に公開されているインプットデータを活用した新たな職業グルーピングの枠組みを作り、そこに検査結果を接続させる方向で開発することとなった。検査結果と職業情報への接続については、個別職業情報をピンポイントで結びつけることは避け、複数の職業が含まれるグループ単位での接続を行う方がよいと認識された。その理由は以下のとおりである。個々の具体的な職業名をピンポイントで表示した場合、開発者側の意図としては、適性という観点から職業の世界を眺めた時に合致しそうな職業名を単に「例示」したに過ぎないと考えていても、利用者の受け止め方によっては、「その職業に就かなければならない」といった誤解が生じる恐れがあるからである。すなわち、職業の結果表示は、利用者の受け止め方によっては職業選択の可能性を大いに狭めてしまうリスクがあることを、開発者側として常に認識する必要があった。今回は、相談できる人や専門家が近くにいない状態で使用されることを念頭に置く必要があり、結果表示で極力誤解を招かないようにするため、検査結果から職業情報への接続はあくまでも複数の職業によるグループ単位での接続とする方針にした。

② 開発の内容

(1)　開発の手順

今回開発するプロトタイプは、Web ブラウザ上で作動する方式で構築された。要請元である厚生労働省へプログラムを提供した後に、当プログラムをもとにした改修等の取り扱いをしやすくするために、開発環境には、廉価もしくは無償で利用可能な、汎用性の高い製品群（一例として、Linux、PHP、MySQL）を用いた。

開発は、以下の①～⑤の順に進めた。①ツールの出題機能の開発、②一般就業者を対象とした解答データ収集調査によるデータ収集、③検査機能の尺度構成、④最終結果表示付き検査（完成版プロトタイプ）の開発、⑤検査機能の信頼性・妥当性に関する検証、であった。

最初に、出題機能部分の開発を行った。出題機能は、一般就業者を対象とした解答データ収集調査（Web モニター方式の調査）を行うためにも、最

初に開発する必要があった。Web モニター調査終了後は、データを精査し、ツールの検査機能に関する尺度構成と標準化を行った。その後、検査結果と関連のある職業グループとの接続を行う最終結果表示を検討し、それを搭載した完成版検査のプロトタイプ開発を行った。完成後に、検査機能の信頼性と妥当性を検証する実験を別途実施した。なお、今回開発したプロトタイプの名称は、GATB をベースとした Web 提供型の簡易版職業適性評価ツールであることから「簡易版 G テスト（仮称）」と仮に定めた。

(2)　Web モニター調査用検査の開発

　開発したプロトタイプの内容とその提示順を具体的に示したのが図表 1-2 である。まず、この図の左部にある、Web モニター調査用に実施した検査の流れについて、画面イメージとあわせて簡単に説明する。スタート画面を表示した後、メインの①出題機能として検査 A、B、C の順番で検査を提示した（図表 1-3）。検査 A、B、C はそれぞれ GATB の検査 9（立体図判断検査）、10（文章完成検査）、11（算数応用検査）の Web 版に相当する。その後、検査 C の類題である検査 D[6] を実施した。最後に、②簡易結果表示（図表 1-4）で全検査得点に関する単純な正誤情報の粗点を示す棒グラフ（何問中何問正解したか）を提示し、システムを終了した。

(3)　完成版プロトタイプの開発

　次に、完成版検査（プロトタイプ開発としての完成版）の内容と進行順を簡単に説明する（図表 1-2 の右部）。基本的な内容と機能は(2)で示した Web モニター調査用検査と同一だが、大きな違いは、②簡易結果表示の後に表示される③最終結果表示である。ここでは 2 種類の画面表示を設けた。一つは、標準得点のグラフである。検査 A〜C をそれぞれ S（空間判断力）、V（言語能力）、N（数理能力）の標準得点に変換し、各能力の意味や解釈の仕方についての説明をページ内に設けた。もう一つは、職業グループとの照合

6　検査 D は検査 C（算数応用検査）と同一形式の算数文章題の類題で、将来的な差し替え候補となるプール用設問の解答データを予備実験的に収集する目的で実施したものである。したがって、後の完成版プロトタイプでは検査 D を削除している。

図表 1-2　開発されたプロトタイプの提示内容と提示順

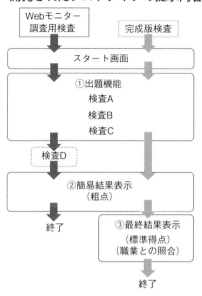

図表 1-3　出題機能（例；検査 A・練習問題）[7]

7　検査の問題は全て、上にかかった水色のカバーをクリック（またはタップ）することでカバー
　が外れ、下に隠れた問題を見ることができる仕組みとなっている。カバーをつけた理由は、ス
　マートフォン等でランダムにタップして意図なく解答される状況をできるだけ防ぐためである。

図表 1-4　簡易結果表示 [8]

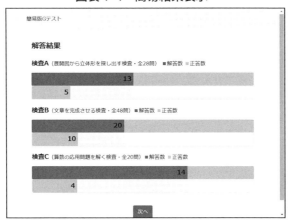

図表 1-5　最終結果表示（3 検査の得点の特徴を 3D グラフで表示）

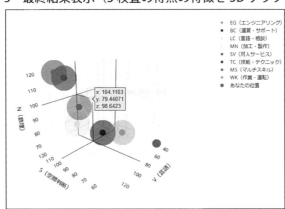

結果であり、これが当プロトタイプの最終ページとなる。本人の標準得点を
S・V・Nの3つの軸によるグラフ上に配置し、そこに、同じくS・V・Nの
値を持つ8つの職業グループの中心点座標を表示した。グラフを直接動かす
ことで、自分の検査得点の位置（すなわち能力面の特徴）がどの職業グルー

8　この図表は、完成版プロトタイプの簡易結果表示であり、検査 A〜C の3種類が表示されてい
る。Web モニター調査時点では検査 D を含めて4種類の棒グラフが表示されていた。

図表 1-6　最終結果表示（職業グループとの接続）

あなたの結果に近い職業グループと含まれる職業例

◆職業例は、**その職業に必ず就かなければならないことを意味しているのではありません。**
職業探索のヒントとしてご活用ください。

1.WK（作業・運転）
製品包装作業員,クリーニング師,スーパーレジ係,家政婦（夫）,ピッキング作業員,駐車場管理,ビル清掃,
製本オペレーター,新聞配達員,ガソリンスタンド・スタッフ…

製品包装作業員,クリーニング師,スーパーレジ係,家政婦（夫）,　　　　　　　　　[五十音順にする]
ピッキング作業員,駐車場管理,ビル清掃,製本オペレーター,新聞
配達員,ガソリンスタンド・スタッフ,鉄道車両清掃,コンビニエンスストア店員,こん包
作業員,検針員,ルート配送ドライバー,清涼飲料ルートセールス,送迎バス等運転手,惣菜
製造,駅構内売店店員,カフェ店員,データ入力,ビデオレンタル店店員,積卸作業員,かん
詰・びん詰・レトルト食品製造,スーパー店員,倉庫作業員,酪農従事者,厩舎スタッフ,ベ
ーカリーショップ店員,冷凍加工食品製造,客室清掃・整備担当（ホテル・旅館）,路線バ
ス運転手,給食調理員,施設警備員,そば・うどん調理人,ラーメン調理人,トレーラートラ
ック運転手,パン製造,パン職人,バックヤード作業員（スーパー食品部門）,雑踏・交通
誘導警備員,宅配便配達員,ハウス野菜栽培者,きもの着付指導員,ハウスクリーニング,沿
岸漁業従事者,フォークリフト運転作業員,ダンプカー運転手,観光バス運転手,トラック
運転手,産業廃棄物収集運搬作業員,ごみ収集作業員,工場労務作業員,タクシー運転手,飲
食チェーン店店員,調理補助,介護タクシー運転手,織布工／織機オペレーター

2.BC（運営・サポート運営管理・裏方）
エステティシャン,ハンバーガーショップ店長,客室乗務員,ネイリスト,ツアーコンダクター,キャディ,メ
イクアップアーティスト,デパート店員,幼稚園教員,入国警備官…

6.TC（技能・テクニック）
自動車整備士,大工,義肢装具士,船舶機関士,録音エンジニア,農業技術者,さく井工／ボーリング工,映像編
集者,臨床工学技士,テレビ・ラジオ放送技術者…

7.MS（マルチスキル）
理学療法士（PT）,中学校教員,公認会計士,薬剤師,法務教官,学芸員,国際協力専門家,小学校教員,小児
科医,学習塾教師…

8.EG（エンジニアリング）
インダストリアルデザイナー,航空整備士,分析化学技術者,パイロット,電子機器技術者,ファインセラミ
ックス製造技術者,発電所運転管理,システムエンジニア（組込み、IoT）,航空機開発エンジニア（ジ
ェットエンジン）,バイオテクノロジー研究者…

プに近いかが直感的にわかるような仕組みを設けた（図表 1-5）。グラフの
下には、自分の結果に近い職業グループと含まれる職業リストを提示した
（図表 1-6）。

　なお、Web 上で提供される能力検査の結果であることを考慮し、表示方
法には様々な配慮や工夫を行った。例えば、当検査で扱う各能力（空間判断
力、言語能力、数理能力）と解釈のポイントの説明を表示したが、画面上に

文字量が多すぎると読みづらくなるため、初期表示画面での文字量は控えめにし、詳しい解説は読みたい人が読めるように、クリック時に表示される形式とした。さらに、検査得点が極端に低い等の特徴がみられた場合の配慮も行った。その場合は、グラフの近くに注意喚起表示が自動的に出るようにし、この検査結果を使っても受検者の特徴を正確に把握することが難しい場合がある旨を表示した。極端に低い得点が出たとしても、必ずしも本人の能力が低かったとは限らない。例えば、移動中や不安定な電波状況下でスマホを使って受検したり、検査中に他者から声をかけられるとか、何か集中を妨げるような出来事等、環境要因によって低得点となる場合も多くみられるからである。このように、全員が必ずしも安定した検査環境で受検できない点も、Web 提供型ツールならではの限界であり特徴であると考えられる。

3 開発されたプロトタイプに関する評価

本節では、開発されたプロトタイプに関する性能評価や、既存の紙筆検査との比較について述べる。

検査 A〜C の尺度構成と標準化は、Web モニター調査で収集された一般就業者の全回答数（11,153 件）のうち、検査 A 完了者 11,065 件、検査 B 完了者 11,033 件、検査 C 完了者 10,914 件分のデータを使って行われた。すなわち、この一般就業者の解答データを使って、各検査得点の分布の確認と尺度の標準化を行い、プロトタイプの検査機能部分を確定させた。

プロトタイプを開発した後、検査機能の有効性を確認するため、信頼性と妥当性を検証する実験を行った。信頼性に関しては、一定期間をあけて簡易版 G テストを同一人物に 2 回受検してもらい、その得点間の相関係数によって検証した（再テスト法）。その結果、検査 A（立体図判断検査）では .740、検査 B（文章完成検査）では .749、検査 C（算数応用検査）では .735 という一定程度の信頼性係数を得ることができた（N = 108）。妥当性の検証に関しては、簡易版 G テストとオリジナルの GATB の両方を同一人物に受検してもらい、その得点間の相関係数を求めた。Web 版である簡易版 G テストを先に受検した群と、紙の GATB から先に受検した群の両群を合計した結果で、立体図判断検査（検査 A と GATB の検査 9）で .485（N

＝108）、文章完成検査（検査 B と GATB の検査 10）で .580（N＝109）、算数応用検査（検査 C と GATB の検査 11）で .716（N＝109）という相関係数が得られた。立体図判断検査ではやや低い値だったものの、文章完成検査、算数応用検査では一定程度の相関係数が得られた。以上の結果から、簡易版 G テストは能力検査としての一定程度の有効性を備えていることを確認した。

　本節の最後に、Web 形式と紙形式の両検査を受けた場合の違いについて検討する。Web 提供型の簡易版 G テストと、紙筆検査の GATB は、同一の問題で構成されているが、問題の解きやすさや難易度等の感覚に違いはあったのだろうか。この点について、限られたサンプルサイズではあるが、両形式の検査を受検した上記の妥当性実験の参加者によるアンケート回答結果（N＝110）から考察してみたい。

　簡易版 G テスト及び紙筆検査の GATB（うち、検査 9〜11 のみ）を受検した後で回答されたアンケートを示したのが図表 1-7 である。これをみる

図表 1-7　Web 形式・紙形式受検後の評価

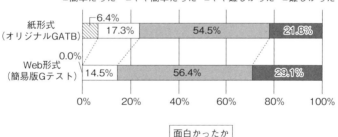

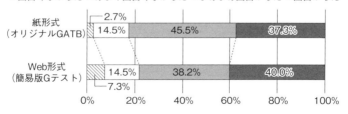

図表 1-7　Web 形式・紙形式受検後の評価（続き）

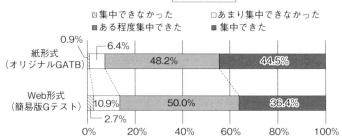

集中できたか

☑集中できなかった　　□あまり集中できなかった
■ある程度集中できた　　■集中できた

紙形式
（オリジナルGATB）
0.9%　6.4%　48.2%　44.5%

Web形式
（簡易版Gテスト）
10.9%　50.0%　36.4%
2.7%

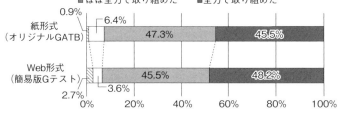

全力で取り組めたか

☑全力で取り組めなかった　　□あまり全力で取り組めなかった
■ほぼ全力で取り組めた　　■全力で取り組めた

紙形式
（オリジナルGATB）
0.9%　6.4%　47.3%　45.5%

Web形式
（簡易版Gテスト）
2.7%　3.6%　45.5%　48.2%

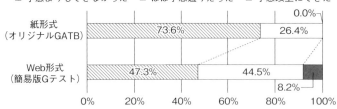

予想と比べてできたか

☑ 予想よりもできなかった　□ ほぼ予想通りだった　■ 予想以上にできた

紙形式
（オリジナルGATB）
73.6%　26.4%　0.0%

Web形式
（簡易版Gテスト）
47.3%　44.5%　8.2%

134

と、難易度（難しかったか）、面白さ（面白かったか）、全力取組度（全力で取り組めたか）については、Web 形式も紙形式も回答傾向に大きな違いはなかった。集中度（集中できたか）については、若干ではあるが、紙形式の検査の方が集中して取り組めた人が多い傾向がみられた（「集中できた」と「ある程度集中できた」の合計は、紙形式で 92.7%、Web 形式で 86.4%）。これは、紙形式と Web 形式の実施環境で、検査の進行を管理する者がいたかどうかの違いが影響した可能性がある。紙形式の検査では、複数の参加者に対して進行を管理し教示を行う管理者が存在したが、Web 形式の検査では、管理者がいない状況下で各自が自由なタイミングで実施しており、そうした実施環境の違いが集中度に影響した可能性がある。

　なお、「予想と比べてできたか」については大きな差がみられた。Web 形式では「ほぼ予想通りだった」と「予想以上にできた」との合計が 52.7% であったが、紙形式では「予想以上にできた」との回答は一人もなく、「ほぼ予想通りだった」との回答割合は 26.4% にとどまった。つまりそれ以外の 73.6% の人が「予想よりもできなかった」と回答していたことになる。このような結果になった原因としては主に 2 つあると考えている。一つは、Web 形式の簡易版 G テストでは、最後に簡易結果表示が示されるので、本人自身で得点を確認できる画面があったが、紙形式ではそのようなフィードバック情報がなかったために評価のしようがなく、このような結果となった可能性がある。もう一つは、推測ではあるが、紙形式独特の圧迫感が影響し、「できなかった」という思いが強く残った可能性がある。検査の難易度については、両形式の検査とも同程度（むしろ紙形式の方が「易しい」と回答する傾向がやや多かった）にもかかわらず、である。この結果は、同一の問題を出題しているにもかかわらず、検査形態の違いが、検査の出来不出来の感じ方に影響する可能性を示唆しており、興味深い。ひいては、キャリアガイダンスツールに関して、紙形式の検査だけではなく多様な形態のツールを用意するという環境整備に一定の意義があることを示唆しているとも言える。

　一方で、Web 形式は紙形式を常に上回るような利点を有しているかというと、必ずしもそうではないようだ。どちらの解答形式の方が解答しやすい

か（高い得点が出しやすいか）について、「紙形式で解答」、「Web形式をスマホで解答」、「Web形式をPCで解答」、「どの方法も変わらない」の4択で尋ねたところ、それぞれ41.1%、17.8%、20.6%、20.6%との回答であった。つまり、「紙形式で解答」する方が解答しやすいという回答が41.1%となり、最も高くなった。その原因について推察すると、今回の簡易版Gテスト特有の出題内容に原因があるのではないかと考えられた。それは、オリジナルのGATBをできるだけ忠実にWeb上に再現することに努めた結果、例えば、算数応用検査（検査C）といった算数文章題の出題では、手元にメモを用意して計算しながらでないと解答できないため、その点において「紙の方が解答しやすい」と答える人が多かったのではないかと考えられた。Web検査の実施前には、手元にメモを用意するようにとの教示が表示されるようになっていたが、Web形式の検査であればWebの中で完結できるような設問を出題することが、使い勝手の上でも本来望ましいと考えられる。今後の課題として、Web形式での検査開発を将来的に継続する場合、オリジナルの紙筆検査と必ずしも同一であることにこだわる必要はない（むしろこだわらない方がよい）一方で、オリジナル検査との整合性をどう担保してゆくかについて、改めて検討の必要があると考える。

第3節　まとめ

本章では、主に3つの内容について報告した。まず、これまでの職業相談用アセスメントツールについて、機能や形態に着目した整理を行った。次に、能力に関する既存の紙筆検査のWeb化という新たな課題に取り組み、プロトタイプの開発過程について報告した。最後に、紙筆検査との比較検討をアンケート回答データに基づいて行った。

開発過程では多くの気づきを得た。既存の紙筆検査の内容を忠実にWeb化することを原則としながらも、PCやスマホ上でスムーズに進行するよう、また、相談できる人が近くにいなくても一人で進められるよう、本来の紙筆検査にはなかった文言や仕掛けを加えるなどの工夫を行っていた。しかしながら、Webモニター調査では、検査A、B、Cと進むにつれ、検査から

脱落する人が一定以上出た[9]。さらに、本来この職業に就く人であればこのような得点をとるとは考えにくいような低得点や、粗点0点をとる人の存在も一定数みられた。これは、Webモニターが真面目にやらなかったのがいけないということで片づけるべきではない。誰もがオープンにアクセスするWeb提供型検査の限界であり、特徴だと捉えるべきであろう。したがって、このWeb提供型能力検査での「低得点」は、必ずしもその人の能力だけを反映しているとは限らない。検査中に集中を妨げるような出来事があったり、通信状況が悪かったり等、能力以外の要因も大いに考えられるからである。以上のことから、基本中の基本だが、検査中の実施状況や環境を把握した上で検査結果を解釈することの重要さを、今回の開発を通じて改めて痛感することとなった。

　では、このWeb提供型検査を、管理者の完全な管理の下で実施したらどうなるか。その場合は、紙かWebかという形態に関係なく、受検に集中できる理想的な環境さえ整っていれば、その分だけ、測定誤差も低く抑えられると考えられる。したがって、今後、利用者が一人で気軽にWeb提供型検査を受ける場合も、利用者自らが積極的に受検環境を整えた上で検査を受け、その後、自身の受検中の状況を振り返りながら、出てきた結果を解釈することが望まれる。このようなツールが今後一般公開された場合には、そうした利用法が推奨されることになるだろう。

　紙からWebへという一般的な技術革新の流れに対し、従来慎重な立場をとっていた能力検査ではあったが、職業選択に資するキャリアガイダンスツールの提供という社会の要請に応える形で今回は開発に臨んだ。PCやスマホといった、Web上の多様な使われ方についての想像力を働かせながら、開発者として可能な範囲で配慮や工夫を検討し、簡易版Gテストというプロトタイプを完成させることができた。配慮や工夫といっても、Web上の能力検査の画面上に単に「注意書き」を書くだけでは、全ての利用者の心に届くものにはなっていないだろうし、理解しにくい表現もまだ多く残っていると思われる。Web上で提供されるツール開発の試みは、今回がゴールで

9　第2節3で、検査A、B、Cの順に規準集団の数が減ってきているのは、このような理由からである。

はなく、出発点に過ぎない。今後もこうした試みを継続することで、誰もが自由にアクセスする Web という環境において最適なキャリアガイダンスツールとは何かについて、開発者個人だけでなく、社会全体においての経験値が増えてゆくことが期待される。

引用文献

厚生労働省職業安定局（2013）．厚生労働省編一般職業適性検査（GATB）手引［改訂 2 版］雇用問題研究会

下村英雄・吉田修・石井徹・菰田孝行（2005）．職業カードソート法とキャリアガイダンス―カード式職業情報ツールの開発―．JILPT Discussion Paper Series 05-010.

日本労働研究機構（2002）．職業ハンドブック OHBY

日本労働研究機構（2002）．VPI 職業興味検査［第 3 版］手引．日本文化科学社

日本労働研究機構（1998）．職業ハンドブック CD-ROM 検索システム

室山晴美（2011）．VRT カードの開発と活用の可能性の検討．JILPT Discussion Paper Series 11-03.

労働政策研究・研修機構（2021）．Web 提供型の簡易版職業適性評価ツール：簡易版 G テスト（仮称）のプロトタイプ開発に係る報告．JILPT 資料シリーズ No.244.

労働政策研究・研修機構（2014）．キャリア・インサイト［統合版］

労働政策研究・研修機構（2012）．キャリア形成支援における適性評価の意義と方法．JILPT 第 2 期プロジェクト研究シリーズ No.6.

労働政策研究・研修機構（2011）．総合的職業情報データベースの研究開発．JILPT 資料シリーズ No.86.

労働政策研究・研修機構（2010）．VRT カード

労働政策研究・研修機構（2008）．OHBY カード

労働政策研究・研修機構（2006）．職業レディネス・テスト［第 3 版］手引

第2章　職業興味評価ツールの検討と整備

室山　晴美

第1節　はじめに

1 本研究の目的

　職業選択を行う時には、自分が就きたい職業を絞り込み、その職業に関して充分な情報を集めておくことが必要である。ただ、就業経験のない若年者の場合などは、最初のステップである自分の個性がどのような職業で生かせるのかという絞り込みが難しい場合も少なくない。就職活動を始めるにあたって、業種や職種をどのように選んだらよいかわからないというような問題は、自分自身の個性とそれに関連づけられる仕事を理解することの両方がうまくできていない時に起こりがちであると言える。

　自らの個性を把握するために有効な一つの方法は、職業適性等の個人特性を測定する検査の受検である。ただ、信頼性や妥当性が検証されている心理検査には、質問紙と回答用紙を用いて行う紙筆検査が多く、受検できる場も限定されている。また、検査の結果、適性に合致する職業例は表示されたとしても、その職業に関する情報を集めることには手間がかかるとともに質の良い情報をみきわめる判断力も必要となる。

　そこで、本研究では、職業を選ぶ時に参考となる一つの特性として職業興味を取り上げ、比較的簡易な方法で職業興味を把握した上で結果を職業名とそれに関連する職業情報に結びつけていくことができるようなツールの作成の検討を行った[1]。本稿では、ツールに組み込む尺度の作成と職業情報との

---

[1]　本研究は厚生労働省のWebサイトである日本版O-NET内の職業検索のための職業興味検査の開発に関する課題研究として行われた。なお、本研究はツールに組み込む検査と職業との関連づけの方法に関する検討を行ったものであり、職業興味評価ツールとしてのシステム化までは行っていない。

関連づけの方法について検討した結果を記述する[2]。

2 研究の背景

　職業興味の測定に関して、労働政策研究・研修機構ではこれまでにいくつかの質問紙検査やガイダンスツールを開発してきた。

　職業興味を測定する検査としては、「職業レディネス・テスト」や「VPI職業興味検査」がある。これらは質問項目に対して回答を記入していく紙筆検査であり、標準化を行い、心理検査として開発されたものである。「職業レディネス・テスト」は、主に中学生、高校生を対象として20歳前後の若年層にも適用できる検査であるが、職業興味に加え、職務遂行の自信度や日常生活における基礎的志向性などを総合的に捉える内容となっている（労働政策研究・研修機構，2006）。もう一つの「VPI職業興味検査」は、米国のホランド（Holland, J. L.）が開発したVocational Preference Inventoryの日本語版であり、主な対象者は四年制大学、短期大学、専門学校生など高等教育課程以上の学生が対象である。VPI職業興味検査では、6つの職業興味のタイプの他に5つの傾向尺度が用意されていて、受検者の職業興味を通してパーソナリティの特徴を捉えることが狙いとされている（労働政策研究・研修機構，2002）。

　他方、紙筆検査タイプではなく、コンピュータを用いたキャリアガイダンスシステム（CACGS：Computer Assisted Careers Guidance System）も開発された。これは「キャリア・インサイト」というシステムであり、このシステムには適性評価のための4つのテストが組み込まれており、職業興味についても測定することができる。システムの開発にあたっては、1970年代から行われてきた海外の著名なCACGSについての情報収集のほか（松本・松本，1991；室山，1992；室山，1996；日本労働研究機構，1992）、利用者が自らの職業興味を調べることが職業情報の収集にも役立つということを実証した実験的な研究も行われている（室山，1997a，1997b）。「キャリ

---

[2] 本研究は委員会形式をとり、機構内の複数の参加者で内容を検討しながら進めた。本稿執筆者を除く開発時の研究参加者は以下のとおりである。松原亜矢子（元統括研究員）、深町珠由（主任研究員）、松本真作（元特任研究員）、松本純平（元特任研究員）。

ア・インサイト」の最初のバージョンは18歳から30代前半程度で就業経験の比較的少ない若年層を対象としたシステムであったが（室山，1999，2000，2002；Muroyama, H., 2004)、その後、改訂を行い、現在では若年者から就業経験のあるミッドキャリア層まで幅広く利用できる「キャリア・インサイト統合版」が開発された（労働政策研究・研修機構，2014)。なお、「キャリア・インサイト」には、職業興味を調べた後、システムに搭載されている職業名から利用者の興味に合致した職業リストが作成される機能が用意されている。

　本研究では職業興味を測定して職業情報に結びつけていくためのツールの内容について検討するが、構成や職業との照合の方法を考える際には、上記のような各種検査やCACGSのシステム開発の際に行われた研究や知見を基盤として参照することにした。次節では、ツールの内容に関する基本構想を述べる。

3　ツールの内容に関する基本構想

　本研究で想定しているようなツールを作成するための基本構想としては、次の3点があげられる。第1点としては、職業興味を測定する検査として一定の信頼性を保証できるものとすること、第2点としては、紙筆検査の形態をとらずWeb上などで比較的簡易な形態で実施できるものとすること、第3点としては、実施後に示される職業興味の特徴を具体的な職業情報と結びつけられるようにすることである。

　まず第1点の検査としての信頼性と第2点のWeb上での実施の問題については両方を併行して検討する必要があった。なぜなら検査項目は多い方が尺度としての信頼性は高くなるが、Web上での実施を想定する場合、項目数はできるだけ少ない方が望ましいと考えられるためである。

　つまり、紙筆検査の場合は、受検者は通常のテスト方式で回答を行うので、質問項目が多めであっても集中して取り組める状況の実現が可能である。しかし、Web上での実施に関しては、受検者がその検査に取り組む環境を制御できないので、紙筆検査と同じ項目数で検査を構成した時、受検者の集中力や負担感に影響が生じることも考えられる。例えば、PCで実施する場合とスマートフォンで実施する場合には画面上に表示される項目の見え

方も異なり、その結果、実施に伴う負担感も変わってくる。

　このようなことから、職業興味を測定するテストの作成については、心理検査をベースとしながらも、項目数を減らしながら一定程度の信頼性を確保できるような作成方法をとることが必要である。そこで、本研究では、これまでに開発した検査のうち、比較的幅広い年齢層に適用できること、検査項目がわかりやすいこと、「キャリア・インサイト」のような PC 版の興味検査にも活用されてきたという理由から、「職業レディネス・テスト」の興味評価項目を素材として用いることにした。なお、「職業レディネス・テスト」では、職業興味に関する測定結果は、VPI 職業興味検査を開発した Holland の興味の 6 領域[3]を用いて整理されるので、個人の職業興味の特徴は 6 領域の得点として示される。

　他方、第 3 点としては、興味検査によって示された個人の特徴を職業名あるいは職業情報のデータベースに結びつける方法が検討された。興味の測定結果と職業を結びつけるためには、職業の方でも職業興味に関する 6 領域の情報を持っている必要がある。そこで、職業情報に関するデータベースとしては、厚生労働省の Web サイトに掲載されている職業情報のデータベース（日本版 O-NET）を用いる。このデータベースは、多くの職業に関する様々な観点からの数値情報（以下、数値情報とする）で構成されており、特性に関する数値情報は労働政策研究・研修機構で行われたインプットデータの研究により収集されたものである（労働政策研究・研修機構，2020a）。ここには職業興味に関する数値情報も含まれており、日本版 O-NET のインプットデータの作成プロセスでは、個々の職業の就業者に対して、興味の方向性と関連づけた 6 つの特徴（Holland の 6 領域に対応する説明）を示し、「あなたが従事している仕事に合っているのは、どのような人ですか」と聞き、それぞれの特徴がその職業に「合っている」と思うかどうかを 5 段階で評価してもらう方式で職業興味が収集されている。そして、職業ごとの興味の 6 領域の得点は複数の回答者の平均値により算出されている。したがっ

3　Holland は職業興味を Realistic、Investigative、Artistic、Social、Enterprising、Conventional という 6 領域で整理した（Holland, J. L., 1973）。VPI 職業興味検査の日本語版では、現実的、研究的、芸術的、社会的、企業的、慣習的領域と訳されている。

て、各職業の興味の 6 領域の数値情報を用いれば、「職業レディネス・テスト」を素材とした検査結果で示される興味の 6 領域の特徴と紐づけることができる。

　以上のような基本構想に基づき、本研究では、職業興味を調べ、それを職業情報に結びつけるようなツールの仕組みについて検討を進めた。次の節では、調査データに基づいて行った職業興味検査の作成について説明する。

第 2 節　検査項目の作成

1 「職業レディネス・テスト」の A 検査項目の絞り込みについて

　「職業レディネス・テスト」は職業興味を測定する A 検査、基礎的志向性を測定する B 検査、職務遂行の自信度を測定する C 検査という 3 つの下位検査から構成されている。このうち、本研究で開発するツールの基盤としたのは、職業興味を測定する A 検査である。A 検査には「部品を組み立てて機械を作る」などの具体的な職務の記述が 54 項目用意されており、それに対して「やりたい」、「どちらともいえない」、「やりたくない」のうちのどれか 1 つを選ぶ 3 件法で回答してもらう。なお、54 項目は米国の研究者である Holland の職業興味の 6 領域の理論に基づき作成されており、6 領域について各 9 項目が用意されている。6 領域が表している仕事や活動の領域の内容を図表 2-1 に示す。

図表 2-1　職業レディネス・テストの職業興味の整理の枠組み

日本語表記	英語表記	略称	領域の説明
現実的領域	Realistic	R 領域	機械や物を対象とする具体的で実際的な仕事や活動の領域
研究的領域	Investigative	I 領域	研究や調査のような研究的、探索的な仕事や活動の領域
芸術的領域	Artistic	A 領域	音楽、美術、文学等を対象とするような仕事や活動の領域
社会的領域	Social	S 領域	人と接したり、人に奉仕したりする仕事や活動の領域
企業的領域	Enterprising	E 領域	企画・立案したり、組織の運営や経営等の仕事や活動の領域
慣習的領域	Conventional	C 領域	定まった方式や規則、習慣を重視したり、それに従って行うような仕事や活動の領域

※領域の説明は「職業レディネス・テスト　第 3 版　手引」から引用

本研究でのツール開発にあたっては、まず初めに、「職業レディネス・テスト」の 54 項目のうち、職業興味を測定するために充分な信頼性を保証できる項目数に、全体の項目を絞り込む作業が行われた。

2 方法

(1) データ収集の方法

「職業レディネス・テスト」の項目については、2019 年 2 月 (2019 年調査) と 2020 年 2 月 (2020 年調査) に Web モニター調査方式により、大学生等の高等教育課程の学生と 30 代前半程度の若年求職者層を対象としたデータ収集が行われた。項目の選定にあたっては、その調査で集められたデータを活用した。

(2) 分析の対象者

2019 年調査では 18 歳から 34 歳までの若年者 2,400 名 (男女同数、学生及び就業者含む) のデータが収集された (労働政策研究・研修機構, 2020b)。2020 年調査では高等教育課程に在学中の学生に限定し、男女各 600 名、計 1,200 名のデータが集められた。データクリーニングの結果、2 つの調査を合わせた全体のデータ数は 3,554 名となった。平均年齢は男性 24.48 歳、女

図表 2-2　調査対象者の男女別、現在の状況別の内訳

	男		女		計	
	n	%	n	%	n	%
正社員・正規職員	501	28.24	310	17.42	811	22.82
パート・アルバイト、派遣、契約社員、嘱託等	229	12.91	310	17.42	539	15.17
独立自営等	42	2.37	19	1.07	61	1.72
求職中（失業中）	33	1.86	75	4.21	108	3.04
在学中	877	49.44	861	48.37	1738	48.90
特に仕事をしていないし、仕事を探していない	92	5.19	205	11.52	297	8.36
合計	1774	100.00	1780	100.00	3554	100.00

性 24.24 歳である。

　図表 2-2 に男女別、現在の状況別の内訳を示す。現在の状況で「在学中」に該当する者のうち、男性 576 名、女性 585 名は 2020 年調査のデータとなる。なお、在学者の所属学科の内訳や居住地について 2 つの調査間で問題となるような差がみられないことは確認されている。

(3)　分析の対象とした検査項目

　調査票には「職業レディネス・テスト」を構成する 3 つの検査全体の項目のほか、個人の特性を測定するための複数の尺度と、回答者の属性に関する調査項目が含まれている。今回の分析は、職業興味を測定するための項目選定が目的であるため、「職業レディネス・テスト」の A 検査 54 項目に対する回答を分析の対象とした。

３　結果

(1)　各興味領域に該当する項目の確認

　採点方法は、紙筆検査の「職業レディネス・テスト」と同様に、各項目の回答について「やりたい」を 2 点、「どちらともいえない」を 1 点、「やりたくない」を 0 点として得点化した。その後、まず A 検査が想定どおりの 6 領域で構成されているかを確認するため、54 項目を用いて探索的因子分析を行った。主因子解を求めた後、因子数を 6 と指定して Promax 回転を行った結果を図表 2-3 に示す。表の一番左の「No.」は「職業レディネス・テスト」における項目の提示順を示す。また表中の網かけの部分は因子負荷量が高いものである。

　因子 1 には、芸術的領域（A 領域）の 9 個の項目が集まったので、因子 1 は芸術的領域の因子として解釈できる。ただ、本来は企業的領域（E 領域）に該当するはずの「No.29 新聞記者」の項目が .325 の負荷量を示し、因子 1 に混ざっていた。企業的領域（E 領域）の他の項目は因子 6 にまとまっており、No.29 の項目は因子 6 にも .303 の負荷量を示したが、因子 1 との関連の方が若干強いようであった。その他の因子には本来の想定どおりの項目がそれぞれまとまっており、因子 2 は研究的領域（I 領域）、因子 3 は慣習的領

図表 2-3　職業興味の 54 項目を用いた因子分析結果

No.	項目内容	因子1	因子2	因子3	因子4	因子5	因子6
51	雑誌やパンフレットなどにイラストをかく	.713	.002	.011	.080	.069	-.089
9	小説を書き、出版したり、雑誌に載せたりする	.704	.151	-.039	-.093	-.071	.021
27	マンガをかいて雑誌に載せたり、コミック本を出版する	.694	.097	-.044	.068	.002	-.088
21	テレビドラマや映画のシナリオをかく	.676	.136	-.069	-.087	-.024	.136
45	洋服やアクセサリーのデザインをする	.616	-.146	-.010	.020	.197	.020
15	人物や風景、物の写真をとり、雑誌やポスターに発表する	.614	.025	.030	.021	.076	.044
3	家具や照明など、部屋のインテリアのデザインをする	.575	-.119	-.001	.098	.058	.044
39	曲を作ったり、編曲したりする	.563	.109	-.059	.030	-.009	.097
33	インターネットのホームページのデザインをする	.538	.022	.157	.024	-.116	.132
29	世の中のできごとをいち早く取材し、新聞にその記事を書く	.325	.130	.024	-.032	.116	.303
32	病原体を発見するための実験や研究をする	-.048	.841	-.018	-.078	.134	-.007
50	大学や研究所で、科学の研究をする	.027	.771	-.008	-.034	-.053	.102
38	新しい薬を開発する	-.034	.739	-.022	-.031	.102	.088
20	海水の成分や海流について調査研究する	.045	.702	.036	.107	.009	-.021
26	新しい理論を考えて、調査や実験でそれを確かめる	.021	.648	.027	.012	-.161	.237
8	環境をよくするために大気や水の汚れを測定し、分析する	.018	.616	.109	.131	.006	-.058
14	農業試験場で、農作物の品種改良の研究をする	.039	.600	.008	.217	.009	-.030
44	博物館などで、歴史・民俗などの資料を集め、研究する	.339	.477	.069	-.003	.015	-.047
2	古い地層から化石や骨を集め、恐竜や昔の生き物の生活を調べる	.307	.455	-.008	.148	-.057	-.155
18	文字や数字を、書類に正確に記入する	.039	-.009	.825	-.052	.003	-.140
36	ワープロやパソコンを使って、書類などを清書する	.113	.003	.788	-.033	-.039	-.121
12	帳簿や伝票に書かれた金額の計算をする	-.119	.048	.756	.023	-.018	.012
6	文字や数字を、コンピュータに入力する	.100	-.004	.748	.009	-.129	-.145
54	従業員の毎月の給料を計算する	-.110	-.001	.689	.035	.067	.113
48	会社で書類のコピーをとったり、電話の取次ぎをする	.007	-.057	.579	-.035	.219	.065
30	依頼に来た客に代わって、役所へ出す書類を作成する	-.001	.118	.560	-.049	.159	.087
24	銀行で現金を支払ったり、受け取ったりする	-.104	.029	.512	.048	.177	.177
42	コンピュータを使って、複雑な計算をする	-.090	.311	.404	.154	-.211	.184
25	工事現場で、ブルドーザーやクレーンを運転する	-.074	-.040	-.035	.767	.051	.083
31	トラックを運転して貨物を運ぶ	-.037	-.100	.014	.678	.122	-.002
37	自動車のエンジンやブレーキを調べて、修理する	-.041	.157	-.008	.677	-.059	.057
13	木材を加工し、組み立てて、家を建てる	.102	.038	-.025	.675	-.024	-.004
1	部品を組み立てて機械を作る	.134	.085	.179	.561	-.115	-.196
43	飛行機が安全に飛べるように、点検や整備をする	-.081	.223	.024	.555	.020	.117
49	船に乗って、魚や貝などの漁をする	.054	.182	-.099	.470	.125	.072
19	火事の現場に駆け付つけ、逃げ遅れた人を助けたり、消火活動を行う	-.013	.125	-.080	.465	.235	.092
7	火薬を使って花火を作り、安全に打ち上げる	.132	.227	-.031	.426	.038	-.019
28	患者の体温や血圧を測ったり、入院患者の世話をする	-.089	.293	-.019	-.012	.741	-.147
34	家庭を訪問して、お年寄りや体の不自由な人の世話をする	-.007	.099	-.019	.072	.678	-.108
40	病院で、患者の治療や病気の予防の仕事をする	-.127	.494	-.055	-.063	.609	-.080
4	保育園で乳幼児の世話をしたり、いっしょに遊んだりする	.079	-.135	-.036	.064	.573	-.088
46	悩みをもつ子どもやその家族からの相談にのり、援助する	.135	.059	.046	-.097	.537	.060
22	ホテルで、宿泊客の受付や、案内などのサービスをする	.071	-.193	.157	.017	.503	.176
52	飛行機の中で、乗客にサービスをする	.057	-.072	.088	.098	.459	.238
16	ツアー旅行に同行し、宿や観光の手配など参加者の世話をする	.137	-.187	.044	.007	.420	.274
10	客の状態に合わせて、指圧やマッサージなどを行う	.129	-.013	.010	.125	.413	.026
41	社長として、会社の経営の仕事にあたる	-.034	.098	-.040	.059	-.141	.776
23	新しい組織を作ってリーダーになる	-.018	.144	-.093	-.025	-.046	.734
47	店長として、商品の仕入れや販売方法を工夫し、売上を伸ばす	.044	.009	.071	.096	.038	.599
5	自分の店を経営する	.118	-.033	-.092	.064	-.046	.550
53	流行しそうな商品を仕入れ、売り出しの方法を考える	.157	.025	.121	.014	.046	.523
17	客を集めるため、広告や催し物などを企画する	.362	-.092	.051	-.132	.135	.431
11	テレビやラジオの番組を企画し、番組づくりを取り仕切る	.381	-.004	-.047	-.063	.050	.421
35	ニュースを読んだり、テレビやラジオの番組の司会をする	.255	.003	-.021	-.019	.154	.399

※因子負荷量の高いものに網かけ。No.29 は本来この項目が属する［因子6］の因子負荷量にも網かけをしている。

	因子1 （A領域）	因子2 （I領域）	因子3 （C領域）	因子4 （R領域）	因子5 （S領域）	因子6 （E領域）
因子1（A領域）	1					
因子2（I領域）	.340	1				
因子3（C領域）	.243	.291	1			
因子4（R領域）	.355	.559	.303	1		
因子5（S領域）	.362	.239	.231	.313	1	
因子6（E領域）	.494	.335	.293	.374	.479	1

域（C 領域）、因子 4 は現実的領域（R 領域）、因子 5 は社会的領域（S 領域）として解釈できた。

　項目全体の因子分析の結果、今回集めた調査データにおいても、職業レディネス・テストの各項目は 1 項目を除いて想定したとおりの領域にまとまっていることが確認できたことから、次のステップとして、興味領域ごとにそれに該当する 9 項目のうち、どの項目を選び、各領域何項目にするかという選定の手続きに入った。

⑵　各領域の項目選定

　各領域には 9 項目が含まれているが、項目数を減らすことが目的の一つであるため、まずは項目数を 7 項目あるいは 6 項目に絞ることを検討した。「職業レディネス・テスト」の回答方式は 3 件法であるため、採点時の 1 項目の得点の範囲が 0 点から 2 点であり、項目数を少なくするほど合計得点の幅が狭くなり、興味の高低の差がはっきり示せなくなる。7 項目であれば 1 領域の最高点は 14 点、6 項目の場合には最高点は 12 点となるので、少なくとも 0 点から 12 点ないし 14 点の範囲が可能となれば、興味の高低の区別には支障が生じにくいと考えた。

　この 6 項目及び 7 項目の選定の段階では、図表 2-3 で示した各因子に対する因子負荷量とともに項目が示している職務内容にも留意し、扱われている活動の領域ができるだけ多様になるように配慮した。また、「職業レディネス・テスト」の項目は職務内容の記述であるが、手引には各職務内容がどのような職業名に対応するものなのかが記載されている。そこで、項目が対応する職業名に注目し、その職業名そのもの、あるいは若干表記は異なるが同じ職業を示すと思われるものが日本版 O-NET の職業名に含まれているかを調べた。さらに、職業名がデータベースに含まれていた場合、該当職業の日本版 O-NET での興味の数値情報をみて、上位 2 つに該当する興味領域を特定した[4]。この結果、「職業レディネス・テスト」の 54 項目の中から選定さ

4　日本版 O-NET に記載されている職業名は定期的に更新され、職業が追加されている。本研究が参照したのは 2020 年 4 月 20 日更新の簡易版数値系ダウンロードデータ version1.8 で、当時439 職業の情報が掲載されていた。その後、1 職業（メイクアップアーティスト）が追加されたので、それを含めて 440 個の職業を対象とした。

れた項目を領域別にまとめたものが図表 2-4 である。

　図表 2-4 では、最初の列から順に、各項目が該当する興味領域、「職業レ
ディネス・テスト」での項目番号、手引に記載されている項目内容に対応づ
けられた職業名、項目内容、日本版 O-NET で対応すると思われる職業名、
日本版 O-NET の興味の数値情報の高い順からみた上位 2 領域が示されてい
る。

　項目番号に＊が記載されているものは、7 項目版としたときには含めるが
6 項目版としたときには含めない項目であることを示す。また、「職業レ
ディネス・テスト」で示されている職業名に対応するものが日本版 O-NET
に掲載されていなかった場合には「日本版 O-NET 職業名」の欄は「該当な
し」とし、職業名の「店長」のように、日本版 O-NET では複数の職業名に
対応し、1 つの職業に決められない場合には「複数該当」という記載をして
いる。

　なお、「職業レディネス・テスト」のうち、R 領域（現実的領域）、I 領域
（研究的領域）、A 領域（芸術的領域）の項目は、日本版 O-NET の対応職
業と上位領域が一致しているが、S 領域（社会的領域）、E 領域（企業的領
域）、C 領域（慣習的領域）の項目については、一部、日本版 O-NET に該
当する職業の興味の上位領域と一致していないものがある。「職業レディネ
ス・テスト」は、Holland による職業興味領域のコードを基本として、6 つ
の領域の概念のうち、その職業の職務に最も特徴的と考えられる領域に項目
を対応づけている。他方、日本版 O-NET の興味の数値情報は、就業者にそ
れぞれの興味領域がその仕事に合っているかどうかを回答してもらい、算出
された平均値である。このようなことから、一つの特定領域への強い関心が
必要な専門性が高い領域に関しては評価が一致するが、主要な職務のほかに
対人的な要素が求められるなど、複数の興味領域の要素が含まれる職業につ
いては評価が分かれてしまう可能性がある。このことから、測定された興味
の特徴を具体的な職業名と関連づける時には、この対応関係をどのような方
式（ロジック）で導くかという点を、明確にしておく必要があることが明ら
かになった。

図表 2-4　職業レディネス・テストから選択された 7 項目

領域	項目番号	職業名	項目内容	日本版 O-NET 職業名	O-net 上位コード
R	25	建設機械オペレーター	工事現場で、ブルドーザーやクレーンを運転する	建設機械オペレーター	RS
	37	自動車整備工	自動車のエンジンやブレーキを調べて、修理する	自動車整備士	RI
	13	建築大工	木材を加工し、組み立てて、家を建てる	大工	RS
	1	機械組立工	部品を組み立てて機械を作る	生産用機械組立	RC
	43	航空機整備士	飛行機が安全に飛べるように、点検や整備をする	航空整備士	RC
	49	漁師	船に乗って、魚や貝などの漁をする	沿岸漁業従事者	RI
	19*	消防士	火事の現場に駆け付けつけ、逃げ遅れた人を助けたり、消火活動を行う	消防官	RS
I	50	科学研究者	大学や研究所で、科学の研究をする	該当なし	
	38	薬学者	新しい薬を開発する	薬学研究者	IR
	26	研究者	新しい理論を考えて、調査や実験でそれを確かめる	該当なし	
	8	科学試験分析員	環境をよくするために大気や水の汚れを測定し、分析する	分析化学技術者	IR
	44	学芸員	博物館などで、歴史・民俗などの資料を集め、研究する	学芸員	IS
	2	古生物学者	古い地層から化石や骨を集め、恐竜や昔の生き物の生活を調べる	該当なし	
	14*	植物学研究者	農業試験場で、農作物の品種改良の研究をする	該当なし	
A	51	イラストレーター	雑誌やパンフレットなどにイラストをかく	イラストレーター	AI
	45	服飾デザイナー	洋服やアクセサリーのデザインをする	ファッションデザイナー	AE
	15	商業カメラマン	人物や風景、物の写真をとり、雑誌やポスターに発表する	商業カメラマン	AR
	3	インテリアデザイナー	家具や照明など、部屋のインテリアのデザインをする	インテリアデザイナー	AR
	33	Web デザイナー	インターネットのホームページのデザインをする	Web デザイナー	AR
	39	作曲家	曲を作ったり、編曲したりする	該当なし	
	21*	シナリオライター	テレビドラマや映画のシナリオを書く	該当なし	
S	28	看護師	患者の体温や血圧を測ったり、入院患者の世話をする	看護師	SR
	34	介護福祉士	家庭を訪問して、お年寄りや体の不自由な人の世話をする	訪問介護員	SC
	4	保育士	保育園で乳幼児の世話をしたり、いっしょに遊んだりする	保育士	SA
	22	ホテルフロント係	ホテルで、宿泊客の受付や、案内などのサービスをする	フロント（ホテル・旅館）	SC
	52	航空客室乗務員	飛行機の中で、乗客にサービスをする	客室乗務員	SC
	16	旅行会社添乗員	ツアー旅行に同行し、宿や観光の手配など参加者の世話をする	ツアーコンダクター	SE
	46*	児童相談員	悩みをもつ子どもやその家族からの相談にのり、援助する	児童相談所相談員	SE
E	41	会社社長	社長として、会社の経営の仕事にあたる	会社経営	ES
	47	店長	店長として、商品の仕入れや販売方法を工夫し、売上を伸ばす	複数該当	
	5	商店経営者	自分の店を経営する	該当なし	
	17	販売促進員	客を集めるため、広告や催し物などを企画する	広報・PR 担当	SE
	11	放送ディレクター	テレビやラジオの番組を企画し、番組づくりを取り仕切る	放送ディレクター	SE
	35	アナウンサー	ニュースを読んだり、テレビやラジオの番組の司会をする	アナウンサー	SA
	53*	営業課長	流行しそうな商品を仕入れ、売り出しの方法を考える	商品・企画開発	SE
C	18	庶務係事務員	文字や数字を、書類に正確に記入する	総務事務	CE
	12	経理事務員	帳簿や伝票に書かれた金額の計算をする	経理事務	CE
	6	コンピュータ・オペレータ	文字や数字を、コンピュータに入力する	該当なし	
	54	給与事務員	従業員の毎月の給料を計算する	人事事務	CS
	48	一般事務員	会社で書類のコピーをとったり、電話の取次ぎをする	一般事務	CS
	24	銀行出納係	銀行で現金を支払ったり、受け取ったりする	銀行窓口事務	SC
	30*	行政書士	依頼に来た客に代わって、役所へ出す書類を作成する	行政書士	SE

149

⑶　**信頼性の検討**

　以上が図表 2-4 に示した項目の説明であるが、続いて、各領域の項目数に関する信頼性の検討を行った。図表 2-4 における各領域の 7 項目と＊印の項目を落とした 6 項目でそれぞれクロンバックの α 係数を算出した結果を図表 2-5 に示す。

図表 2-5　6 項目版と 7 項目版の信頼性の検討（クロンバックの α 係数）

	R 領域	I 領域	A 領域	S 領域	E 領域	C 領域
6 項目版	.850	.851	.839	.788	.812	.848
7 項目版	.863	.874	.854	.816	.841	.864

　どちらの項目数でも信頼性係数としてはおおむね高い値が得られたが、S 領域において 6 項目版では α 係数が .80 に届かないため、7 項目版の方が信頼性は高くなる。S 領域の信頼性を上げるため、項目の入れ替えを行ってみたが、最初に選定された項目の信頼性が高く、領域のバランスもよいと判断した。そこで本研究では、「職業レディネス・テスト」の項目のうち全ての信頼性係数が .80 以上となる 7 項目版で尺度を構成した。その結果、テスト全体の項目数は 42 項目となった。

第 3 節　職業情報のデータベースの検討

1　日本版 O-NET の職業興味の数値情報の特徴

　職業興味の結果と紐づけるための職業のデータベースとして、厚生労働省の Web サイトに掲載されている日本版 O-NET の職業名を用いることは前述のとおりであるが、職業興味の結果から職業名を表示するためには、職業興味と職業名を関連づけるための具体的な方式（ロジック）が必要となる。そこで、最初に、日本版 O-NET のサイトからダウンロードできる職業情報のデータベースを用いて、各職業の職業興味の数値情報を検討することとした。日本版 O-NET に掲載されている職業名やダウンロードできる職業リストの情報は定期的に更新されているが、本研究では 2020 年に掲載されてい

た 440 個の職業の職業興味に関する数値情報を用いた。前節でも述べたように、興味の数値情報は RIASEC の 6 領域の各説明について、就業者がその職業に「合っている」～「合っていない」までの 5 段階で評価した回答を 5 点から 1 点で採点した平均値（小数点以下第 3 位まで表示）である。

ダウンロードデータに掲載されていた職業全体を対象とし、興味の数値情報を用いて各領域の得点による平均値や分布等の傾向を検討した。図表 2-6 に、興味の各領域別にみた全職業の平均値、標準偏差、最大値、最小値を算出した結果と、数値情報が 4.0 以上の職業数、平均値以上の職業数、6 領域中、該当領域が 1 位になった職業が全体（440 個）に占める割合を算出した結果を示す。

図表 2-6 のうち、各領域の平均値をみると、得点の範囲が 1 から 5 点までの場合、平均は 3 点となるが、S 領域や R 領域はやや高めであり、逆に A 領域は 3 点未満であることがわかる。また、最大値と最小値をみると、得点の幅が大きい領域と小さい領域があることも示されている。加えて、6 領域中、該当領域の値が 1 位となった職業数をみると、S 領域が 188 個、R 領域が 144 個でそれぞれ数が多くなっているが、逆に E 領域や A 領域が 1 位の職業はそれぞれ 16 個、23 個と少なく、領域ごとに該当職業数に大きなばらつきがみられた。

このようにこの時点の日本版 O-NET の職業に関しては、興味得点からみ

図表 2-6　興味領域別にみた職業の数値情報の特徴

領域	平均値（MEAN）	標準偏差（SD）	最大値	最小値	4.0 以上の職業数	平均値以上の職業数（4.0 以上のものも含む）	6 領域中、該当領域の値が 1 位の職業数（全体に占める割合）
R 領域	3.327	0.370	4.417	2.232	10	224	144 個（32.7%）
I 領域	3.133	0.414	4.313	2.237	11	212	42 個（9.5%）
A 領域	2.777	0.496	4.524	1.600	13	178	23 個（5.2%）
S 領域	3.457	0.473	4.900	2.350	64	207	188 個（42.7%）
E 領域	3.082	0.340	4.096	2.204	1	208	16 個（3.6%）
C 領域	3.164	0.272	4.040	2.238	1	227	40 個（9.1%）

注：各領域について同値で 1 位の職業は重複してカウント

た時、必ずしも 6 領域の特徴に該当するような職業がそれぞれ均等に含まれているわけではないことがわかった。ただ、職業興味検査の結果と対応づけるには、各職業の数値情報としては 6 領域（RIASEC）の得点を共通要素として使うことになるため、照合方法を検討した結果、「職業レディネス・テスト」で行う興味に対応した職業リストの提示の考え方にしたがって、各職業について得点が最も高い領域と次に高い領域、つまり興味得点の上位 2 領域を用いて職業を整理することにした。そして得点が 3 位以下の領域については上位領域との得点差などを検討し、検査の結果に応じた処理を検討するという方針をとった。

2 職業興味コードを用いた職業データベースの整理

⑴　各職業の興味領域コードの添付

　上記の方針に従い、まずは 440 個のそれぞれの職業について興味の数値情報が最も高い領域とその次に高い領域について、興味領域コード（RIASECを用いる）をつける作業を行った。ダウンロードした興味の数値情報に興味領域コードをつけた 10 職業の例を図表 2-7 に示す。なお、職業によっては複数の領域が同値の場合もあった。図表 2-7 の例で言えば、収録番号 NO.4の「和菓子製造、和菓子職人」のように、1 位は R で決まるが、2 位と 3 位がS と C で同値の場合である。このような場合には、RSC と RCS という 2つのコードをつけるようにした。

　ダウンロードした全ての職業について基本的に 2 文字からなる興味領域コードが振られた段階で、これまで当機構で開発してきた「職業レディネス・テスト」も含めた職業興味検査の結果と紐づけられている職業の持つ興味領域コードと、今回の日本版 O-NET の職業につけられた興味領域コードがどの程度一致しているかを調べる確認作業を複数の研究担当者で行った。これは、前節の図表 2-4 の一番右の欄の説明でも述べたように、日本版O-NET の興味の数値情報による第 1 領域及び第 2 領域と「職業レディネス・テスト」のような検査の結果と関連づけられている職業の興味領域コードでは判断の基準が異なるので、必ずしもコードが一致しない場合がみられるためである。

図表 2-7　日本版 O-NET のダウンロードデータの興味領域別得点（10 職業の例）

収録番号	職業名	現実的	研究的	芸術的	社会的	企業的	慣習的	上位 2 領域コード
		R	I	A	S	E	C	
1	豆腐製造、豆腐職人	2.743	2.771	2.629	2.657	2.657	2.686	IR
2	パン製造、パン職人	3.473	3.436	3.255	3.309	3.000	3.236	RI
3	洋菓子製造、パティシエ	3.345	3.000	2.945	3.236	2.836	3.455	CR
4	和菓子製造、和菓子職人	3.456	3.018	2.877	3.105	2.912	3.105	RSC, RCS
5	乳製品製造	3.575	3.050	2.650	3.175	2.975	3.350	RC
6	水産ねり製品製造	3.622	2.892	2.541	3.162	2.838	3.459	RC
7	冷凍加工食品製造	3.476	2.810	2.595	3.286	2.857	3.333	RC
8	惣菜製造	3.426	2.508	2.295	3.131	2.639	3.443	CR
9	清酒製造	3.553	3.105	2.789	3.158	3.026	3.211	RC
10	みそ製造	3.304	3.000	2.543	3.022	2.935	3.196	RC

　確認の結果、専門的、技術的な要素が高い職業についてはコードの記号は一致するものが多いが、それ以外の職業についてはコードが一致しないケースもみられることがわかった。ただ、日本版 O-NET の職業に関して、1 位と 2 位の興味領域コードを入れ替えてみると当機構で開発した既存の検査で示していた興味コードと一致する職業も多くなるので、職業興味検査の結果との紐づけに関しては、日本版 O-NET に掲載されている職業興味の数値情報の上位 2 つの領域をそのまま用いることにした[5]。

⑵　上位 2 領域による興味領域コードづけによるデータの整理

　日本版 O-NET からダウンロードした 440 個の職業について、興味の領域別に上位 2 領域でコーディングして整理したものが図表 2-8 である。

　上位領域のコードをつけるにあたっては、例えば、R 領域と I 領域が同値で 1 位の場合には RI と IR で重複して数えている。また、2 位についても複数の領域が同値で決められない場合には同じように重複して数えているの

5　日本版 O-NET の興味の数値情報をそのまま用いてコーディングする方式をとることにより、今後、職業名の追加及び数値情報の更新が生じた時に、職業と領域の紐づけを自動的に行なうことができる。

で、全部の職業数の合計は 440 よりも多く 471 個となっている。

図表 2-8　興味領域コード（上位 2 領域）による職業情報の整理

R領域		I領域		A領域		S領域		E領域		C領域	
上位2位のコード	職業数	上位2位のコード	職業数	上位2位のコード	職業数	上位2位のコード	職業数	上位2位のコード	職業数	上位2位のコード	職業数
RI	37	IR	31	AR	8	SR	41	ER	1	CR	17
RA	12	IA	2	AI	5	SI	30	EI	1	CI	2
RS	40	IS	6	AS	7	SA	14	EA	2	CA	0
RE	8	IE	2	AE	3	SE	49	ES	14	CS	18
RC	54	IC	3	AC	1	SC	59	EC	0	CE	4
計	151	計	44	計	24	計	193	計	18	計	41

※上位領域が同点の場合は重複して数えている。

第 4 節　興味検査の結果と職業名の連結

1　職業リスト作成の基本方針について

　興味検査項目の決定とデータベースに含まれる各職業の興味領域コードの付加に続いて、興味検査の結果に照らしてどのような職業名を表示するか、すなわち職業リストの作成方式に関する検討を行った。

　興味検査の結果では各領域の得点が 0 点から 14 点の範囲をとる。この得点の高低で上位 2 領域が明確に決まる場合もあるが、6 領域全部の得点が全て低かったり、全て高かったり、あるいは平均的なレベルでほとんど差がないようなパターンも考えられる。上位 2 領域が確定する場合には、職業リストは上位 2 領域のコードで表示するものを選択すればよいが、領域が明確に決まらない場合には、興味領域コードに基づいた職業リストの作成が不適切になる可能性がある。したがって、このようなケースの場合には職業興味が分化していないと捉えて、具体的な職業名と関連づけることには慎重になる必要がある。ただ、本研究で検討しているツールは、Web 上で提示されている職業の検索のための入り口あるいは手がかりとして用いるという位置づけになるため、できるだけ何らかの形で具体的な職業に紐づけるという処理を考えることにした。

154

　そこで、回答者の職業興味の得点状況により、職業リストの作成の方式として次の 4 つのパターンを考案した。すなわち、①6 領域全体が低得点の時、②6 領域全体が高得点の時、③6 領域全て同点の時（ただし①と②の場合を除く）、④上記の①〜③以外、である。

　なお、このパターン分けを検討するにあたっては、日本版 O-NET に掲載の職業を含む 504 の職業に就業している人たちを対象として Web 調査によって集めたデータを分析し、その結果を参考にしている。この調査には「職業レディネス・テスト」の全項目が含まれており、対象となった就業者のデータ数は 11,384 名である[6]。以下、それぞれのパターン別の処理のポイントを説明する。

2　職業リストの作成方式

(1)　6 領域全体が低得点の時

　通常の場合、職業興味検査を実施した時、全ての項目に対して「やりたくない」という回答があった場合や、どの領域に対しても肯定的な回答がほとんどみられない場合には、その検査の実施によって明らかにされる特徴はなかったということになる。強いて言えば、どのような職業に対してもやる気や興味がみられないことが明らかになったという結果ではあるが、このような場合には、実施した検査が受検者に合っていなかった、検査の実施そのものに抵抗感があった、回答者が真剣に回答していなかったなどの可能性が考えられる。そこで、各領域の得点がそれぞれ 1 点以下で「やりたい」が 1 項目もないケースにおいては、職業のリストを作成して提示することは適切ではないと考え、興味以外の価値観や能力などの別の側面から職業の検索方法を考えるか、もう一度検査をやり直して、少しでも興味を持てるものを再確認してもらうことを示唆するようなコメントを提示する。

　なお、全体にどの領域も低得点となるパターンの出現可能性を検討するため、就業者の Web 調査において 6 領域の各合計得点が全て 0 点、1 点とい

6　この調査は 2021 年 2 月に各職業の就業者の適性把握を目的として実施された。504 の職業の就業者について最低 20 名のデータを収集することを目標として実施されたものである。調査結果は今後分析の上、公表する予定である。

う低得点だった人の割合を算出したところ、11,384 名中 164 名（1.44%）となった。

(2)　6領域全体が高得点の時

このケースは「やりたい」という回答がどの領域でも多く、6 領域が全て 12〜14 点になっているパターンである。このような場合は、職業興味は高いとしても(1)のパターンと同様に、興味検査の結果から職業を検索することに対する手がかりが発見できない状態である。つまりどのような職業に対しても「やりたい」という回答が多く、興味が分化していない状態であるため、興味を手がかりとして職業を検索することは適切ではない。ただ、いろいろな職業に対して「やりたい」という気持ちや意欲を持っていることは示されているので、職業のデータベースの中からどの興味領域に対しても得点が高くなっている職業を選ぶこととした。具体的には各職業の興味 6 領域の数値情報の合計点を算出し、440 個の職業を並べ替えて、全体の 80% 以上の高得点にあてはまる職業を抽出した。さらに、興味の 6 領域の数値情報の得点が、それぞれの領域の平均値を上回る職業のみを選んだ。その結果、今回扱った 440 職業のうち 26 職業が該当することがわかった。

なお、11,384 名のデータのうち、各領域の合計点がそれぞれ 12 点から 14 点の高得点を示したデータを集計したところ、28 名（全体の 0.25%）が該当し、この処理方式を適用する可能性はとても少ないと考えられる。

(3)　6領域全て同点の時　（パターン(1)と(2)の場合を除く）

このような結果となった場合には全ての得点が低かったり高かったりするケースと同様に、6 領域に対する興味が分化していないと考えられ、この場合も特定の職業興味に関連づけてリストを作成することは適切ではないと判断されるケースである。ただ、職業検索の入り口としての検査の役割を考え、何らかの形で関連する職業を提示する方法が作れないかを検討した結果、同点となった得の水準と、6 領域の得点のばらつきが小さいという 2 つの条件を考慮して職業のリストを作成することとした。つまり、回答者の 6 領域の得点のレベルに合致した職業のうち、6 領域間の得点のばらつきが

小さい職業を選ぶという考え方になる。具体的には各領域の得点を5段階の
レベルに分け、回答者のレベルに一致した職業の中から領域間の興味得点の
差が小さいものを選んで表示するという処理方式を採用した。

　なお、領域の得点が2点から11点の間で全て同点という回答結果になっ
た人は11,384名中44名（0.39％）であり、上記(2)と同様に、このような処
理方式をとる可能性はとても少ないと言える。

(4)　前述の(1)から(3)以外の時

　(1)から(3)以外の得点のパターンでは、興味の6領域に関して得点の差がみ
られ、全体に高かったり低かったりしないパターンということになる。この
ような場合には、6領域中、興味が高い領域を見つけられるので、職業につ
けた興味領域コードを活用して検査結果に対応した職業のリストを作成する
ことができる。ただ、そうであるとはいっても、回答結果によっては興味の
6領域の上位2領域がはっきりと決まる場合と同点の領域が複数あって上位
2つが決まらないケースも含まれる。例えば前述の(1)から(3)の条件に該当し
なければ6領域中5領域が同点であってもパターンとしては(4)に含まれるこ
とになる。そこで、(4)の条件に該当した場合でも、いくつかのパターン分け
を行い、明確に上位2領域が決まる場合にはその2領域に関連する職業を提
示し、上位2領域が決まらず同点が複数の領域である場合には、回答者自身
に領域を選択してもらう方式をとることにした。例えば、上位1位の領域は
決まるが、2位と3位が同点で決まらない場合、それぞれの興味領域の説明
を示し、どちらの領域に関連した職業を調べたいかという点を回答者自身に
判断してもらうことになる。

　このような形で、(4)においては興味検査の結果から上位2つの領域を絞
り、職業リストを作成し提示することになる。リストの作成にあたっては上
位2領域については順不同とし、例えばR領域が1位、I領域が2位である
場合、対応する職業の興味領域コードはRIとなるが、1位と2位が入れ替
わったIRに該当する職業も含めることとした。興味に関する数値情報で
も、個人の興味検査の結果でも、わずかな得点差で順位づけされていること
がある。また、興味の組み合わせによってはそれに該当する職業数が少な

く、1位と2位を入れ替えた方が提示できる職業数を増やすことができる場合もあった。そのため、上位2領域については順位を限定しないで両方の興味に関連する職業のリストを提示することにした。加えて、上位1位と2位を入れ替えた職業を合わせても職業数がかなり限定されるものもある。そのような場合には3位までにその領域が含まれる職業などを加えるなど、条件の幅を広げて一定数以上の職業数が提示されるような方式を検討した。この結果、各組み合わせで示される職業数の最小は17個、最高は71個となった[7]。

第5節　まとめ

　本章では、「職業レディネス・テスト」を素材として比較的簡易に職業興味を測定し、それを日本版 O-NET に掲載の職業に関連づけるような Web 版の職業興味評価ツールの作成について検討した結果をまとめた。締めくくりにあたって本章で扱った内容についての留意点を3点挙げておきたい。

　第1点は、本章はツール開発の考え方と内容に限定してまとめられているという点である。本研究の実施にあたり、ツールの構造化にあたっては、興味検査の結果の表示方法やコメント等についても原案となる内容は固められている。ただ、最初に述べたとおり、本研究では Web 上で実際に動作するようなツールのシステム化までは行っていないので、Web 上での検査の提示方法や教示の内容、興味の結果のプロフィールなどの表示の仕方やコメント、職業リストの作成に関するコメントや表示方法などについては具体的に記載していない。これについては Web 上にツールが組み込まれる段階で変更される可能性もあるため、本章では検査内容とロジックの基本的な考え方の記述にとどめておいた。

　第2点は、興味検査と紐づけられる職業情報のデータベースの更新に関する問題である。本研究では、職業興味の数値情報等に関して440個の職業に限定して分析している。ただ、今後、職業情報に関する定期的なデータベー

7　上位2領域を入れ替えた形で職業リストを作成する場合、該当する職業数が多くなりすぎるような場合には、各領域の平均値等も考慮して職業数を絞り込む条件も設定した。

スの更新に伴い、検索対象となる職業数も変わっていくことになる。したがって、興味領域との合致に関して検索される職業を更新していくためには、追加された職業の興味に関する数値情報により興味領域コードの付加などの措置が必要になる。ただ、これは職業情報が追加される都度、実施できるかどうかは不明であるため、その時点でデータベースに入っている全職業が興味検査の結果に連結して検索できるとは限らないという点に留意する必要があると言えるだろう。

　第3点は、本研究で検討したツールの役割と利用上の限界についてである。本研究では Web 上で利用できる簡易な職業興味検査を構成し、その結果を日本版 O-NET の職業情報と紐づけるという考え方でツールを構築した。このツールが実用化されれば、ツールの利用は興味を手がかりとして具体的な職業を参照できるという点で一定の意義を持つものであると考える。

　ただ、職業との照合方法の節でも述べたように個人の職業興味の結果には様々な回答のパターンがある。その点からみると、回答によっては本来、具体的な職業名と関連づけられないようなケースもある。今回は職業検索の入り口あるいは手がかりとして興味検査を位置づけたので、検査の結果、職業名が1つも提示されないというパターンは可能な限り少なくするという考え方をとったが、特定の興味領域に職業を具体的に関連づけられないような場合に、利用者が一定の条件に基づいて提示された職業をどのように受け止めるのかは非常に気がかりな点である。職業興味検査も含めた適性検査のようなツールは、できれば職業相談機関や学校など傍らに結果を説明したりアドバイスを与えてくれるような専門家がいるような環境での利用が望ましい。Web 上での利用はそのような条件が期待できないため、本人にとって不本意だったり意外だったりする職業リストが提示された時の受け止め方の可能性を慎重に考える必要がある。その点については結果に合わせて提示するコメントの内容や表示方法の工夫が不可欠であると考えている。

引用文献

日本労働研究機構（1992）.「コンピュータによるキャリア・ガイダンス・システムの現状と展望」日本労働研究機構、資料シリーズ、No.19.
松本真作・松本純平（1991）. CHOICES：カナダ雇用移民省の適職探索システム－その機能と現状

－　日本労働研究機構　研究紀要、1、73-88.
室山晴美（1992）．アメリカ、ドイツ、イギリスの職業指導、適職探索システムの概観　日本労働研究機構　研究紀要、3、13-28.
室山晴美（1996）．コンピュータ援助型のキャリアガイダンスシステムの開発とその利用－英国における包括的キャリアガイダンスシステム：PROSPECT（HE）を中心として－　日本労働研究機構　研究機構、11、1-16.
室山晴美（1997a）．自己の職業興味の理解が職業情報の検索に及ぼす効果　日本労働研究機構　研究紀要、13、1-15.
室山晴美（1997b）．自己の職業興味の理解と進路に対する準備度が職業情報の検索に及ぼす効果　進路指導研究、18、17-26.
室山晴美（1999）．若年者のための職業能力評価尺度の作成　日本労働研究機構　研究紀要、17、105-114.
室山晴美（2000）．コンピュータによる職業適性診断システムの開発　日本労働研究機構　研究紀要　19、27-38.
室山晴美（2002）．コンピュータによる職業適性診断システムの利用と評価　教育心理学研究、50、311-322.
労働政策研究・研修機構（2002）．「VPI職業興味検査［第3版］手引」　日本文化科学社.
労働政策研究・研修機構（2006）．「職業レディネス・テスト［第3版］手引」　雇用問題研究会.
労働政策研究・研修機構（2014）．「キャリア・インサイト利用の手引」　雇用問題研究会.
労働政策研究・研修機構（2020a）．「職業情報提供サイト（日本版O-NET）のインプットデータ開発に関する研究」　JILPT資料シリーズ、No.227.
労働政策研究・研修機構（2020b）．「職業レディネス・テストの改訂に関する研究―大学生等の就職支援のための尺度の開発―」JILPT資料シリーズ、No.230.
Holland, J. L. (1973). Making Vocational Choices. Psychological Assessment Resources, Inc.
Muroyama, H. (2004). Development of a Computer-assisted Career Guidance system. Japan labor Review, 1(1), 68-76.

第3章 価値観評価ツールの検討と整備

室山　晴美

第1節　はじめに

1 本研究の目的

　職業選択を考える時、能力や興味の一致とあわせて検討される適性の要因に価値観がある。仕事や働くことに関する価値観の概念には、個人がその仕事を通して実現したいと考える目標、理念、自己実現のあり方という観念的な要素のほかに、理想とする生活スタイルや働き方のような具体的な就労条件に関わる要素も含まれる。そのため、実際に就職先を探す時には、できること、やりたいことという視点のほかに、仕事に何を求めるのか、どのように働きたいのかという価値観は、仕事選びにおいて欠かすことのできない重要な条件の一つとしてみることができるだろう。

　ところが、特に若年者などのように初めて就職活動を行う場合には、どのような条件を考えて就職先を選んだらよいのかわからないという者も少なくない。そこで、労働政策研究・研修機構では、大学生等の高等教育課程の若者及び就業経験の少ない若者を対象として、従来の「職業レディネス・テスト」に追加して実施できる簡易なツールの開発を行った[1]。この検査には、仕事に対する価値観の概念を反映した「仕事選び基準尺度」や、仕事の上での適応に関連する性格特性の一部を測定する「基礎的性格特性尺度」、働くことについての心構え等を確認する「基礎的生活特性尺度」が含まれている（労働政策研究・研修機構，2020a）。

　本章では、仕事に関する価値観の概念で構成されている「仕事選び基準尺度」の作成方法及び若者の仕事に対する価値観の傾向を紹介する。その上

---

[1]　この研究は「職業レディネス・テストの改訂に関する研究」（外部委員3名、当機構研究員等の内部委員6名の委員会形式で実施）の一環として実施された。

で、「仕事選び基準尺度」で捉えられている価値観の特徴を職業情報に関連づける方法について現時点で検討していることを今後の課題としてまとめる。

2 研究の背景

職業適合性に関する定義を示したスーパー（Super, D. E.）によれば、職業適合性（Vocational Fitness）には大きく能力（Ability）とパーソナリティ（Personality）の2つの要因が含まれ、価値観（Value）は職業興味（Interest）とともにパーソナリティの要因に含まれる特性として位置づけられている。そして Super は、仕事に関する価値観を測定するための検査として Work Values Inventory というテストを作成している（Super, 1968, 1970）。この尺度は米国の12歳から18歳（第7学年から第12学年）の生徒や大学等の高等教育課程の学生、成人を対象としている。検査は各3項目を持つ15下位尺度、全体で45個の項目で構成されていて、仕事との関わり方や考え方に関する短い文章を読み、それについて重要だと思うかどうかを5段階で評価する方式である[2]。

そして、Super 以降、仕事に関する価値観については日本においても様々な尺度が構成されてきた。過去に行われた価値観尺度に関する膨大な研究の詳細をここで整理し取り上げることは本稿の趣旨から逸れてしまうため、以下には「仕事選び基準尺度」で扱う概念設定に関連する労働政策研究・研修機構の関連研究について紹介しておく。

過去に行われた労働政策研究・研修機構の価値観尺度の研究としては、「職業レディネス・テスト」の最初の版が開発された時の職業観についての研究がある。これは、仕事を選ぶ際の考え方としてどのような職業観を持っているかを測定するための尺度として作成され、当時は「職業レディネス・テスト」の中に組み込まれることが検討された。この尺度は「選職観」と称

2　15下位尺度の内容は以下のとおりである。1. Altruism, 2. Esthetics, 3. Creativity, 4. Intellectual Stimulation, 5. Independence, 6. Achievement, 7. Prestige, 8. Management, 9. Economic Returns, 10. Security, 11. Surroundings, 12. Supervisory Relations, 13. Associates, 14. Variety, 15. Way of Life.

され、8つの概念で構成されている[3]。その内容は、「奉仕性」、「自己実現性」、「自己顕示性」、「経済性」、「自己中心性」、「不満耐性」、「選択の自立性」、「転職観」となっている[4]。

　さらにその後、労働政策研究・研修機構では、仕事を選ぶ時の条件の重視度を通して、仕事に対する価値観を調べるための簡易なテストを開発した。これは「価値観評価」の尺度として、PCを用いたキャリア・ガイダンスシステムである「キャリア・インサイト」の適性評価ツールに組み込まれている（労働政策研究・研修機構，2013）。この「価値観評価」では、仕事を選ぶ時に関わる条件として「達成感」や「社会への奉仕や貢献」などの21個の項目が提示され[5]、それをどの程度重視するかを「非常に重視する」から「全く重視しない」までの5段階で利用者に回答してもらう。結果としては、全項目に対する個々の重視度とともに、回答全体を総合した上で「仕事重視」、「会社重視」、「環境重視」という3つの要素のどれを重視する傾向があるのかという観点からコメントが提示される。なお、この尺度では1つの概念を1項目のみで評価するので、尺度としての得点を算出するような構成にはなっていない。

　「仕事選び基準尺度」の作成にあたっては、尺度の内容を具体的にどのような構成概念で固めたらよいのかを、「職業レディネス・テスト」の開発時に行われた「選職観」を構成する概念、「キャリア・インサイト」の価値観に含まれている概念、価値観に関する過去の調査結果等についても考慮して検討した。その結果、「仕事選び基準尺度」で測定する価値観の構成概念としては、「自己成長」、「社会貢献」、「地位」、「経済性」、「仕事と生活のバランス」、「主体的進路選択」の6つを取り上げることとした。「仕事選び基準尺度」を構成する6つの概念が示す内容を図表3-1に示す。

　この概念のうち、「自己成長」、「社会貢献」、「地位」、「経済性」は類似し

3　この記述は労働政策研究・研修機構の前身である職業研究所により1971年に作成された資料に基づいている。ただ、最終的にはこの尺度は「職業レディネス・テスト」に実装されるには至らなかった。

4　各概念の詳細は、労働政策研究・研修機構（2020a）を参照のこと。

5　キャリア・インサイトの価値観評価では18歳から34歳の若年層対象の場合は21項目、35歳以降のミドルキャリア層対象の場合には25項目が用いられる。

図表 3-1 「仕事選び基準尺度」の構成概念

構成概念	概念が示す内容
自己成長	自らの能力や興味を発揮できる職業を選択し、仕事を通して自分自身を向上させることに関心をもつこと。
社会貢献	職業を通じて国や地域社会などの多くの人々のために役立ち、貢献するような活動に関心をもつこと。
経済性	職業に就くことによって得られる収入、生活の安定、経済生活の向上といった点を重視すること。
地位	上昇志向が強く、仕事で成功して、高い地位を獲得することを志向すること。
仕事と生活のバランス	仕事と仕事以外の生活を切り離して考え、どちらかに偏ることなく時間を使うことを志向すること。
主体的進路選択	職業を選択するとき、周囲の人の考えや意見よりも、自分自身で積極的に選ぼうとする傾向が強いこと。

た概念が「選職観」にも「キャリア・インサイト」の価値観評価ツールにも共通に含まれており、これらはこれまでに行われてきた多くの仕事上の価値観に関する研究でも共通に取り上げられている概念である。また、「仕事と生活のバランス」は、「キャリア・インサイト」の価値観評価ツールの項目に含まれている労働条件に関わるいくつかの要因を合わせたような概念であり、「主体的進路選択」は「選職観」に含まれている概念である。この2つは特に若年者における仕事と生活に関する態度的側面や仕事や進路の選び方の特徴をみる上で有効ではないかと考え、構成概念に含めることとした。

「仕事選び基準尺度」を構成する概念が定まったところで、次の段階として、それぞれを測定する具体的な尺度作成のプロセスに進んだ。

第2節 「仕事選び基準尺度」の作成

1 尺度作成のための調査の実施と目的

「仕事選び基準尺度」に含める6つの概念が決まったところで、これらの概念を測定するための尺度構成を目的として、調査によるデータ収集と分析が行われた。なお、「仕事選び基準尺度」は高等教育課程等の在学者や30代前半程度の若年層に対して、「職業レディネス・テスト」に追加して行うこ

とを想定するものである。そこで、作成にあたっては、単体で実施するテストよりは項目数を若干少なくすることによって、受検者の負担を減らすことを考慮しながらも、一定以上の信頼性が担保される条件が満たされるような項目数が検討された。

2　方法

(1)　データ収集の条件と分析の対象者

　尺度構成のための調査は「職業レディネス・テストの改訂に関する研究」の一環として Web モニター調査方式により 2019 年 2 月に実施された。調査対象者は 18 歳から 34 歳までの男女各 1,200 名、合計 2,400 名である。回答者の学歴条件として高等学校卒業以上という条件を設定した。在学者であるか就業者であるかなどの現在の状況については特に条件を設けなかった。年齢については 18 歳から 20 歳、21 歳から 25 歳、26 歳から 30 歳、31 歳から 34 歳という 4 つの年齢グループを決め、各グループ別に男女それぞれ 300 名ずつの回答を得られるようにデータ収集の条件を設けた。なお、データ収集の際、回答者に高等専門学校の 2 年と 3 年の在学生が 7 名含まれていたため、これらのデータについては高等学校在学者に該当する可能性があるという理由から分析の対象から外した。その結果、全体として分析の対象は 2,393 名となった。年齢の平均値は男性が 25.95 歳（1,198 名）、女性が 25.89 歳（1,195 名）である。「回答者の現在の状況」としては、「学生」が 492 名（うち就業経験のある学生 2 名）、「現在就業中」の者は 1,330 名、「その他（失業中、無職）」が 571 名である。回答者の居住地域は特に限定していない。

(2)　調査項目の作成

　「仕事選び基準尺度」を構成する 6 つの概念について、各概念を測定するための調査項目の作成を行った。この調査は尺度作成が目的であるため、少し多めに項目案を作成し、「自己成長」と「社会貢献」には各 17 項目、「地位」、「経済性」、「仕事と生活のバランス」、「主体的進路選択」には各 15 項目の項目を作成した。項目数は全体で 94 項目となった。各項目の回答方法

は、その内容を読み、「あてはまる」から「あてはまらない」までの5段階評定で回答してもらう形式とした。得点化は「あてはまる」から「あてはまらない」までを4点から0点までの1点刻みとした。

3 結果

(1)「仕事選び基準尺度」項目全体の因子構造の検討

「仕事選び基準尺度」として作成された94項目全体を用いて最尤法に基づく探索的因子分析を行った。構成概念に合わせて因子数を6と指定してPromax法により回転を行った結果、「主体的進路選択」以外の多くの項目は当初の想定どおりの因子に分かれた。「主体的進路選択」に関する項目は独立した因子としてはまとまらず、複数の因子に分散してしまったため、この概念に関する項目だけは他の項目とは別に切り離して、項目分析を行うこととした。

「主体的進路選択」以外の79項目を用いて最尤法により因子分析を行い、因子数を5と指定して解を求め、Promax法により回転を行った結果、79項目は数個の例外はあったものの、ほぼ想定どおりの5因子に分かれた。その後、概念ごとに1つの因子に負荷量の高かった項目を取り出し主成分分析を行い、各概念について6個から8個の項目を選んだ。項目選びの際には、第1主成分への負荷量が高いというだけでなく、項目の文字数が比較的短いこと、各項目の文字数が同程度の長さであること、項目間で尋ねている内容や表現に重複が少ないことを考慮した。あわせて天井効果や床効果[6]についても検討した。

続いて「主体的進路選択」の15項目について最尤法による因子分析を行った結果、2因子が抽出された。内容からみて不適切と考えられる4項目を除いた11項目で主成分分析を行い、6項目から8項目を抽出した。

なお、上記についての分析結果の詳細は、労働政策研究・研修機構から公

---

6 天井効果は、データの得点分布が得点の高い方に偏ってしまい、変数の効果が正確に検出できないことを示す。他方、床効果はデータの得点分布が得点の低い方に偏ってしまうことを示す。天井効果は平均値+1SD（標準偏差）の値が項目得点の最大値より大きい場合、床効果は平均値-1SD（標準偏差）が項目得点の最低値より小さい場合で判断する。

表されている資料シリーズ（労働政策研究・研修機構，2020a）を参照され
たい。

(2)　各概念の信頼性係数と概念間の相関係数の算出

　各構成概念について作成した 6 項目、7 項目、8 項目版について、信頼性
係数としてクロンバックの α 係数を算出した。結果を図表 3-2 に示す。6 項
目版でも全ての構成概念に関して .80 以上の高い値が得られており、当然の
ことながら 7 項目、8 項目と項目数が増えるほど信頼性係数は高くなる。

　これとあわせて 6 項目、7 項目、8 項目で尺度を構成した時の各概念間の
相関係数を算出した（Pearson の r）。結果を図表 3-3 に示す。表中の概念
間の相関関係をみると、統計的に有意かどうかという点からみればサンプル
サイズが大きいという影響もあり、多くの尺度間で p<.001 の有意な正の相
関が得られている。そこで特に .40 以上の強い相関がみられたものを太字で
表記した。

　図表 3-3 の概念間の相関関係をみると、6 項目、7 項目、8 項目と項目数
は違っても、相関関係の傾向は 3 つともに共通している部分が多い。8 項目
版の相関係数に関して、.40 以上の正の相関が得られたものをみると、1 つ
めの「自己成長」では「社会貢献」、「地位」、「経済性」、「主体的進路選択」
の 4 つが該当する。2 つめの「社会貢献」では「自己成長」、「地位」、「主体
的進路選択」が該当する。3 つめの「地位」では、「自己成長」、「社会貢
献」、「経済性」の 3 つが該当する。4 つめの「経済性」では「自己成長」、
「地位」、「仕事と生活のバランス」、「主体的進路選択」との相関が該当する。

図表 3-2　6 項目版から 8 項目版の信頼性係数（α）

構成概念	6 項目版	7 項目版	8 項目版
自己成長	.89	.91	.91
社会貢献	.92	.93	.94
地位	.89	.90	.92
経済性	.83	.86	.86
仕事と生活のバランス	.83	.86	.87
主体的進路選択	.82	.83	.84

図表 3-3　各尺度の相関係数（Pearson の r）

項目数	概念	自己成長	社会貢献	地位	経済性	仕事と生活のバランス	主体的進路選択
6 項目	自己成長	1					
	社会貢献	.687 ***	1				
	地位	.548 ***	.594 ***	1			
	経済性	.491 ***	.342 ***	.478 ***			
	仕事と生活のバランス	.243 ***	.082 ***	-.020 ns	.437 ***	1	
	主体的進路選択	.725 ***	.456 ***	.323 ***	.491 ***	.485 ***	1
7 項目	自己成長	1					
	社会貢献	.704 ***	1				
	地位	.563 ***	.587 ***	1			
	経済性	.495 ***	.347 ***	.487 ***			
	仕事と生活のバランス	.243 ***	.090 ***	-.043 *	.429 ***	1	
	主体的進路選択	.723 ***	.469 ***	.322 ***	.489 ***	.501 ***	1
8 項目	自己成長	1					
	社会貢献	.691 ***	1				
	地位	.571 ***	.618 ***	1			
	経済性	.509 ***	.351 ***	.473 ***			
	仕事と生活のバランス	.275 ***	.089 ***	-.034 †	.474 ***	1	
	主体的進路選択	.726 ***	.439 ***	.326 ***	.518 ***	.530 ***	1

※：***…p<.001,　*…p<.05,　†…p<.10,　ns…有意水準に達していない　　※：.40 以上の値を太字で表示

5つめの「仕事と生活のバランス」では他の概念との強い正の相関がみられたものが少なく、.40 以上の正の相関は「経済性」と「主体的進路選択」のみでみられた。また、「仕事と生活のバランス」と「地位」との相関係数は8項目以外の7項目版、6項目版でも負の値となっている。6つめの「主体

的進路選択」については、「地位」以外の概念との相関係数が .40 以上となり「自己成長」、「社会貢献」、「経済性」、「仕事と生活のバランス」の4つが該当した。

　他方、上記に含まれない .40 以上の正の相関が得られなかった尺度に、「社会貢献」と「経済性」の関係、「仕事と生活のバランス」と「自己成長」、「社会貢献」、「地位」の関係、「地位」と「主体的進路選択」との関係がある。このうち「仕事と生活のバランス」と「地位」との相関は負の値であり、相関関係としては逆向きである。つまり「仕事と生活のバランス」の得点が高いほど「地位」の得点は低くなる。それ以外のものは正の相関は得られているものの、数値の大きさからみて関連はやや弱いと言える。

　以上、構成された尺度が各概念を適切に捉えているかを検討したが、概念間の相関関係については、ある程度、解釈可能な妥当な結果が示されたとみなした。仕事を中心とした「やりがい」を重視するような価値観は「自己成長」、「社会貢献」、「地位」、「経済性」の概念間の強い正の相関関係に表れている。他方で、「仕事と生活のバランス」は仕事だけではなく個人の生活でも一定の時間を確保し充実させたいという価値観を反映しているが、どちらかというと仕事上の達成を目指す「自己成長」、「社会貢献」、「地位」を志向するような考え方とは関連が弱くなっており、これも納得できる結果だと解釈した。

　このような結果から、6項目から8項目のいずれの項目数でも各尺度の一定の信頼性と内容面の妥当性は確認されたが、本研究では最終的に信頼性の高さを重視し、8項目版を採用した。「仕事選び基準尺度」として作成された 48 項目の項目内容を図表 3-4 に示す。なお、図表 3-4 には、各尺度の主成分負荷量および項目ごとの平均値（Mean）と標準偏差（SD）も示した。

図表 3-4 「仕事選び基準尺度」の構成概念と各項目内容

構成概念	番号	項目	主成分負荷量	Mean	SD
自己成長	1	職業を通して、自分を向上させていきたい	.80	2.59	1.06
	2	自分の才能を少しでも伸ばせる仕事に就きたい	.79	2.44	1.04
	3	自分の将来の目標につながるような仕事がしたい	.78	2.47	1.03
	4	仕事を通して成長できるような働き方が理想だ	.78	2.53	1.07
	5	仕事を通した自己実現は自分にとって大事なことだ	.77	2.37	1.03
	6	一生懸命に仕事をして少しでもよい成果をおさめたい	.75	2.51	1.01
	7	人生を通してずっと夢中になれるような仕事をもちたい	.74	2.64	1.06
	8	やりがいを感じられる仕事に就くことが理想だ	.70	2.70	1.02
社会貢献	1	世の中のためになるような職業を選びたい	.87	2.18	1.09
	2	何らかの形で人を支えたり、助けるような仕事がしたい	.84	2.31	1.10
	3	困っている人たちのために力を尽くしたい	.83	2.20	1.11
	4	より良い社会にしていくための仕事をしたい	.83	2.19	1.12
	5	仕事を通してなにか社会貢献ができるとよい	.82	2.30	1.16
	6	社会で必要とされていることをしたい	.81	2.22	1.13
	7	地域や社会のために自分の力を生かしたい	.81	1.98	1.18
	8	公共の福祉につながるような仕事や活動をしてみたい	.77	1.92	1.14
地位	1	仕事を選ぶ時、社会的な地位の高さは重要な条件だ	.80	1.76	1.10
	2	世間の注目を集めるような成果をあげたい	.78	1.67	1.15
	3	社会的地位の高い仕事にあこがれる	.78	1.90	1.18
	4	仕事でがんばって他の人より出世したい	.77	1.90	1.19
	5	世間的に知名度の高い会社で働けるとよい	.77	1.89	1.15
	6	会社に入ったら高い地位をめざしたい	.77	1.91	1.18
	7	仕事の世界で成功して有名になりたい	.76	1.58	1.20
	8	仕事で高い評価を受けて世間に認められたい	.76	1.98	1.15
経済性	1	高い給料の仕事に就いて、よい生活を送りたい	.79	2.61	1.08
	2	給料が高いことは仕事の意欲を高めると思う	.73	2.77	1.02
	3	仕事を選ぶ際の重要な基準は、給料の高さである	.72	2.33	1.02
	4	自分の理想とする生活を送るためには高収入は不可欠だ	.71	2.25	1.08
	5	自分がやりたい仕事でも収入が少ない場合にはためらいを感じる	.69	2.42	1.05
	6	給料が低い仕事には興味がない	.69	2.43	1.06
	7	経済的な成功は仕事をする上での大きな目標である	.67	2.39	1.09
	8	お金をかせぐことや貯めることは自分にとって大切なことだ	.64	2.92	.99
仕事と生活のバランス	1	自分の時間がとれないような働き方はしたくない	.79	3.06	.99
	2	毎日、仕事だけに追われるような人生は送りたくない	.76	3.07	1.01
	3	働くときには仕事と私生活のバランスを大切にしたい	.74	3.05	.92
	4	毎日決まった時刻に帰れるような働き方をしたい	.71	2.79	1.05
	5	仕事だけの生活は味気ない	.70	3.02	1.03
	6	どんなに忙しくても休日に仕事の予定を入れることは避けたい	.65	2.67	1.10
	7	仕事とプライベートは、はっきり区別したい	.63	2.99	1.00
	8	仕事や作業が進んでいなくても家では仕事をしたくない	.57	2.55	1.14
主体的進路選択	1	仕事を選ぶ時に大事なのは自分がやりたいと思えるかどうかだ	.72	2.86	0.95
	2	職業選択のときに一番大事なのは自分の意志だ	.70	2.80	0.98
	3	周りの人が何といっても自分が選んだ仕事に就きたい	.70	2.49	1.00
	4	自分でよく考えて進路や仕事を選びたい	.70	2.90	0.96
	5	人が決めた進路や仕事に進んでもつまらないと思う	.67	2.58	1.06
	6	仕事を選ぶ時には自分の能力が生かせるかどうかを重視する	.64	2.42	1.01
	7	やりたい仕事や、やりたくない仕事がはっきりしている	.62	2.72	1.02
	8	自分の進路は今までずっと自分の考えで決めてきた	.59	2.54	1.09

第 3 節　「仕事選び基準尺度」で測定された大学生等の仕事への価値観

第 2 節では、仕事への価値観の概念を捉えるものとしての「仕事選び基準尺度」の作成について述べたが、この尺度に対して大学生等の高等教育課程在学者に回答してもらった時の回答傾向としてはどのような特徴がみられるのだろうか。第 3 節では 2020 年に高等教育課程の在学者等を対象として行われた調査結果から「仕事選び基準尺度」に対する在学者の回答傾向を紹介する[7]。また、他の尺度の価値観項目への回答との関連性も検討し、尺度が測定している概念の妥当性についても確認する。

1 　方法

(1)　調査データについて

2019 年 2 月の尺度作成のための調査では、回答者の現在の状況については特に条件を設けず 18 歳から 34 歳で高等学校卒業以上の者としたため、分析対象とした 2,393 名のうち、就業経験のない在学者の数は 490 名となり、全体の約 2 割程度であった。そこで、2020 年の 2 月に、大学院、四年制大学、短期大学、高等専門学校、専門学校に在学している学生に限定してWeb 調査を実施した。年齢は 18 歳から 34 歳の範囲とし、男女各 600 名、合計 1,200 名のデータ収集を行った。回答者のうち「正社員」、「正規職員」としての就業経験がない者だけを取り出した結果、分析の対象は 1,161 名となった。このうち男性は 576 名、女性は 585 名である。男女別の年齢の平均値は男性が 21.43 歳、女性が 20.88 歳となった。

(2)　調査項目について

2020 年の調査項目は、2019 年に実施した調査票と基本的に同じ内容とした。すなわち調査には、「仕事選び基準尺度」のほかに、回答者の属性に関する項目、「職業レディネス・テスト」を構成する 3 つの検査全体の項目、

7　2020 年に実施された調査は、「職業レディネス・テストの改訂に関する研究」の一環として行われたものであり、「仕事選び基準尺度」に関する調査結果は職業レディネス・テストに関するデータ分析とあわせて資料シリーズとして 2022 年 3 月に公表される予定である。

「基礎的性格特性・生活特性尺度」の項目が含まれている。また「仕事選び基準尺度」との関連性をみるために、「キャリア・インサイト」の価値観項目も組み込まれている。

2 結果

(1) 「仕事選び基準尺度」の信頼性

「仕事選び基準尺度」では、「自己成長」などの6つの概念（以下、下位尺度とする）を構成する48項目に対してそれぞれ「あてはまらない」から「あてはまる」までの5段階で回答してもらった。この回答を0点から4点まで1点刻みで得点化した。各下位尺度の得点の範囲は0点から32点となる。

6つの下位尺度ごとに信頼性係数（クロンバックのα）を算出したところ、「自己成長」が .92、「社会貢献」が .95、「地位」が .90、「経済性」が .88、「仕事と生活のバランス」が .87、「主体的進路選択」が .84となり、2019年の調査と同程度の高い値が得られた。

(2) 「仕事選び基準尺度」の下位尺度の平均値

次に、下位尺度ごとに平均値（mean：以下本文中はmと表記）と標準偏差（SD）を算出した。結果を図表3-5に示す。なお、表には参考として

図表3-5 「仕事選び基準尺度」による在学者の平均値
（mean）と標準偏差（SD）

下位尺度	2019年（在学者のみ）n=490		2020年 n=1161	
	mean	SD	mean	SD
自己成長	21.81	(6.21)	24.78	(6.01)
社会貢献	19.25	(7.28)	22.98	(7.30)
地位	16.19	(6.88)	18.13	(7.37)
経済性	20.76	(5.98)	22.30	(6.09)
仕事と生活のバランス	22.99	(6.09)	25.09	(5.47)
主体的進路選択	22.48	(5.56)	24.56	(5.09)

2019 年の尺度構成の時に収集したデータのうち、就業経験のない学生デー
タ 490 名を用いて算出した値も一緒に示している。またこの平均値をグラフ
にしたものが図表 3-6 である。

　2019 年のデータで最も高かったのは「仕事と生活のバランス」（m ＝
22.99）で、2 位以下は「主体的進路選択」（m ＝ 22.48）、「自己成長」（m ＝
21.81）、「経 済 性」（m ＝ 20.76）、「社 会 貢 献」（m ＝ 19.25）、「地 位」（m ＝
16.19）となった。2020 年のデータでは最も高かったのは「仕事と生活のバ
ランス」（m ＝ 25.09）で、2 位以下は「自己成長」（m ＝ 24.78）、「主体的進路
選 択」（m ＝ 24.56）、「社 会 貢 献」（m ＝ 22.98）、「経 済 性」（m ＝ 22.30）、「地
位」（m ＝ 18.13）となった。2 つの調査のデータによる 6 つの尺度得点の傾
向をみると「仕事と生活のバランス」が最も高い点は共通していた。次は
「主体的進路選択」と「自己成長」が同程度に高く、その次に「経済性」と
「社会貢献」が位置しており、最も低いのは「地位」という順番になってい
る。厳密な順位をみれば「主体的進路選択」と「自己成長」の組み合わせと
「経済性」と「社会貢献」の組み合わせがそれぞれ 2 つの調査データで入れ
替わっているが、全体としての傾向はだいたい一致しているとみることがで
きる。

図表 3-6　「仕事選び基準尺度」による在学者の平均値のグラフ

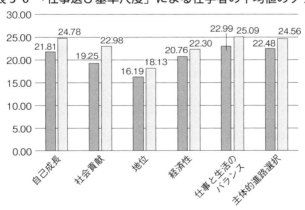

なお、全体の得点の水準をみると、2019年に比べて2020年の方がどの下位尺度でも平均値が高くなっていた。2019年と2020年の回答者の属性についてはそれぞれのデータ分析の際に確認していたが、「仕事選び基準尺度」の平均値に関して2020年の方が全体的に高いという一定の傾向がみられたので、2つの回答者の属性を比較した。2019年及び2020年の各データの平均年齢と在学している学校と学年に関する集計結果を図表3-7及び図表3-8に示す。

　図表3-7をみると2020年の方が2019年よりも男女ともに平均年齢がやや高くなっている。また2020年の方が2019年よりも標準偏差（SD）の値が大きく、特に男性のSDが大きい（SD＝2.39）。このことから、2019年よりも2020年データの方で年齢のばらつきが大きいことがわかる。さらに図表3-8をみると、全体として大学の在学者は約8割で同程度であるが、2020年の方が大学院博士前期課程の在学者の割合がやや多いこと、また、学年については2019年の方は1年生と2年生が約7割を占めるが、2020年の方は1年生と2年生を合わせた割合は約5割であり、3年生と4年生の割合が高くなっている傾向が示された。このような特徴から、2020年のデータにおいては卒業年が迫り就職を意識する時期に入っている学生が2019年よりも割合として若干多いことが考えられ、それが「仕事選び基準尺度」の価値観の平均値の高さに影響している可能性が推察された。ただ、就職の時期が迫って、仕事を選ぶ時の条件を具体的に考えるようになるということが、仕事を選ぶ時の条件全般に対する評価点を高めるのかということは明確ではないし、むしろ就職を具体的に考えるようになるほど、重視する条件と重視しない条件がはっきり分かれるようになるという可能性もある。そのため、年齢

図表3-7　2019年と2020年の調査対象者の男女別人数と年齢の平均値（mean）と標準偏差（SD）

調査年	男			女			男女計		
	人数	年齢		人数	年齢		人数	年齢	
		mean	SD		mean	SD		mean	SD
2019	254	20.58	(1.90)	236	20.25	(1.55)	490	20.42	(1.74)
2020	576	21.43	(2.39)	585	20.88	(1.74)	1161	21.15	(2.10)

図表 3-8　2019 年と 2020 年の調査対象者の在学機関と学年の内訳

所属先		2019 年　男女計							2020 年　男女計							
		1 年	2 年	3 年	4 年	5 年	6 年	計	1 年	2 年	3 年	4 年	5 年	6 年	1-6 以外	計
四年制大学	n	146	121	66	60	2	4	**399**	258	206	212	255	20	13	2	**966**
	%	**29.8**	**24.7**	13.5	12.2	0.4	0.8	**81.4**	**22.2**	17.7	18.3	**22.0**	1.7	1.1	0.2	**83.2**
短期大学	n	13	7	0	1	0	0	21	16	8	0	0	0	0	0	24
	%	2.7	1.4	0.0	0.2	0.0	0.0	4.3	1.4	0.7	0.0	0.0	0.0	0.0	0.0	2.1
専門学校	n	18	20	7	0	0	0	45	33	26	16	1	0	0	2	78
	%	3.7	4.1	1.4	0.0	0.0	0.0	9.2	2.8	2.2	1.4	0.1	0.0	0.0	0.2	6.7
高等専門学校	n	0	0	0	3	2	0	5	0	0	0	3	3	0	0	6
	%	0.0	0.0	0.0	0.6	0.4	0.0	1.0	0	0	0	0.3	0.3	0	0	0.5
大学院博士前期課程	n	0	12	0	0	0	1	13	24	43	2	0	0	0	0	69
	%	0.0	2.4	0.0	0.0	0.0	0.2	2.7	2.1	3.7	0.2	0	0	0	0	5.9
大学院博士後期課程	n	1	4	1	0	0	0	7	3	6	7	0	1	1	0	18
	%	0.2	0.8	0.2	0.0	0.0	0.0	1.4	0.3	0.5	0.6	0.0	0.1	0.1	0	1.6
合計	n	178	164	74	65	4	5	490	334	289	237	259	24	14	4	1161
	%	**36.3**	**33.5**	15.1	13.3	0.8	1.0	100.0	**28.8**	**24.9**	**20.4**	**22.3**	2.1	1.2	0.3	100.0

※男子、女子、男女計の人数に対して 20% 以上の数値を太字とした。

や学年による影響により価値観評価得点が変わる可能性があるという解釈が妥当であるかは、今後、本尺度による様々なデータ収集を通して検討する必要があるだろう。

⑶ 「仕事選び基準尺度」と「キャリア・インサイト」の価値観項目との関連性の検討

　調査では「キャリア・インサイト」の価値観評価に含まれている 25 項目の価値観項目についても重視度の度合いを 5 段階で評価してもらった。この 25 項目への回答を「重視しない（1 点）」から「重視する（5 点）」まで 1 点刻みで採点し、全体のデータを用いて「仕事選び基準尺度」の下位尺度値との相関係数を求めた。結果を図表 3-9 に示す。

　なお、「キャリア・インサイト」の価値観評価では全 25 項目は「仕事重視」、「会社重視」、「環境重視」の 3 つに分類されている。その区分を一番左の列に示した。また、各変数間の相関係数の値は大きくなくても統計的には

図表 3-9 「仕事選び基準尺度」と「キャリア・インサイト」の価値観項目との相関係数（Pearson の r）

		価値観評価項目の内容	自己成長	社会貢献	地位	経済性	仕事と生活のバランス	主体的進路選択
仕事重視	1	仕事の内容（仕事の内容は自分がやりたいことであり、興味をもって取り組めるものである）	.421 ***	.234 ***	.142 ***	.187 ***	.202 ***	.465 ***
	2	達成感（ある一定の仕事をやり遂げたときに充実感がある）	.614 ***	.460 ***	.354 ***	.223 ***	.056 †	.466 ***
	3	仕事の成果や実績を反映した処遇の決め方（年功序列ではなく、個人の成果・実績に応じて処遇を決める（給料やポストなど））	.383 ***	.272 ***	.343 ***	.327 ***	.140 ***	.351 ***
	4	取り扱いや処遇の公平さ（取り扱いや処遇において、学歴、性別、年齢等で差がない）	.381 ***	.290 ***	.195 ***	.240 ***	.279 ***	.394 ***
	5	職場の人間関係（職場において、上役や同僚、部下とよい関係を保つ）	.370 ***	.303 ***	.123 ***	.225 ***	.312 ***	.356 ***
	6	免許や資格取得の必要性・可能性（仕事を遂行するにあたり、取得した資格や今までの経験が重視され、また仕事を通じて資格を取得することができる）	.373 ***	.357 ***	.247 ***	.255 ***	.159 ***	.265 ***
	7	現在までの職歴との関連（今までの経歴やキャリアが生かせる）	.361 ***	.319 ***	.280 ***	.169 ***	.026 ns	.299 ***
	8	趣味・特技との関連（趣味や特技が生かせる）	.290 ***	.141 ***	.226 ***	.149 ***	.067 *	.317 ***
	9	仕事の継続性（仕事が会社の都合で変わるのではなく、一つの仕事に長期にわたり携わる）	.362 ***	.305 ***	.195 ***	.202 ***	.159 ***	.305 ***
	10	学問と仕事の関連（学校で学んだことが仕事に直接結びつく）	.320 ***	.316 ***	.203 ***	.147 ***	.038 ns	.285 ***
	11	独立や自営の可能性（取得した資格を駆使してスペシャリストとなり、また独立して事業を始めることができる）	.213 ***	.192 ***	.403 ***	.198 ***	-.016 ns	.173 ***
	12	社会への奉仕や貢献（自己の営利を目的とはせず、社会へ奉仕し、また貢献することができる）	.447 ***	.717 ***	.273 ***	.089 **	.008 ns	.268 ***
会社重視	1	企業ブランド（企業の知名度が高く、そこに所属していることにより高い社会的地位を得ることができる）	.257 ***	.269 ***	.608 ***	.448 ***	.124 ***	.114 ***
	2	企業規模（企業の規模が大きく、関連会社が複数ある）	.254 ***	.260 ***	.573 ***	.453 ***	.094 **	.108 ***
	3	福利厚生等の充実（住宅補助、健康管理等の福利厚生関係の制度が充実している）	.312 ***	.277 ***	.183 ***	.344 ***	.365 ***	.274 ***
	4	社会保障制度の充実（公的年金・企業年金等の制度が充実している）	.359 ***	.299 ***	.259 ***	.382 ***	.331 ***	.289 ***
	5	企業の将来性（技術力があり、環境問題に取り組むなど将来的に発展性の高い企業である）	.471 ***	.348 ***	.402 ***	.371 ***	.197 ***	.350 ***
	6	雇用の安定性（長期に雇用が保証されている）	.358 ***	.312 ***	.228 ***	.356 ***	.308 ***	.268 ***
	7	産業・業界の発展性（将来の発展性が見込まれる業界である）	.471 ***	.407 ***	.453 ***	.383 ***	.151 ***	.334 ***
	8	賃金（賃金が高い）	.272 ***	.161 ***	.404 ***	.686 ***	.341 ***	.226 ***
環境重視	1	昼間勤務かつ交替制のない勤務（昼間の勤務で、交替制がない）	.122 ***	.145 ***	.153 ***	.248 ***	.380 ***	.124 ***
	2	休日や休暇のとりやすさ（週休二日制で、年次有給休暇がとりやすい）	.083 **	.065 *	.072 *	.324 ***	.624 ***	.171 ***
	3	勤務地の限定（転居をともなう転勤が少ない）	.045 ns	.066 *	.038 ns	.130 **	.324 ***	.091 **
	4	職場の物理的化学的環境（職場において、温熱湿度、におい、空間など快適な環境が整っている）	.285 ***	.250 ***	.247 ***	.287 ***	.231 ***	.262 ***
	5	介護休暇や育児休暇制度の充実（手厚い介護休暇や育児休暇が制度化されていて、それぞれの制度をとりやすい環境である）	.296 ***	.355 ***	.201 ***	.247 ***	.298 ***	.255 ***

※r＞.30 以上を太字表示　　※p＜.0001…***；p＜.01…**；p＜.05…*；p＜.10…†；有意水準に達していない…ns

176

有意という結果が多く得られたので、目安として.30以上の相関係数が得られたものについては太字で表記した。

「仕事選び基準尺度」の下位尺度について「キャリア・インサイト」の25項目との関連が高かったものをみると、「自己成長」については、「達成感」との相関係数が最も大きい（r＝.614）。このほか、特に.40以上の強い相関がみられたものとしては「仕事の内容」、「社会への奉仕や貢献」、「企業の将来性」、「産業・業界の発展性」があった。.30以上は15項目あったが、そのうちの10項目は「仕事重視」であり、5項目は「会社重視」であった。「環境重視」に該当する項目はなかった。

「社会貢献」については「社会への奉仕や貢献」との相関係数が最も大きい値となった（r＝.717）。このほか「達成感」、「産業・業界の発展性」とも強い正の相関（.40以上）が得られた。なお、6つの尺度のうち唯一この尺度で.30以上の相関がみられたものとして「介護休暇や育児休暇の充実」があった（r＝.355）。.30以上となった項目は11項目あり、「仕事重視」に7項目、「会社重視」に3項目、「環境重視」に1項目が該当した。

「地位」については「企業ブランド」との相関係数が最も大きく（r＝.608）、次いで「企業規模」との関連が強かった（r＝.573）。「産業・業界の発展性」、「賃金」、「独立や自営の可能性」、「企業の将来性」についても.40以上の値となり、強い正の相関がみられた。特に「独立や自営の可能性」との値は他の尺度に比べて大きかった（r＝.403）。.30以上の8項目のうち、5項目が「会社重視」に該当し、3項目が「仕事重視」であった。「環境重視」の項目には該当するものがなかった。

「経済性」に関しては最も強い正の相関関係がみられたのは「賃金」であった（r＝.686）。このほか特に.40以上の相関が得られたものは「企業規模」、「企業ブランド」であった。.30以上の相関を示した10項目のうち、8項目が「会社重視」の項目に該当し、「仕事重視」と「環境重視」は各1項目のみであった。

「仕事と生活のバランス」については「休日や休暇のとりやすさ」との相関係数が.624で最も高かった。それ以外では特に.40以上の強い相関を示した項目はなかった。ただ、他の下位尺度との関係でそれほど値が大きくな

かった「昼間勤務かつ交替制のない勤務」や「勤務地の限定」で.30以上の値が得られた。.30以上の相関が得られたのは8項目あり、そのうちの4項目が「会社重視」、3項目が「環境重視」で、1項目が「仕事重視」であった。

「主体的進路選択」と最も関連が高かったのは「達成感」と「仕事の内容」であり、それぞれ.466と.465で同程度であった。そのほか.40以上の項目はみられなかったが「取り扱いや処遇の公平さ」、「職場の人間関係」、「仕事の成果や実績を反映した処遇の決め方」、「企業の将来性」も.35以上の値を示した。.30以上は9項目あり、そのうちの7項目が「仕事重視」であった。残りの2項目は「会社重視」にあたり、「環境重視」には該当項目はなかった。

このように「仕事選び基準尺度」と「キャリア・インサイト」の価値観評価項目との関連を個別にみていくと、それぞれの下位尺度得点は「キャリア・インサイト」における各概念に関連する価値観項目の回答と強い正の相関を示していることが確認できた。すなわち、「キャリア・インサイト」の価値観評価では、結果を表示する時に「仕事重視」、「会社重視」、「環境重視」という3要素のどの分類に該当する項目の重視度が多くなっているかをコメントとして示すが、この3要素との関係でみていくと「仕事選び基準尺度」の「自己成長」、「社会貢献」、「主体的進路選択」は「キャリア・インサイト」の「仕事重視」項目との正の相関が多くみられる。また「会社重視」に関連する項目との正の相関もいくつかみられる。そして「地位」や「経済性」については「キャリア・インサイト」の「会社重視」に該当する項目との強い相関がみられている。「仕事と生活のバランス」では「仕事重視」が少なく「会社重視」と「環境重視」に該当する項目との正の相関が多くみられる。

以上のことから、「仕事選び基準尺度」への回答は「キャリア・インサイト」の価値観評価において個々の項目が表現しているような具体的な職業選択の条件についても、概念としての類似性が想定される項目に関して同じような傾向を示していると解釈できる。

第 4 節　「仕事選び基準尺度」と職業とを関連づける方法の検討

　「仕事選び基準尺度」は「職業レディネス・テスト」の追加尺度として作られており、学生や若年求職者の自己理解や仕事選びに向けた手がかりとなる支援ツールとして位置づけられている。したがって、各尺度の得点によって、その特徴に合致するような価値観を満足させる具体的な職業名を表示することは考えられていない。

　ただ、「仕事選び基準尺度」が就職支援や職業相談、進路指導の場で使われることを想定した場合、受検者の価値観の特徴に合致する職業にどのようなものがあるかを明らかにしておくことは、ツールを利用して相談を行う担当者にとっては有効な情報になると考えられる。また、第 2 部の第 1 章、2 章で述べたツール開発と一貫した方向性を考慮するならば、価値観評価についても紙筆検査だけではなく Web サイトでの実施を想定したツールとして発展させる可能性を検討しておく必要があるだろう。そこで第 4 節では、現時点ではまだ検討段階であるが、仕事に関する価値観と職業を関連づけるための方法として、日本版 O-NET の職業が持つ価値観の数値情報の活用について考えてみたい。

1　日本版 O-NET における「仕事価値観」の捉え方

　厚生労働省の Web サイトに提示されている日本版 O-NET の職業情報には仕事価値観に関する項目が含まれている。この仕事価値観の項目は日本版 O-NET のインプットデータの作成にあたって労働政策研究・研修機構が作成したものであるが、米国 O＊NET で取り上げられている 6 次元にエドガー・シャイン（Shein, E. H.）のキャリア・アンカーの 8 項目を参考にしながら修正、追加した項目となっている（労働政策研究・研修機構, 2020b）。日本版 O-NET の仕事価値観の 10 項目の内容を図表 3-10 に示す。

　なお、職業情報のインプットデータとして仕事価値観に対する評価を集める際には、各職業の従事者に対して「あなたが従事している仕事ではどのような点で満足感を得やすいですか？」という質問を示し、仕事価値観の 10 項目の観点から評価してもらっている。回答は「満足感を得にくい」から

図表 3-10　日本版 O-NET の仕事価値観項目

項目名	調査票上の文言	O*NET (TWA)	キャリア アンカー
達成感	努力した結果が達成感に結びつく。	○	○
自律性	自ら意思決定し、自主的に業務を遂行できる。	○	○
社会的認知・地位	人から認められたり、社会的な地位が高い。	○	○
良好な対人関係	仕事で関わる人々と良好な人間関係を築ける。	○	－
労働条件	雇用や報酬が安定している。	△	○
労働安全衛生	安全で衛生的な環境で働ける。	△	－
組織的な支援体制	企業や団体の内外から就業者のための組織的支援が受けられる。	○	－
専門性	自分の専門性を生かして働き、さらに専門性を高めていくことができる。	－	○
奉仕・社会貢献	社会全体や、困っている人々のために働くことができる。	－	○
私生活との両立	仕事だけでなく、家族と過ごす時間や趣味の時間など、私生活も充実することができる。	－	○

※労働政策研究・研修機構（2020b）の p.45 より引用

「満足感を得やすい」までの 5 段階で評定してもらい、それを 1 点から 5 点まで 1 点刻みで得点化している。その上で各職業の従事者の平均値が仕事価値観の数値情報として示されている。そのため、日本版 O-NET の仕事価値観に含まれる 10 項目の数値情報の大きさは、その職業に就いて働いた時、それぞれの項目に該当する価値観をどの程度、満たすことができるのかを示す指標として考えることができる。つまり、日本版 O-NET に掲載されている職業の仕事価値観について、各職業の 10 項目の数値情報得点をみていくと、その職業がどのような価値観項目に高い値を持っているのかをみることができる。

　他方、仕事価値観の方から職業を比較することもできる。例えば「達成感」を取り上げた時、仕事価値観の「達成感」の数値情報に基づいてデータベース内の職業を高い順に並べ替えれば、「達成感」という概念についての就業者の満足度判断の高い順に職業の並びをみることができる。このような整理は「達成感」や「自律性」等の個々の項目についてそれぞれ行うことが

できるし、10個の項目のうち複数の項目を組み合わせ、例えば「達成感」と「自律性」の両方の数値情報が高い職業という観点から職業を並べ替えてみることも可能である。

2 「仕事選び基準尺度」と日本版 O-NET の職業との関連づけについて

　「仕事選び基準尺度」の結果を具体的な職業に結びつけることを想定した時、職業の側からみた価値観に関わる特徴の情報が必要となるが、日本版 O-NET に掲載されている職業のデータベースはその情報を持っているとみることができる。ただ、そのためには、日本版 O-NET に掲載されている職業の持つ仕事価値観の概念と「仕事選び基準尺度」を構成する6つの下位尺度の概念の共通性を検討することが必要である。

　日本版 O-NET の「仕事価値観」は尺度として作られているわけではなく図表3-10に示したような項目の説明に従って各職業の従事者により評定されているので、具体的な項目表現から「仕事選び基準尺度」との概念の共通性を調べることはできない。そこで日本版 O-NET の仕事価値観項目の説明として記載されている表現からの検討にとどまるが、両者の概念の共通性を考えてみた。

　「仕事選び基準尺度」の方から取り上げると、「自己成長」の概念は日本版 O-NET の仕事価値観の「達成感」の内容に近い概念を捉えているようである。前述のとおり「自己成長」は「キャリア・インサイト」の「達成感」とも強い正の相関を示していたので（図表3-9）、表現は違っていても捉えている特性の共通性は高いことが推察される。

　そして「社会貢献」は日本版 O-NET の仕事価値観の「奉仕・社会貢献」と類似した概念であるし、「地位」は「社会的認知・地位」と共通性が高く、「仕事と生活のバランス」は「私生活との両立」と共通する概念を取り上げているとみることができる。

　なお、「経済性」については日本版 O-NET の方には直接該当するものはないが、強いて言えば「雇用や報酬が安定している」という賃金に関する記述を含む「労働条件」が近い概念のようである。「経済性」は前述のとおり「キャリア・インサイト」の価値観項目の「賃金」及び「雇用の安定性」と

強い正の相関を示していることもあり（図表3-9）、日本版 O-NET の仕事価値観の中では「労働条件」という項目が表す概念との共通性が高いとみている。

　他方、「主体的進路選択」については、日本版 O-NET で扱っている仕事価値観の観点とは異なるので共通項目は含まれないと考える。

　以上を踏まえた結果、「仕事選び基準尺度」に用意されている尺度が測定する価値観の概念のうち、「主体的進路選択」を除く5つについては、日本版 O-NET の仕事価値観項目と何らかの形で概念上の共通性を見出せるのではないかと推察される。そこで、日本版 O-NET の各職業が持つ仕事価値観の数値情報を媒介として、「仕事選び基準尺度」の下位尺度の得点結果に、価値観の点でどのような職業が合致するかを紐づけることも可能であると考えている。今後は、「仕事選び基準尺度」で捉えている価値観の概念と日本版 O-NET の仕事価値観の概念の共通性をさらに詳しく検討した上で、検査結果と職業を紐づけるための具体的な連結の方法を構築していくことが課題となるだろう。

第5節　まとめ

　本章では、仕事を選ぶ時の価値観を捉えるための尺度として、主に若年層を対象として作られた「仕事選び基準尺度」の構成と開発の手続き、テスト結果と職業との連結に向けた今後の課題についてまとめた。「仕事選び基準尺度」は「職業レディネス・テスト」に含まれる既存の尺度で捉えられていない個性の側面を新たに測定することができる尺度である。つまり、どのような仕事をしたいか、どのような仕事ならできそうか、という職業興味や職務遂行の自信度だけでなく、仕事を通して何を得たいのか、職業生活に何を求めるのかという価値観の要素を捉えることができるツールであり、これは現実の就職先の選択や進路選択にとってはとても重要な視点である。このような視点について、ツールを活用することによって比較的簡単に、なおかつ客観的に、正確に捉えることができれば、就職の際に重要であると言われている自己分析、自己理解にも大いに役立てることができるのではと考えてい

る。

　現段階では、本章で説明した「仕事選び基準尺度」は紙筆検査としての開発を進めているところである。ただ、対象者を若年者だけではなくもっと幅広い層に広げて、仕事選びのための手がかりとなるツールとして活用してもらうためには、Web 上での利用の可能性や日本版 O-NET の数値情報などの具体的な職業情報との関連づけの方法についても詳細に検討していく必要があるだろう。今後はこのような方向性も視野に入れて、ツールの応用や活用面に関する研究を進めていきたい。

引用文献

労働政策研究・研修機構（2013）.「キャリア・インサイト　利用の手引」労働政策研究・研修機構.

労働政策研究・研修機構（2020a）.「職業レディネス・テストの改訂に関する研究―大学生等の就職支援のための尺度の開発―」JILP 資料シリーズ、No.230.

労働政策研究・研修機構（2020b）.「職業情報提供サイト（日本版 O-NET）のインプットデータ開発に関する研究」JILPT 資料シリーズ、No.227.

Shein, E. H. (1990). Career Anchor: Discovering Your Real Values. San Diego, CA: Pfeiffer. （シャイン，E. H. 金井壽宏（訳）（2003）.「キャリア・アンカー－自分のほんとうの価値を発見しよう－」白桃書房）

Super, D. E. (1968). Work Values Inventory (Sheets). Houghton Mifflin Company.

Super, D. E. (1970). Work Values Inventory (Manual). Houghton Mifflin Company.

第3部
労働者のキャリア形成とその支援のあり方

第1章 労働者のキャリア形成ニーズの現状

下村　英雄

第1節　はじめに

　本章では、労働者のキャリア形成の現状及び支援ニーズを明らかにすることを目的とする。その際、労働者の相談ニーズや相談内容、コロナ禍におけるキャリア意識などに着目する。

　具体的には、第1に、労働者の相談ニーズに着目し、その実態及び関連する要因について示す。ここで「相談ニーズ」とは、専門のカウンセラーに対する相談しようという意思や意欲のことである。おおむね労働者の相談に対する必要性を反映すると想定されるが、それら必要性をもとにどの程度、実際に相談したいと考えるかに着目した。その上で、そうした相談ニーズはおおむね労働者のキャリア形成ニーズと関わりが深いことから、その背景について検討し、労働者の相談ニーズを規定する要因を特定する。また、相談ニーズと働き方（長時間労働や休暇不足等）は直接、相談ニーズと関連することを示す。

　第2に、労働者の相談内容について多側面から検討し、労働者が各年代で何に思い悩み、どのようなニーズを感じているのかを明らかにする。特に、おおむね年代によって相談内容は変化していくことを示す。

　第3に、直近のキャリア意識をうかがう意味からコロナ禍の相談ニーズに注目する。特に、コロナ禍での職業生活の変化及び職業観・キャリア観の変化を中心に分析を行い、コロナ禍における職業生活の変化が意識面での変化に至る過程について検討する。また、コロナ禍における自律的キャリア観及びキャリアコンサルティングニーズ等についても検討を行う。

第 2 節　労働者の相談ニーズ

1　労働者の相談ニーズの実態と要因

　本章では、労働者のキャリア形成ニーズの現状と課題を検討するにあたって、まず、キャリアコンサルティングを未だ経験していない「キャリアコンサルティング未経験者のキャリアコンサルティングに対する相談ニーズ」に議論の糸口を求めたい[1]。

　図表 1-1 には、キャリアコンサルティング未経験者の専門カウンセラーに対する相談ニーズを図示した。具体的な質問項目は「職業生活や職場の問題について専門のカウンセラーに相談したいと思いますか」であった。回答結果は「相談したい」(5.0%)、「どちらかと言えば相談したい」(13.9%) であった。基本的には相談したいという回答は少なく、積極的には相談したくないという回答が多かった。

　相談ニーズを性別に検討した結果、性別では顕著な差がみられなかった。一方で、年齢では顕著な違いがみられた。

　図表 1-2 に示したとおり、20 代及び 30 代では「相談したい」「どちらかと言えば、相談したい」が他の年代に比べて多かった。一方で 50 代では「相談したくない」が他の年代に比べて多かった。したがって、年齢と関連する属性とも明確な関連がみられた。例えば、年齢が若い者が多い配偶者なしの者の方が相談ニーズは高かった。また、現在の職場の勤続年数とも関連がみられ、勤続年数が短い方が相談ニーズは高かった。

1　本節は、「労働政策研究・研修機構（2017）．キャリアコンサルティングの実態、効果および潜在的ニーズ―相談経験者 1,117 名等の調査結果より　労働政策研究報告書 No.191」の調査結果に基づく。本調査では、20 代前半・20 代後半・30 代前半・30 代後半・40 代前半・40 代後半・50 代前半・50 代後半×男性・女性の 16 セルを設定し、各セルに 400〜900 名を割りつけて、総計約 9,950 名に調査に回答を求めた。キャリアコンサルティング経験者 1,117 名及びキャリアコンサルティング未経験者 8,833 名の回答を収集した。実施時期は 2016 年 9 月であった。キャリアコンサルティング経験者には、中長期的なキャリア・雇用・労働面に対する効果について尋ねた。また、キャリアコンサルティング未経験者には、現在及び将来的なニーズ及び期待について主に尋ねた。さらに、経験者と未経験者で現在の働き方、収入・労働時間、意識等に違いがあるかを検討した。本節及び次節 1 では、キャリアコンサルティング未経験者 8,833 名に相談ニーズを尋ねた結果を示した。次節 2 では、キャリアコンサルティング経験者に相談ニーズ 1,117 名を尋ねた結果を示した。

図表 1-1　キャリアコンサルティング未経験者の専門カウンセラーに対する
　　　　　相談ニーズ

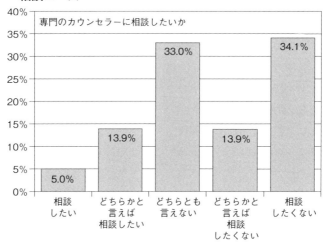

　なお、最終学歴によっても相談ニーズについては特徴的な違いがみられた。図表 1-3 に示したとおり、「中学・高等学校」では「相談したくない」が統計的に有意に多く、「相談したい」が少なかった。一方、「大学（文系）」では「相談したい」「どちらかと言えば、相談したい」が他の学歴に比べて統計的に有意に多く、「相談したくない」が他の学歴に比べて少なかった。

　また、図表 1-4 には、現在の雇用形態別の相談ニーズを示した。表から「正社員」で「相談したい」「どちらとも言えない」、「契約社員」で「相談したい」「どちらかと言えば、相談したい」の値が他の雇用形態に比べて統計的に有意に大きいことが示された。一方、「その他」では「相談したくない」が他の雇用形態の回答に比べて統計的に有意に大きく、約半数を占めた。

　上述の雇用形態のうち「その他」には「経営者」が約 4 割弱（38.4％）含まれているが、「経営者」では約半数が「相談したくない」と回答しており、おおむね相談ニーズがないため、上記の結果となったと解釈される。

　図表 1-5 には、現在の勤務先の従業員数別の相談ニーズを示した。表から、「29 人以下」では「どちらかと言えば、相談したい」「どちらとも言えない」が統計的に有意に少なく、「相談したくない」が統計的に有意に多い

図表1-2　キャリアコンサルティング未経験者の年齢別の相談ニーズ

	20代 前半 n=662	20代 後半 n=939	30代 前半 n=1012	30代 後半 n=1230
相談したい	9.2%	9.1%	7.9%	6.2%
どちらかと言えば、相談したい	16.8%	20.2%	17.4%	17.1%
どちらとも言えない	32.2%	30.7%	32.4%	32.9%
どちらかと言えば、相談したくない	12.2%	13.4%	13.3%	14.2%
相談したくない	29.6%	26.6%	29.0%	29.6%
合計	100.0%	100.0%	100.0%	100.0%

	40代 前半 n=1356	40代 後半 n=1295	50代 前半 n=1198	50代 後半 n=1141	合計
相談したい	4.2%	3.4%	2.3%	1.2%	5.0%
どちらかと言えば、相談したい	14.7%	10.7%	9.6%	8.0%	13.9%
どちらとも言えない	35.7%	35.1%	31.6%	32.3%	33.0%
どちらかと言えば、相談したくない	14.1%	14.6%	13.4%	15.1%	13.9%
相談したくない	31.3%	36.3%	43.2%	43.5%	34.1%
合計	100.0%	100.0%	100.0%	100.0%	100.0%

※1%水準で統計的に有意に値が大きい箇所に網かけ、有意に値が小さい箇所に下線を付した。

図表1-3　キャリアコンサルティング未経験者の最終学歴別の相談ニーズ

	中学・ 高等 学校 n=2408	専修 学校・ 短大・ 高専 n=2169	大学 （文系） n=2419	大学 （理系） n=1224	大学院 （文系） n=214	大学院 （理系） n=399
相談したい	4.2%	4.7%	6.2%	4.7%	4.2%	5.8%
どちらかと言えば、相談したい	11.1%	14.1%	16.2%	13.3%	18.7%	15.3%
どちらとも言えない	33.8%	33.1%	32.0%	34.3%	28.5%	32.6%
どちらかと言えば、相談したくない	13.9%	13.5%	14.6%	15.3%	9.8%	10.5%
相談したくない	36.9%	34.6%	31.0%	32.4%	38.8%	35.8%
合計	100.0%	100.0%	100.0%	100.0%	100.0%	100.0%

※1%水準で統計的に有意に値が大きい箇所に網かけ、値が小さい箇所に下線を付した。

図表 1-4 キャリアコンサルティング未経験者の雇用形態別の相談ニーズ

	正社員 n=5712	嘱託 n=108	契約 社員 n=462	パート タイム n=1565	派遣 労働者 n=310	その他 n=676
相談したい	5.5%	0.0%	7.6%	4.2%	5.5%	2.1%
どちらかと言えば、相談したい	14.5%	15.7%	19.3%	12.1%	18.7%	7.2%
どちらとも言えない	34.0%	37.0%	32.5%	31.2%	34.2%	28.0%
どちらかと言えば、相談したくない	13.3%	13.0%	13.4%	15.6%	17.1%	14.3%
相談したくない	32.7%	34.3%	27.3%	36.9%	24.5%	48.4%
合計	100.0%	100.0%	100.0%	100.0%	100.0%	100.0%

※1% 水準で統計的に有意に値が大きい箇所に網かけ、値が小さい箇所に下線を付した。

図表 1-5 キャリアコンサルティング未経験者の現在の勤務先の従業員数別の相談ニーズ

	29人 以下 n=3089	30〜 49人 n=652	50〜 99人 n=857	100〜 299人 n=1141
相談したい	4.0%	6.0%	5.8%	5.0%
どちらかと言えば、相談したい	12.0%	13.2%	13.7%	16.1%
どちらとも言えない	31.3%	34.0%	33.5%	35.9%
どちらかと言えば、相談したくない	15.1%	13.2%	14.1%	14.3%
相談したくない	37.6%	33.6%	32.9%	28.7%
合計	100.0%	100.0%	100.0%	100.0%

	300〜 499人 n=496	500〜 999人 n=577	1,000人 以上 n=2021	計
相談したい	6.9%	5.5%	5.3%	5.0%
どちらかと言えば、相談したい	12.9%	15.6%	15.8%	13.9%
どちらとも言えない	36.7%	31.4%	33.2%	33.0%
どちらかと言えば、相談したくない	11.3%	13.7%	12.7%	13.9%
相談したくない	32.3%	33.8%	33.0%	34.1%
合計	100.0%	100.0%	100.0%	100.0%

※1% 水準で統計的に有意に値が大きい箇所に網かけ、値が小さい箇所に下線を付した。

ことが示された。一方、「1,000人以上」では「どちらかと言えば、相談したい」が他に比べて相対的に多かった。表の全体の傾向をあわせて解釈した場合、「29人以下」の規模の小さな勤務先では相談ニーズが特に低いと解釈される。

また関連する結果として、図表1-6には最近1年間の個人収入（税込み）別の相談ニーズを示した。ここでは年収「200万円未満」で「どちらかと言えば、相談したくない」「相談したくない」が他の年収の者に比べて統計的に有意に多かった。一方、「200万円以上400万円未満」では「相談したい」「どちらかと言えば、相談したい」がいずれも統計的に有意に多かった。

ただし、「600万円以上」でも「相談したくない」が統計的に有意に多かった。個人年収と相談ニーズには凸型の曲線的な関連があることが推察される（図表1-7参照）。

図表1-8には、キャリアコンサルティング未経験者の相談ニーズを規定する要因を明らかにするために、ここまでにみた要因以外に調査票で尋ねた要因も含めて、ロジスティック回帰分析の結果を示した。この分析では、相互の要因間の関連を調整しコントロールした上で、どのような要因が相談ニーズに影響を与える要因であるかを特定することが可能となる。

分析の結果、特に相談ニーズを規定する要因は、「年齢」「最終学歴」「雇

図表1-6　キャリアコンサルティング未経験者の最近1年間の個人収入別の相談ニーズ①

	200万円未満 n=2314	200万円以上 400万円未満 n=2724	400万円以上 600万円未満 n=1907	600万円以上 n=1888	計
相談したい	4.5%	6.4%	5.7%	3.1%	5.0%
どちらかと言えば、相談したい	12.5%	15.5%	15.5%	11.8%	13.9%
どちらとも言えない	31.0%	34.4%	33.6%	33.1%	33.0%
どちらかと言えば、相談したくない	15.6%	13.1%	13.8%	13.1%	13.9%
相談したくない	36.5%	30.5%	31.5%	38.9%	34.1%
合計	100.0%	100.0%	100.0%	100.0%	100.0%

※1%水準で統計的に有意に値が大きい箇所に網かけ、値が小さい箇所に下線を付した。

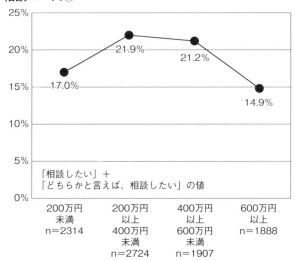

図表 1-7　キャリアコンサルティング未経験者の最近 1 年間の個人収入別の相談ニーズ②

用形態」「転職回数」「仕事内容」の 5 つであった。具体的には、①年齢が若いほど、②学歴が高いほど、③正規就労者や契約社員の場合、④転職回数が多い場合、④事務的、販売、サービス、建設・採掘の仕事の場合に相談ニーズが大きくなることが示された。相談ニーズの大きい一つの典型例として「高学歴若年正規社員層」を想定しておくことができる結果となっていた。

2　労働者の相談ニーズと職場における日々の働き方の関連

　本調査では、キャリアコンサルティング未経験者の相談ニーズに関する特に興味深い知見として、職場における日々の働き方との関連が示された。
　まず、図表1-9に示したとおり、基本的に、日々の働き方と相談ニーズには統計的に有意な相関係数がみられる。9,000 人規模のサンプルサイズの相関係数としては、0.2 前後の値は比較的高い。
　特に相関係数が高かったのは、表に網かけを付した箇所であり、「十分に睡眠や休みがとれず、疲れがたまっている」「職場や働き方に関する相談をする窓口がない」「会社に「使い捨て」られそうな気がする」などの項目

図表 1-8　キャリアコンサルティング未経験者の労働者の相談ニーズを規定する要因

	B	Exp (B)	sig.
性別（1＝女性、2＝男性）	-0.16	0.85	
年齢（vs.50 代後半）			
20 代前半	1.31	3.70	**
20 代後半	1.40	4.05	**
30 代前半	1.16	3.19	**
30 代後半	1.04	2.81	**
40 代前半	0.78	2.19	**
40 代後半	0.44	1.55	**
50 代前半	0.27	1.31	
配偶者（1＝あり、2＝なし）	0.03	1.03	
就業状況（vs. 主に仕事）			
通学のかたわらに仕事	0.00	1.00	
家事などのかたわらに仕事	-0.19	0.83	
最終学歴（vs. 中学・高等学校）			
専修学校・短大・高専	0.22	1.25	**
大学（文系）	0.40	1.49	**
大学（理系）	0.17	1.18	
大学院（文系）	0.49	1.63	**
大学院（理系）	0.28	1.32	
雇用形態（vs. その他）			
正規	0.45	1.56	**
嘱託	0.18	1.19	
契約社員	0.76	2.13	**
パートタイム	0.33	1.40	
派遣社員	0.53	1.70	
勤続年数	-0.02	0.98	
転職回数	0.11	1.11	**
仕事内容（vs. 管理的な仕事）			
専門的・技術的な仕事	0.37	1.44	
事務的な仕事	0.38	1.46	**
販売の仕事	0.37	1.45	**
サービスの仕事	0.54	1.71	**
保安の仕事	0.26	1.29	
生産工程の仕事	0.13	1.14	
輸送・機械運転の仕事	0.19	1.21	
建設・採掘の仕事	0.75	2.12	**
運搬・清掃・包装等の仕事	0.66	1.92	
その他の仕事	0.30	1.35	
勤務先全体の従業員数	0.03	1.03	
役職（vs. その他）			
部長相当職	0.10	1.10	
課長相当職	-0.08	0.93	
係長、主任、職長相当職	0.05	1.05	
役員	-0.08	0.92	
経営者	-0.71	0.49	
役職は特になし	-0.28	0.76	
最近 1 年間の個人年収	-0.03	0.97	
最近 1 年間の世帯年収	0.01	1.01	
定数	-2.95	0.05	

※ロジスティック回帰分析。 ** p<.01

図表 1-9　キャリアコンサルティング未経験者の働き方に関する質問項目と相談ニーズ他の相関係数

	職業生活や職場の問題について専門のカウンセラーに相談したい	職業生活や職場の問題について専門のカウンセラーに相談する機会があるとしたら利用してみたい
残業時間が長く、家に帰るのが遅くなる	0.182	0.170
遅くまで残業をしているが手当がつかない	0.152	0.134
休みたくても、有給休暇がとれない	0.186	0.180
十分に睡眠や休みがとれず、疲れがたまっている	0.235	0.231
時間外労働時間が月に 45 時間を超えている	0.125	0.110
頻繁に休日出勤がある	0.111	0.101
医師の面接指導などの健康確保の仕組みがない	0.181	0.179
職場や働き方に関する相談をする窓口がない	0.248	0.260
残業をするのが当然という職場の雰囲気がある	0.218	0.221
最近、労働時間や賃金に関するトラブルが起きた	0.192	0.174
労働時間や賃金に関する法律違反がある気がする	0.205	0.195
パワハラ・セクハラのようなトラブルがあった	0.231	0.220
会社に「使い捨て」られそうな気がする	0.277	0.268

※値はスピアマンの順に相関係数。値はすべて 0.01% 水準で統計的に有意。

だった。

　図表 1-10 は、上記 3 項目に対する回答別に相談ニーズを示した。章頭の図表 1-1 で全体的な傾向をみた際には「相談したい」と「どちらかと言えば相談したい」をあわせて 18.9% であった。それに対して、図表では「十分に睡眠や休みがとれず、疲れがたまっている」に「あてはまる」と回答した者は 35.1%、「職場や働き方に関する相談をする窓口がない」に「あてはまる」と回答した者は 31.0%、「会社に「使い捨て」られそうな気がする」に「あてはまる」と回答した者は 39.7% と高い値になっている。

　図表 1-11 には、どのような要因が相談ニーズに強い影響を与えるかを検討するために重回帰分析の結果を示した。標準偏回帰係数（ β ）の値が最も大きかったのは「会社に「使い捨て」られそうな気がする」であり、以下、

図表 1-10　キャリアコンサルティング未経験者の働き方に関する質問項目と相談ニーズ

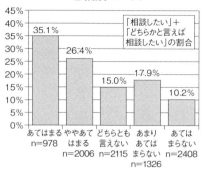

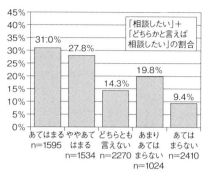

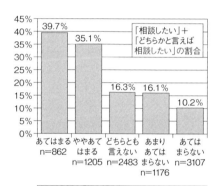

「職場や働き方に関する相談をする窓口がない」「十分に睡眠や休みがとれず、疲れがたまっている」「残業時間が長く、家に帰るのが遅くなる」などが続いていた。一方で「頻繁に休日出勤がある」「時間外労働時間が月に45時間を超えている」は統計的に有意にマイナスの係数を示した。

　したがって、休日出勤がある、残業があるという事実そのものよりも、むしろ、会社に「使い捨て」にされそうだ、会社に相談する窓口がない、十分に睡眠や休みがとれないといった長時間労働の結果生じる様々な不安や心配、身体的な不調が相談ニーズと結びつきやすいと考察ができる。特に、会社側から何らサポートを受けられず、むしろ使い捨てにされそうな気がする

図表 1-11　キャリアコンサルティング未経験者の働き
方に関する質問項目と相談ニーズ

	β	sig.
会社に「使い捨て」られそうな気がする	0.140	**
職場や働き方に関する相談をする窓口がない	0.119	**
十分に睡眠や休みがとれず、疲れがたまっている	0.114	**
残業時間が長く、家に帰るのが遅くなる	0.069	**
パワハラ・セクハラのようなトラブルがあった	0.061	**
最近、労働時間や賃金に関するトラブルが起きた	0.048	**
残業をするのが当然という職場の雰囲気がある	0.024	
医師の面接指導などの健康確保の仕組みがない	0.002	
休みたくても、有給休暇がとれない	-0.007	
遅くまで残業をしているが手当がつかない	-0.022	
労働時間や賃金に関する法律違反がある気がする	-0.023	
頻繁に休日出勤がある	-0.046	**
時間外労働時間が月に 45 時間を超えている	-0.053	**

調整済み R^2　　0.120　**

といった意識を伴った時、相談に対するニーズが高まるのだと解釈される。

　なお、マイナスの係数を示した「頻繁に休日出勤がある」「時間外労働時間が月に 45 時間を超えている」については、相談に行くゆとりがない、あるいは時間を要する相談を既に諦めている可能性も考えられ、注意を要する。

3　労働者の相談ニーズに関する考察

　本章では、キャリアコンサルティング未経験者の相談ニーズを検討した。

　その結果、第 1 に、全般的にみた場合には、専門のカウンセラーに相談したい、定期的な相談機会を利用したいというニーズは高くなく、「相談したい＋どちらかと言えば相談したい」で 18.9% にとどまった。

　第 2 に、ただし、年齢によって相談ニーズは大きく異なった。例えば、20 代後半では 29.3% が相談したいと回答するなど、20 代から 30 代前半で相談ニーズは高く、年齢が高くなるほど低い。

　第3に、個人年収とも関連がみられており、年収が低い者と高い者で「相談したくない」の割合が高く、年収が中程度の者で「相談したい」の割合が高い凸型の関係がみられた。おおむね、年収が低く相談しても変化が期待できないと考えている層、年収が高く満足しているために相談したいと考えていない層、その中間に年収は中程度であるが現状の不満を相談によって解決したいと考えている層の3層を想定できそうであった。

　以上の結果から、キャリアコンサルティングを未だ経験したことがない者の相談ニーズは、総じて言えば大きいものではないが、一定の対象層ではニーズが高いことが示される。特に、その最大の要因は年齢であり、概して年齢が若いほど相談ニーズは高い。

　若年就労者層で相談のニーズが高い背景として、20代全般が成人社会に向けた移行期であるという認識が必要である。総じて20代の職業生活は変化が激しい。職場や勤務先になじみ、職業人・組織人としての価値規範、態度、言動を習得する段階にある。そのため、自分の職業の向き不向きや仕事内容について悩みを抱えやすい。また、職業人生の残りの期間が長く、将来に向けた様々な可能性がある。それゆえ逆に迷いも多く、思い悩む。職場でも年少者であるため、年長者と仕事の進め方や人間関係の面で軋轢を生じやすい。職場の矛盾や葛藤は、最も立場の弱い人間へしわ寄せが及ぶこともよく知られている。具体的に本章の結果では、長時間労働と相談ニーズの極めて強い関連に象徴的に現れていた。結果的に、精神面での病気や不調を発生させやすいのも職場の若年就労者の特徴である。

　若年就労者の実態を踏まえた時、主に20代から30代前半の就労者こそが、キャリアコンサルティングによる喫緊の対応を要するターゲットであり、かつ十分な対応によってその効果が大きく期待できるターゲットであることが指摘できる。従来、キャリアコンサルタントの活動領域は、公的就職支援機関・民間就職支援機関を合わせた需給調整機関領域、企業領域、学校教育領域など領域別に理解されることが多かったが、年齢層でセグメント化して施策の展開を考えることでよりいっそう充実したキャリアコンサルティングの環境整備を行える可能性が高い。

　一方、40代から50代の対象層に対するキャリアコンサルティングについ

ては別の重要性がある。端的に言って、この年代の相談ニーズの低さが問題
となる。その背景として、一つには大きな変化が期待できないと考えられて
いることが推測される。変化の余地が限定されているため、相談支援の効果
が薄いと考えられている。もう一つには、相談したい内容は潜在的にはある
ものの、相談することに抵抗感があるということがある。先行研究でも、中
高年、特に男性は、相談に対する抵抗感が強いことは一つの論点となってき
た。

　この年代に対するキャリアコンサルティングの直近の課題として、まず定
年後の就職や仕事、家族の介護といった中高年の具体的なニーズに的確に対
応することが考えられる。ただし、より中長期的な課題としては、中高年の
職業能力の活用をより真剣に検討する必要がある。日本では中高年の職業ス
キルを、漠然と若年と比べて劣化したものと捉える場合が多い。しかし、
OECD（2012）等の海外のスキル政策に関する報告書では、むしろ中高年の
職業能力を即戦力として考え、その持てるスキルのアクティベーション（活
性化）の方策を考える論点が多くみられる。これは、日本で言う社会人とし
ての基礎力が備わっていることに加えて、過去の経験やスキルの蓄積を適切
に評価するためである。今後、労働力減少が予測される日本社会でも、中高
年のスキル活性化の方策は検討すべき段階にある。キャリアコンサルティン
グでは、そのための具体的な相談支援のノウハウなどを蓄積することが期待
される。

　なお最後に、長時間労働と相談ニーズとの関連は深刻である。特に、長時
間労働そのものよりも、むしろ会社側から適切に扱われていない、相談窓口
がないといった場合に相談ニーズが高かった。働き方の問題とキャリアコン
サルティングの関わりについては、今後いっそうの問題関心が持たれる必要
がある。

第3節　労働者の相談内容

1　キャリアコンサルティング未経験者の相談内容

ここからは、労働者がどのような相談をしたいと考えているのかをみてい

く。図表 1-12 には、キャリアコンサルティングを未経験の労働者に対して、
仮に相談するとすれば、どのような内容の相談をしたいかを尋ねた結果を示
した。最も多かったのは、「賃金や処遇について」（28.0％）であった。以
下、「転職」（24.8％）、「自分の職業の向き不向き」（20.9％）、「仕事内容につ
いて」（20.2％）、「定年後の就職、仕事について」（19.7％）と続いていた。

なお、図表 1-13 に示したとおり、相談したい内容は年齢で大きく違って
いた。概して言えば、30 代以下で相談したい内容は多い。前節までに年齢
の若い就労者は相談ニーズが強いことを示したが、その内容も多岐にわたる。

具体的には、他の年代と比較した時に 20 代と 30 代で共通して多い内容と
して「転職」「自分の職業の向き不向き」「資格取得」「残業や労働負荷につ
いて」「結婚・出産・育児」があった。また、どちらかと言えば 20 代で多い
内容として「学生時代の就職活動」「（学生時代以外の）就職活動、求職活
動」「進学・留学など」「モチベーションの低下」「職場の同僚との人間関係」
「職場の上司との人間関係」「精神面の病気・不調」があった。他の年代と比
較して、やや 30 代で多い内容として「職業能力の開発・能力アップ」「将来
の職業生活設計」「賃金や処遇について」「昇進について」があった。

おおむね 20 代と 30 代ではニーズのある相談内容に違いはないが、20 代
の方が就職活動や進学・留学など学校から職業へ移行の問題、職場の同僚や
上司との人間関係の問題、精神面の病気についてのニーズが大きく、30 代
では職業能力開発や職業生活設計、昇進などのキャリア関連の相談内容が多
かった。

一方、50 代では「定年後の就職、仕事について」が多く、その他は「そ
の他（職業選択）」「その他（能力開発）」「その他（労働条件）」「その他（人
間関係のトラブル）」「その他（個人的なこと）」の回答が他の年代に比べて
多かった。「その他」では自由記述も求めているが、そのほとんどが「特に
なし」といった回答であり、基本的に 50 代では定年後の就職以外の問題に
ついては、大きな相談ニーズを感じていないという結果として解釈できるよ
うであった。

図表 1-14 では、前節で検討した相談ニーズと相談内容の関連を検討した。
表では、相談ニーズの高い者がどの相談内容でも高い値を示しているが、そ

第 1 章　労働者のキャリア形成ニーズの現状

図表 1-12 キャリアコンサルティング未経験者が相談したい内容

賃金や処遇について	28.0%
転職	24.8%
自分の職業の向き不向き	20.9%
仕事内容について	20.2%
定年後の就職、仕事について	19.7%
職場の上司との人間関係	16.8%
職業能力の開発・能力アップ	16.0%
将来の職業生活設計	15.9%
資格取得	15.7%
モチベーションの低下	15.1%
職場の同僚との人間関係	14.1%
精神面の病気・不調	13.6%
残業や労働負荷について	12.7%
結婚・出産・育児	8.2%
その他の個人的な深刻な悩み	8.0%
家族の介護	7.5%
職場の部下との人間関係	6.6%
その他の病気・入院	6.6%
配置転換・出向・転籍について	6.3%
昇進について	6.3%
人間関係以外の仕事上のトラブル	6.3%
学生時代の就職活動	6.2%
会社の倒産・リストラについて	5.0%
職場外の人との人間関係	4.8%
（学生時代以外の）就職活動、求職活動	4.1%
進学・留学など	2.9%
その他（個人的なこと）	2.5%
その他（職業選択）	1.4%
その他（労働条件）	1.3%
その他（人間関係のトラブル）	1.0%
その他（能力開発）	0.8%

図表 1-13　年齢別のキャリアコンサルティング未経験者が相談したい内容

	20代前半 n=662	20代後半 n=939	30代前半 n=1012	30代後半 n=1230
学生時代の就職活動	12.1%	12.7%	8.4%	7.1%
（学生時代以外の）就職活動、求職活動	9.4%	8.0%	5.9%	5.0%
進学・留学など	5.4%	4.7%	4.0%	3.9%
転職	32.9%	39.5%	31.9%	30.9%
会社の倒産・リストラについて	4.8%	3.9%	4.4%	6.4%
定年後の就職、仕事について	8.8%	8.3%	12.8%	16.3%
その他（職業選択）	0.9%	0.5%	1.0%	0.7%
自分の職業の向き不向き	35.6%	31.9%	30.0%	25.2%
モチベーションの低下	20.2%	20.7%	18.0%	17.3%
職業能力の開発・能力アップ	18.6%	20.4%	20.5%	22.0%
資格取得	23.3%	22.2%	21.0%	19.5%
将来の職業生活設計	18.7%	17.8%	19.0%	18.6%
その他（能力開発）	0.3%	0.3%	0.7%	0.3%
仕事内容について	28.7%	25.6%	24.5%	22.6%
賃金や処遇について	34.0%	29.4%	33.9%	31.7%
残業や労働負荷について	21.5%	16.7%	15.9%	15.5%
配置転換・出向・転籍について	6.6%	6.8%	6.5%	9.0%
昇進について	8.0%	6.3%	9.2%	8.8%
その他（労働条件）	0.3%	0.5%	0.8%	0.7%
職場の同僚との人間関係	17.8%	15.5%	13.8%	15.8%
職場の上司との人間関係	24.8%	21.1%	16.9%	19.5%
職場の部下との人間関係	6.8%	5.9%	6.5%	8.1%
職場外の人との人間関係	7.6%	4.7%	4.4%	6.2%
人間関係以外仕事上のトラブル	8.0%	5.5%	4.9%	5.0%
その他（人間関係のトラブル）	0.5%	0.3%	0.6%	0.4%
精神面の病気・不調	19.2%	18.7%	15.1%	14.1%
その他の病気・入院	5.7%	5.1%	5.3%	6.3%
家族の介護	4.1%	4.0%	5.0%	6.7%
結婚・出産・育児	17.5%	18.4%	16.2%	11.5%
その他の個人的な深刻な悩み	7.6%	6.1%	6.0%	8.0%
その他（個人的なこと）	1.2%	1.5%	1.8%	1.4%

※1％水準で統計的に有意に値が大きい箇所に網かけを、値が小さい箇所に下線を付した。

図表 1-13　年齢別のキャリアコンサルティング未経験者が相談したい内容（続き）

	40代前半 n=1356	40代後半 n=1295	50代前半 n=1198	50代後半 n=1141	合計
学生時代の就職活動	5.5%	3.3%	3.1%	2.4%	6.2%
（学生時代以外の）就職活動、求職活動	3.2%	2.2%	1.9%	1.1%	4.1%
進学・留学など	2.6%	1.7%	1.8%	0.7%	2.9%
転職	25.1%	19.5%	14.8%	11.1%	24.8%
会社の倒産・リストラについて	6.8%	5.6%	3.4%	3.7%	5.0%
定年後の就職、仕事について	17.8%	21.5%	29.5%	35.4%	19.7%
その他（職業選択）	1.1%	1.9%	2.1%	2.2%	1.4%
自分の職業の向き不向き	20.2%	16.1%	10.8%	7.6%	20.9%
モチベーションの低下	15.9%	12.4%	10.8%	9.3%	15.1%
職業能力の開発・能力アップ	17.4%	13.7%	12.1%	5.8%	16.0%
資格取得	15.7%	11.7%	9.7%	7.8%	15.7%
将来の職業生活設計	16.6%	12.7%	11.9%	13.9%	15.9%
その他（能力開発）	0.5%	0.8%	1.6%	1.7%	0.8%
仕事内容について	19.2%	17.1%	15.8%	13.4%	20.2%
賃金や処遇について	28.2%	23.6%	25.5%	21.5%	28.0%
残業や労働負荷について	12.8%	9.2%	8.8%	6.3%	12.7%
配置転換・出向・転籍について	6.6%	6.0%	5.1%	4.0%	6.3%
昇進について	6.2%	5.5%	4.8%	3.0%	6.3%
その他（労働条件）	1.1%	1.7%	2.5%	2.4%	1.3%
職場の同僚との人間関係	14.6%	13.6%	12.8%	10.8%	14.1%
職場の上司との人間関係	17.1%	15.4%	12.9%	11.0%	16.8%
職場の部下との人間関係	7.2%	7.1%	5.8%	4.9%	6.6%
職場外の人との人間関係	4.4%	3.9%	4.3%	4.0%	4.8%
人間関係以外の仕事上のトラブル	7.8%	6.3%	6.6%	6.4%	6.3%
その他（人間関係のトラブル）	0.9%	1.0%	2.3%	1.9%	1.0%
精神面の病気・不調	15.1%	11.6%	10.1%	8.1%	13.6%
その他の病気・入院	6.3%	6.9%	7.9%	8.1%	6.6%
家族の介護	6.6%	8.0%	10.9%	12.2%	7.5%
結婚・出産・育児	5.2%	2.4%	1.4%	1.0%	8.2%
その他の個人的な深刻な悩み	8.8%	9.7%	7.3%	9.5%	8.0%
その他（個人的なこと）	2.2%	3.1%	4.0%	4.4%	2.5%

※1%水準で統計的に有意に値が大きい箇所に網かけを、値が小さい箇所に下線を付した。

図表 1-14　相談ニーズ別のキャリアコンサルティング未経験者が相談したい内容

	相談したいn＝444	どちらかと言えば、相談したいn＝1230	どちらとも言えないn＝2918	どちらかと言えば、相談したくないn＝1229	相談したくないn＝3012	合計
学生時代の就職活動	11.3%	8.4%	6.2%	6.3%	4.7%	6.2%
（学生時代以外の）就職活動、求職活動	7.9%	9.4%	4.7%	2.8%	1.4%	4.1%
進学・留学など	4.7%	5.0%	2.9%	3.2%	1.6%	2.9%
転職	51.1%	45.8%	26.3%	20.3%	12.7%	24.8%
会社の倒産・リストラについて	7.9%	8.1%	6.0%	3.6%	2.9%	5.0%
定年後の就職、仕事について	15.1%	21.8%	21.6%	20.6%	17.4%	19.7%
その他（職業選択）	0.7%	0.2%	0.4%	1.4%	2.8%	1.4%
自分の職業の向き不向き	44.8%	38.2%	23.4%	16.9%	9.6%	20.9%
モチベーションの低下	29.7%	28.5%	15.9%	12.0%	7.9%	15.1%
職業能力の開発・能力アップ	35.1%	28.8%	18.6%	13.1%	6.7%	16.0%
資格取得	30.6%	25.3%	16.7%	15.0%	8.8%	15.7%
将来の職業生活設計	30.4%	27.5%	16.3%	15.1%	8.9%	15.9%
その他（能力開発）	0.0%	0.0%	0.2%	0.7%	1.8%	0.8%
仕事内容について	40.3%	36.0%	21.8%	14.5%	11.4%	20.2%
賃金や処遇について	43.2%	43.4%	31.3%	25.0%	17.5%	28.0%
残業や労働負荷について	29.5%	22.4%	13.9%	10.0%	6.1%	12.7%
配置転換・出向・転籍について	16.0%	11.2%	6.4%	5.5%	3.2%	6.3%
昇進について	14.4%	10.0%	6.1%	5.0%	4.4%	6.3%
その他（労働条件）	0.2%	0.5%	0.5%	1.1%	2.8%	1.3%
職場の同僚との人間関係	27.3%	23.7%	14.4%	12.9%	8.5%	14.1%
職場の上司との人間関係	36.9%	30.8%	17.3%	14.6%	8.5%	16.8%
職場の部下との人間関係	12.2%	10.5%	7.2%	5.4%	4.1%	6.6%
職場外の人との人間関係	7.9%	8.0%	4.3%	4.9%	3.5%	4.8%
人間関係以外の仕事上のトラブル	8.1%	8.3%	5.3%	5.6%	6.5%	6.3%
その他（人間関係のトラブル）	0.0%	0.2%	0.5%	0.9%	2.1%	1.0%
精神面の病気・不調	32.2%	22.1%	13.2%	9.8%	9.2%	13.6%
その他の病気・入院	10.4%	8.9%	6.8%	6.3%	4.9%	6.6%
家族の介護	7.0%	8.9%	7.9%	7.5%	6.6%	7.5%
結婚・出産・育児	14.4%	13.7%	7.7%	7.4%	5.8%	8.2%
その他の個人的な深刻な悩み	9.5%	7.2%	6.5%	7.4%	9.8%	8.0%
その他（個人的なこと）	0.0%	0.3%	1.0%	2.0%	5.5%	2.5%

※ 「家族の介護」を除く全項目で 1％ 水準で統計的に有意。30％ 以上の値を示した箇所に網かけを付した。

の中でも、どのような内容が特に高いのかを検討した。

　その結果、「相談したい」というニーズを強く持つ者は、「転職」「自分の職業の向き不向き」「職業能力の開発・能力アップ」「資格取得」「将来の職業生活設計」「仕事内容について」「賃金や処遇について」「職場の上司との人間関係」「精神面の病気・不調」について相談したいと回答する傾向が強かった。

　これらの相談内容は主に「転職」「能力開発」「処遇」「上司との人間関係」「メンタルヘルス」と集約できる。これらの内容の相談こそが、まさに相談ニーズがある者が相談したいと考える内容であると言うことができる。

2 キャリアコンサルティング経験者の相談内容

　ここからは、キャリアコンサルティング経験者を対象に、その相談内容を検討する。図表1-15にキャリアコンサルティングの相談内容を示した[2]。

　最も多い相談内容は「転職」（53.8%）であった。次いで「仕事内容」（35.3%）、「自分の職業の向き不向き」（24.8%）、「賃金や処遇」（22.0%）、「モチベーション・アップ」（18.3%）と続いていた。

　図表1-16には、年代別のキャリアコンサルティングの相談内容のうち、統計的に有意な結果の示された項目のみを図示した。相談内容は「転職」が多いが、20代前半は「学生時代の就職活動」「（学生時代以外の）就職活動、求職活動」を挙げた回答者が多かった。また、「精神面の病気・不調」「職場の上司との人間関係」も多かった。20代後半には「結婚・出産・育児」もわずかに多かった。これらは年代が高くなるにつれて、漸減する傾向があるところに共通点がみられる。結局、20代は就職や職場への適応、私生活面での大きな変化が重なるために、相対的に相談ニーズが多岐にわたり、それゆえ、量的にも多くなることがうかがえる。ただし、年代が高くなるにつれて増える相談内容もあり、例えば「定年後の就職、仕事」はその典型的なものであったと言える。

　なお、本章で分析を行ったキャリアコンサルティングの相談内容は複数回

2　ここからは、先の脚注で示したとおり、前節と同様の調査から、キャリアコンサルティング経験者1,117名が実際に相談した内容に関する結果を示す。

図表 1-15　キャリアコンサルティング経験者のキャリアコンサルティングの相談内容①

転職	53.8%
仕事内容	35.3%
自分の職業の向き不向き	24.8%
賃金や処遇	22.0%
モチベーション・アップ	18.3%
職業能力の開発・能力アップ	16.5%
学生時代の就職活動	14.9%
将来のキャリア計画	14.8%
職場の上司との人間関係	13.5%
残業や労働負荷	11.2%
（学生時代以外の）就職活動、求職活動	10.8%
精神面の病気・不調	10.7%
資格取得	10.0%
職場の同僚との人間関係	8.8%
配置転換・出向・転籍	6.0%
昇進・昇格	4.5%
職場の部下との人間関係	4.2%
結婚・出産・育児	3.9%
会社の倒産・リストラ	3.8%
その他の病気・入院	3.4%
その他の個人的な深刻な悩み	3.3%
職場外の人との人間関係	3.0%
定年後の就職、仕事	2.8%
人間関係以外の仕事上のトラブル	2.6%
進学・留学など	2.5%
家族の介護	2.5%
その他（職業選択）	1.3%
その他（労働条件）	0.4%
その他（個人的なこと）	0.4%
その他（能力開発）	0.2%
その他（人間関係のトラブル）	0.2%

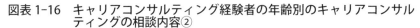

図表 1-16　キャリアコンサルティング経験者の年齢別のキャリアコンサル
　　　　　ティングの相談内容②

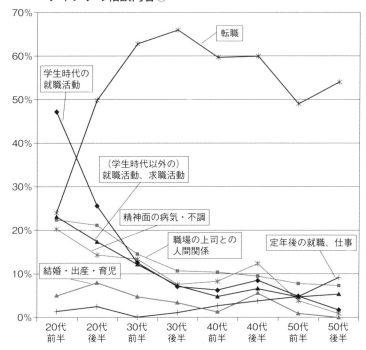

答であったため、一人の回答者がどのような相談内容を同時に経験したのか
を検討できる。すなわち、相談内容間の関連を検討することができる。

　各相談内容間の関連をスピアマンの順位相関係数を求めて検討した結果、
統計的に有意な相関係数が多くみられたが、なかでも特に値が大きかった上
位5つは以下のとおりである。

　・「仕事内容」と「賃金や処遇」　$\rho =$　0.426
　・「仕事内容」と「自分の職業の向き不向き」　$\rho = 0.335$
　・「賃金や処遇」と「残業や労働負荷」　$\rho = 0.325$
　・「職場の同僚との人間関係」と「精神面の病気・不調」　$\rho = 0.303$
　・「職場の上司との人間関係」と「精神面の病気・不調」　$\rho = 0.339$

　こうした相談内容間の関連を全項目に広げて、相互の関連をみることを目

図表 1-17　相談内容の関連（主成分分析）

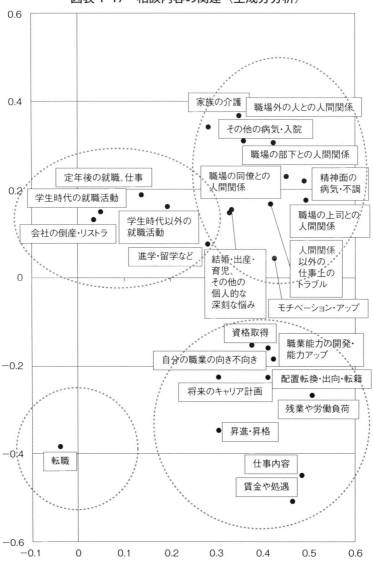

的として主成分分析を行い、第1主成分と第2主成分の負荷量をプロットした（図表1-17）。図からは大きく4つのまとまりを観察することができる。

1つめは左下の「転職」であり、この相談内容が他の相談内容とは独立した一つの大きなまとまりを形作っていることをみてとることができる。2つめは右下の「賃金や処遇」「仕事内容」「昇進・昇格」「残業や労働負荷」などを中心としたまとまりであり、上述した相関関係を基盤とした職場内の仕事や処遇、キャリアや能力開発などに関する相談が中心となっている。3つめは右上にあって、「職場内外の人間関係」と「精神面の不調」「その他の病気」「介護」「結婚・出産」などで一つのまとまりを形作っている。人間関係とメンタルヘルスを基盤とした病気その他の個人的な事情に関する相談が中心となっている。4つめが左上であるが、就職活動と会社の倒産・リストラ、定年後の就職などが一つのまとまりを形成している。若干、解釈が難しいまとまりであるが、主に「就職」に関する相談であると考えることができる。

以上、本研究の結果から、キャリアコンサルティングで相談される内容は、⑴転職、⑵仕事内容（賃金・処遇、キャリア計画・能力開発等を含む）、⑶人間関係とメンタルヘルス（その他の病気、介護、結婚・出産等を含む）、⑷就職（学生時代、リストラ、定年後の就職を含む）と整理することができる。

ここまで主に相談内容に着目してきたが、結果をまとめると、①具体的に相談したい内容として「賃金や処遇について」「転職」「自分の職業の向き不向き」「仕事内容について」「定年後の就職、仕事について」などが上位を占めた。②おおむね年齢によって相談したい内容は異なり、概して20〜30代では相談したい内容が多かった。20代では就職活動や進学・留学、職場の同僚や上司との人間関係、精神面の病気についてのニーズが大きく、30代では職業能力開発や職業生活設計、昇進などのキャリア関連の相談内容のニーズが大きかった。③ここに挙げた項目は概して専門のカウンセラーに相談したいという相談ニーズが高い者も挙げる相談内容であった。④50代が相談したい内容は「定年後の就職、仕事について」「家族の介護」であり、その他には自由記述内容などから「特になし」という回答が多かったことが示される。

第4節　コロナ禍における相談ニーズ

１　コロナ禍による職業生活及び職業観・キャリア観の変化

　本節では、コロナ禍における就業者のキャリア意識に焦点を当てて検討し、コロナ禍における相談ニーズについて結果を得ることとした[3]。まず、コロナ禍での職業生活の変化及び職業観・キャリア観の変化について検討した結果、図表1-18に示したとおり、約4割がコロナ禍で職業生活に「変化があった」と回答した。また、約2割がコロナ禍で職業観・キャリア観に「変化があった」と回答した。ただし一方で、コロナ禍で「変化がなかった」との回答も、それぞれ約4割だった。

図表1-18　コロナ禍での職業生活の変化及び職業観・キャリア観の変化

	かなり大きな 変化があった n＝561	やや大きな 変化があった n＝1512	どちらでも ない n＝1226	あまり大きな 変化がなかった n＝1050	ほとんど大きな 変化がなかった n＝1029
コロナ禍での 職業生活の変化	10.4%	28.1%	22.8%	19.5%	19.1%
	かなり 変化があった n＝216	やや 変化があった n＝1003	どちらとも 言えない n＝2132	あまり 変化がなかった n＝852	ほとんど 変化がなかった n＝1175
コロナ禍での職 業観・キャリア 観の変化	4.0%	18.7%	39.6%	15.8%	21.8%

※1　具体的な質問項目は「新型コロナウイルス感染症流行の影響で、職業生活に大きな変化がありましたか」
※2　具体的な質問項目は「新型コロナウイルス感染症流行の影響で、職業観・キャリア観に変化がありましたか」
※3　最も大きい値のセルに網かけを付した。

　上記のコロナ禍での職業生活の変化及び職業観・キャリア観の変化の認識については、企業規模、雇用形態、職業、年収などで、統計的に有意な差がみられた。図表1-19及び図表1-20に示したとおり、コロナ禍が職業生活に与えた影響は、一様ではなかった。概して、大企業、正社員、管理的・専門的・技術的・事務的職業（≒デスクワーク）、年収400万円以上で変化が大

3　本節は、「労働政策研究・研修機構（2021）．就業者のライフキャリア意識調査─仕事、学習、生活に対する意識　調査シリーズ No.208」の調査結果に基づく。本調査は Web モニター調査によるものであり、調査対象は 20～50 代の就業者 6,000 名であった（性別×年代（20 代、30 代、40 代、50 代）×雇用形態（正社員、正社員以外）を総務省統計局「2018 年度労働力調査」（基本集計）の比率に応じて割り当てた）。実施時期 2020 年 11 月であった。

図表 1-19　勤務先規模別・雇用形態別・職業別・年収別のコロナ禍での職業生活の変化

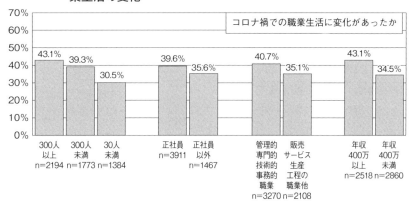

※「かなり大きな変化があった」と「やや大きな変化があった」を合計した割合

図表 1-20　勤務先規模別・雇用形態別・職業別・年収別の職業観・キャリア観の変化

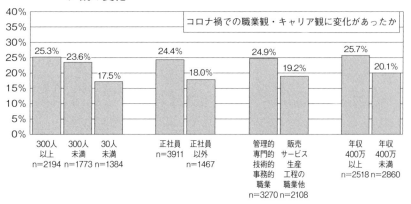

※「かなり大きな変化があった」と「やや大きな変化があった」を合計した割合

きいと感じられていた（いずれも 0.1％ 水準で統計的に有意）。

　なお、各要因は関連しているため、組み合わせた場合、いっそう顕著な差がみられた。例えば、同じ正社員でも「300 人以上管理的・事務的他 400 万以上」では 49％ が変化ありと回答。対して「30 人未満販売他 400 万未満」

図表 1-21　勤務先規模別・雇用形態別・職業別・年収別のコロナ禍での職業生活の具体的変化

コロナ禍での 職業生活での変化について	300 人 以上	300 人 未満	30 人 未満	sig.	正社員	正社員 以外	sig.
転職した	1.7%	2.4%	3.6%		1.8%	4.2%	**
解雇または雇い止めとなった	0.7%	1.2%	1.7%		0.7%	2.5%	**
休業、自宅待機となった	6.5%	6.2%	10.4%		7.8%	14.5%	**
仕事内容に変化があった	13.0%	13.7%	10.3%		13.7%	9.4%	**
兼業・副業を開始した	1.5%	2.0%	1.7%		1.7%	1.6%	
勤務時間が減った	13.1%	13.7%	16.1%		12.6%	17.8%	**
賃金・収入が下がった	16.5%	15.8%	15.3%		15.5%	17.0%	
勤務形態に変化があった	21.0%	13.1%	8.7%	**	17.5%	8.9%	**
働く場所に変化があった	20.1%	10.2%	6.0%	**	15.2%	7.5%	**
あてはまるものはない	44.0%	50.9%	56.2%	**	48.1%	53.2%	**

※具体的な質問項目は「新型コロナウイルス感染症流行の影響で、具体的に職業生活に以下のような変化がありましたか。あてはまるものをすべてお選びください（複数回答）」。sig. は有意水準 .** は 0.1% 水準で統計的に有意。統計的に有意に値が大きな箇所に網かけを付した。

コロナ禍での 職業生活での変化について	管理的・ 専門的・ 技術的・ 事務的 職業	販売・ サービス・ 生産工程 の職業	sig.	400 万円 以上	400 万円 未満	sig.
転職した	2.0%	3.2%		1.5%	3.3%	**
解雇または雇い止めとなった	0.8%	1.8%		0.7%	1.6%	
休業、自宅待機となった	7.7%	12.6%	**	6.9%	12.0%	**
仕事内容に変化があった	13.1%	11.5%		14.4%	10.8%	**
兼業・副業を開始した	1.4%	2.2%		1.6%	1.7%	
勤務時間が減った	11.9%	17.4%	**	12.4%	15.5%	
賃金・収入が下がった	12.3%	21.5%	**	15.0%	16.7%	
勤務形態に変化があった	18.8%	9.6%	**	20.3%	10.7%	**
働く場所に変化があった	17.0%	7.0%	**	19.1%	7.8%	**
あてはまるものはない	48.3%	51.4%		45.2%	53.3%	**

※具体的な質問項目は「新型コロナウイルス感染症流行の影響で、具体的に職業生活に以下のような変化がありましたか。あてはまるものをすべてお選びください（複数回答）」。sig. は有意水準 .** は 0.1% 水準で統計的に有意。統計的に有意に値が大きな箇所に網かけを付した。

では 24% が変化ありと回答していた。

　具体的にどのような職業生活の変化があったかを、図表 1-21 に示した。

　具体的な職業生活の変化は、概して大企業、正社員、デスクワーク、年収400 万以上では「勤務形態に変化があった」「働く場所に変化があった」でみられた。それ以外の属性の者では「転職した」「解雇または雇い止めとなった」「休業、自宅待機となった」が多かった。なお、「あてはまるものはない」も多かった。

　具体的な職業生活の変化は、おおむね、①大企業正社員のテレワーク、②正社員以外の転職・解雇・休業、③何もなしの 3 つに分けられると想定される。

　企業内外のキャリア支援を検討する上で、職業観・キャリア観に変化を与える要因を検討した。具体的には、ここまでみてきた要因を説明変数とし、コロナ禍での職業生活の変化及び職業観・キャリア観の変化を被説明変数とした重回帰分析を行った。図表 1-22 に示したとおり、コロナ禍で職業生活に変化があったという認識は、コロナ禍における個々の具体的な職業生活上の変化に規定されていた。特に「働く場所に変化があった」「勤務形態に変化があった」など事実上テレワークを示す職業生活の影響が大きかった。その上で、コロナ禍での職業生活の変化があったという認識が、コロナ禍での職業観・キャリア観の変化に影響を与えていた。すなわち、①休業・自宅待機あるいはテレワーク等の具体的な職業生活の変化⇒②コロナ禍で職業生活（全般）に変化があったという認識⇒③コロナ禍で職業観・キャリア観の変化といった一連のプロセスがあることがうかがえた。

　ただし、ここまでの結果をまた別の角度から集約した場合、若干の問題も指摘される。図表 1-23 はコロナ禍での職業生活の変化及び職業観・キャリア観の変化の属性別の平均割合を 2 次元上にプロットしたものである。図から、コロナ禍の職業生活の変化と職業観・キャリア観に密接な関連があり、両者があいまって、就業者の間に、意識面での大きな分断・相違が生じていることが示される。キャリア形成支援の背景に根強くある両者の違いを考慮した展開が求められると言える。

　なお、コロナ禍について「これからの社会に大きな変化を与えたが、自分

図表 1-22　各要因がコロナ禍での職業生活の変化及び職業観・キャリア観の変化に与えた影響（重回帰分析）

	コロナ禍で職業生活に変化があった		コロナ禍で職業観・キャリア観に変化があった	
	β	sig.	β	sig.
規模（1＝30人未満、2＝300人未満、3＝300人以上）	.026		.040	
雇用形態（1＝非正規雇用、2＝正規雇用）	.014		.073	**
職業（1＝販売・サービス・生産工程、2＝管理的・専門的・技術的・事務的）	.044	**	.035	
収入（1＝年収400万未満、2＝年収400万円以上）	-.043		-.010	
コロナ禍で職業生活に変化があった（1＝ほとんど大きな変化がなかった～5＝かなり大きな変化があった）			.352	**
コロナ禍の職業生活の変化について				
転職した	.095	**	.078	**
解雇または雇い止めとなった	.050	**	.055	**
休業、自宅待機となった	.140	**	.015	
仕事内容に変化があった	.188	**	.081	**
勤務時間が減った	.094	**	.011	
賃金・収入が下がった	.134	**	.059	
勤務形態に変化があった	.166	**	.011	
働く場所に変化があった	.227	**	.028	
調整済み R^2	.287	**	.218	**

※重回帰分析。β は標準偏回帰係数。値が大きいほど当該変数の影響が強いことを示す。符号がプラスの場合、当該変数はプラスの方向へ影響を与えると解釈できる。sig. は有意水準 ** は p.<01。.10以上の大きな値の β に網かけを付した。

の生活は変化しなかった」という回答が半数弱（49.5％）あり、「これからの社会に大きな変化を与え、自分の生活も大きく変化した（28.2％）」を上回る。変化がないとした層に、それら実態に合わせてキャリア支援を考えるか、変化するように促すかは検討を要することも指摘し得る。

図表 1-23　コロナ禍での職業生活の変化及び職業観・キャリア観の変化における分断・格差

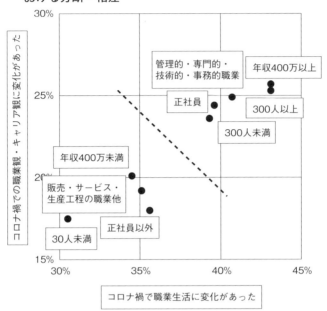

2　コロナ禍におけるキャリア意識の諸相

　ここからは、自律的キャリア観について検討する。本調査の「あなたは、自分自身の生涯を通じたキャリア計画について、どのように考えていますか」という設問に対する回答を、ここでは自律的キャリア観を代替的に示すものとして解釈する。図表 1-24 に示したとおり、「自分でキャリア計画を考えていきたい」21.4%、「どちらかといえば、自分でキャリア計画を考えていきたい」45.6% をあわせて 7 割弱であり、概して「自分でキャリア計画を考えたい」と回答していた。自分で自律的にキャリア形成をしたいというニーズ、意識は根強く、自らキャリアを形成していける取り組みの強化が求められる。

　ただし、逆に会社（職場）主導のキャリア形成にならざるを得ない原因は何かを検討し、より自由なキャリア形成を行える素地を整備することも求め

図表1-24　コロナ禍における自律的キャリア観

自律的キャリア観	自分で キャリア計画を 考えていきたい n＝1152	どちらかといえば、 自分で キャリア計画を 考えていきたい n＝2454	どちらかといえば、 会社（職場）で キャリア計画を 提示してほしい n＝1158	会社（職場）で キャリア計画を 提示してほしい n＝614
	21.4%	45.6%	21.5%	11.4%

※具体的な質問項目は「あなたは、自分自身の生涯を通じたキャリア計画について、どのように考えていますか。あてはまるものを1つお選びください」。最も大きい値のセルに網かけを付した。

られる。例えば、図表1-25に示したとおり、自律的キャリア観を回答者の属性を組み合わせて詳しくみると、「正社員」「事務的・管理的・専門的職業他」「年収400万以上」で高く、「正社員以外」「販売・サービス・生産工程の職業」「年収400万未満」で低い。すなわち、正社員、高収入層等に示されるとおり、ある程度生活が安定し、将来的な見通しを持つことで、はじめて自律的キャリア観を持てる可能性がある。逆に十分に見通しも持てない場合、自律的にはなり得ないと言える。

　安定的な見通しの持てる人事管理が望ましいが、難しい場合、ジョブ・カードあるいはセルフ・キャリアドック等の何らかのキャリア支援施策を援用することで、長期的な見通しを持てるような取り組みが必要となると指摘できる。

　コロナ禍におけるキャリア意識を別の角度から検討するために、最近のキャリア観への回答を検討した。図表1-26に挙げた各項目は、近年、メディアやインターネット上で最近のキャリアのトピックとして取り上げられることが多いが、どの項目に関心があるかについて回答を求めた。その結果、総じて「週3正社員週4正社員」「時短勤務」等の短時間労働への関心が高かった。

　ただし、図表1-27に示したとおり、勤務先規模・雇用形態・職業別・年収別に検討すると、大企業、デスクワーク、高収入層でテレワークに対する関心が高い。一方、低収入、非正規層で短時間労働に対する関心が高かった。最近のキャリアのトピックに対する回答でも、意識の分断が生じていることがわかる。

図表 1-25　雇用形態・勤務先規模・職業別・年収別の自律的キャリア観

自分でキャリア計画を考えていきたい	n	%
「正社員」「30 人未満」「事務他」「400 万以上」	85	35.9%
「正社員」「300 人未満」「事務他」「400 万以上」	158	29.6%
「正社員」「300 人以上」「事務他」「400 万以上」	274	26.9%
「正社員」「300 人以上」「販売他」「400 万以上」	80	24.4%
合計	1146	21.4%
「正社員」「30 人未満」「事務他」「400 万未満」	66	20.9%
「正社員」「30 人未満」「販売他」「400 万以上」	23	20.7%
「正社員」「300 人未満」「事務他」「400 万未満」	63	19.7%
「正社員」「300 人以上」「販売他」「400 万未満」	30	17.6%
「正社員」「300 人未満」「販売他」「400 万以上」	32	16.9%
「正社員以外」「300 人以上「販売他」「400 万未満」	31	16.8%
「正社員」「300 人以上」「事務他」「400 万未満」	45	16.5%
「正社員以外」「300 人以上」「事務他」「400 万未満」	29	15.8%
「正社員」「300 人未満」「販売他」「400 万未満」	33	15.5%
「正社員以外」「30 人未満」「販売他」「400 万未満」	50	15.5%
「正社員」「30 人未満」「販売他」「400 万未満」	28	14.6%
「正社員以外」「300 人未満」「販売他」「400 万未満」	49	14.4%
「正社員以外」「30 人未満」「事務他」「400 万未満」	22	12.0%
「正社員以外」「300 人未満」「事務他」「400 万未満」	17	11.6%

※% が大きい順に並べた。「合計」は全体の%。これより大きい場合、全体よりも大きな% と解釈することができる。なお
人数n が 10 名に満たない少数回答 31 名分は除いた。31 名の共通点は「正社員以外」で「400 万円以上」の収入を得て
いることであり、言わばフリーランス、個人事業主に近い働き方をする者であったと推察される。これら 31 名は「自分
でキャリア計画を考えていきたい」と回答する傾向が全体の平均より高かった。

3 キャリアコンサルティング（キャリア相談）に対する意識

　コロナ禍におけるキャリアコンサルティング（キャリア相談）に対する意
識を検討する。キャリアコンサルティング（キャリア相談）に対する各種の
回答結果を図表 1-28 に示した。本調査で「専門家にキャリア相談の経験が
あるか」を尋ねた結果、経験「あり」は 8.2% だった。2016 年に今回と同じ
サンプリングで抽出した 9,950 名に対する調査では 11.2%（信頼係数 99%
で下限 10.4% 〜上限 12.0%）だったことから（労働政策研究・研修機構、
2017）、今回、コロナ禍における調査ではキャリアコンサルティング（キャ

図表 1-26　最近のキャリアのトピックに対する関心

週３正社員、週４正社員（週に３日あるいは４日など正社員で働くこと）	44.2%
時短勤務（一日の労働時間を短縮して働くこと）	41.1%
セカンド・ライフ（本業を早期に引退して余暇を楽しむこと）	37.4%
パラレル・キャリア（本業を持ちながら、第二の活動をすること。兼業・副業）	33.5%
リモート・ワーク、テレ・ワーク（会社や組織に出勤せず、自宅等の場所で働くこと）	31.6%
ワーケーション（リゾート地などで、休暇を兼ねて働くこと）	24.2%
プロティアン・キャリア（環境変化にあわせてキャリアを柔軟に変化させること）	20.2%
ギグ・ワーク（インターネットを使い、必要なときに必要なだけ働くこと）	17.7%
ダブル・ジョブ（職場内で主たる仕事を２つ持つこと）	14.6%
リカレント学習（社会人大学・大学院やビジネススクール等で学び直すこと）	12.2%
プロボノ（本業とは別に職業上のスキルや専門知識を活かした活動をすること）	11.6%
越境学習（自分の専門である職場や組織を超えた学習を仕事に活かすこと）	11.6%

図表 1-27　勤務先規模・雇用形態・職業別・年収別の最近のキャリアのトピックへの関心

	300人以上	30人未満	300人未満	sig.	正社員	正社員以外	sig.
ギグ・ワーク（インターネットを使い、必要なときに必要なだけ働くこと）					16.1%	21.9%	**
リモート・ワーク、テレ・ワーク（会社や組織に出勤せず、自宅等の場所で働くこと）	37.5%	26.6%	28.4%	**			
時短勤務（一日の労働時間を短縮して働くこと）	36.2%	45.2%	44.2%	**	38.6%	48.0%	**
週３正社員、週４正社員（週に３日あるいは４日など正社員で働くこと）					41.2%	52.1%	**
プロボノ（本業とは別に職業上のスキルや専門知識を活かした活動をすること）					12.7%	8.8%	**
セカンド・ライフ（本業を早期に引退して余暇を楽しむこと）					39.0%	33.3%	**
越境学習（自分の専門である職場や組織を超えた学習を仕事に活かすこと）					12.5%	9.1%	**

※sig. は有意水準 .** は 0.1% 水準で統計的に有意。統計的に有意に値が大きな箇所に網かけを付した。

図表 1-27　勤務先規模・雇用形態・職業別・年収別の最近のキャリアのトピックへの関心（続き）

	管理的専門的技術的事務的職業	販売サービス生産工程の職業他	sig.	400万円以上	400万円未満	sig.
ダブル・ジョブ（職場内で主たる仕事を2つ持つこと）	12.9%	17.3%	**			
リモート・ワーク、テレ・ワーク（会社や組織に出勤せず、自宅等の場所で働くこと）	37.0%	23.3%	**	34.5%	29.1%	**
時短勤務（一日の労働時間を短縮して働くこと）				35.3%	46.3%	**
週3正社員、週4正社員（週に3日あるいは4日など正社員で働くこと）				39.7%	48.2%	**
プロボノ（本業とは別に職業上のスキルや専門知識を活かした活動をすること）				13.4%	10.1%	**
セカンド・ライフ（本業を早期に引退して余暇を楽しむこと）				42.5%	33.0%	**
ワーケーション（リゾート地などで、休暇を兼ねて働くこと）	22.4%	26.9%	**			

※具体的な質問項目は「新型コロナウイルス感染症流行の影響で、具体的に職業生活に以下のような変化がありましたか。あてはまるものをすべてお選びください（複数回答）」。sig. は有意水準．** は 0.1% 水準で統計的に有意。統計的に有意に値が大きな箇所に網かけを付した。

リア相談）の経験率が若干下がっていることが示される。

　なお、実際にキャリア相談を経験した者のうち「キャリアに関する相談の専門家に相談した」は、2016 年調査では 61.1%、今回は 66.6% で 5% 程度増加していた。一方、「相談して良かったか」は、「とても良かった＋やや良かった」が 2016 年調査では 67.5% に対して今回は 52.1% であった。「相談はその後の職業やキャリアに役立ったか」は、「とても役立った＋やや役立った」が 2016 年調査では 64.9% に対して、今回は 51.4% であった。「相談して良かった」及び「相談して役立った」ともに 2016 年調査から 10% 程度以上減少していた。その背景については、調査結果だけからは不明だが、コロナ禍にあってキャリアコンサルティング（キャリア相談）だけでは対応

図表 1-28　キャリアコンサルティング（キャリア相談）に対する意識

専門家にキャリア相談の経験があるかn＝5378	ある	ない
	8.2%	91.8%

相談したのは誰かn＝440	キャリアに関する相談の専門家	キャリア以外に関する相談の専門家	その他の関連する担当者	その他
	66.6%	22.0%	11.1%	0.2%

どんな相談内容だったかn＝5378	職業選択	能力開発	労働条件	人間関係	個人的なこと
	44.1%	27.7%	17.7%	6.6%	3.9%

相談して良かったかn＝440	とても良かった	やや良かった	どちらとも言えない	あまり良くなかった	ほとんど良くなかった
	10.7%	41.4%	34.5%	9.5%	3.9%

相談はその後の職業やキャリアに役立ったかn＝440	とても役立った	やや役立った	どちらとも言えない	あまり役立たなかった	ほとんど役立たなかった
	8.9%	42.5%	33.2%	10.5%	5.0%

専門のカウンセラーへの相談希望n＝4938	相談したい	どちらかと言えば、相談したい	どちらとも言えない	どちらかと言えば、相談したくない	相談したくない
	4.0%	13.9%	39.8%	16.1%	26.2%

専門のカウンセラーへどう相談をしたいかn＝4938	自宅でオンラインで	自宅以外でオンラインで	対面で	電話やメールで
	19.3%	7.9%	40.4%	32.5%

専門のカウンセラーへどんな相談をしたいかn＝4938	職業選択	能力開発	労働条件	人間関係	個人的なこと
	19.5%	25.5%	24.2%	10.1%	20.8%

することができない多様な問題をクライアント側で抱えていた可能性が考えられる。

　また、その他にキャリアコンサルティング（キャリア相談）に関する意識で、統計的に有意な差がみられたのは、以下の箇所であった。

①「専門家にキャリア相談の経験があるか」
　　企業規模：300人以上 9.8％＞300人未満 8.7％＞30人未満 4.9％
　　雇用形態：正社員 9.2％＞正社員以外 5.6％
　　収入：400万以上 10.9％＞400万未満 5.8％
②「自宅でオンラインで相談したい」
　　企業規模：300人以上 22.9％＞300人未満 17.6％＞30人未満 16.1％
③「対面で相談したい」
　　収入：400万以上 43.3％＞400万未満 37.9％
　　雇用形態：正社員 42.1％＞正社員以外 35.8％
④「電話やメールで相談したい」
　　企業規模：300人以上 27.8％＜300人未満 33.5％＜30人未満 38.0％
　　職業：管理的・専門的・技術的・事務的職業 29.2％＜
　　　　　　販売・サービス・生産工程の職業他 37.5％
　　収入：400万以上 26.1％＜400万未満 37.8％、
　　雇用形態：正社員 29.0％＜正社員以外 41.5％
⑤専門のカウンセラーに相談したい内容が「能力開発」
　　企業規模：300人以上 29.0％＞300人未満 23.7％＞30人未満 22.6％
　　雇用形態：正社員 27.6％＞正社員以外 20.1％
　　職業：管理的・専門的・技術的・事務的職業 28.5％＞
　　　　　　販売・サービス・生産工程の職業他 20.8％
　　収入：400万以上 28.8％＞400万未満 22.7％
⑥専門のカウンセラーに相談したい内容が「個人的なこと」
　　企業規模：300人以上 18.6％＜300人未満 19.3％＜30人未満 25.2％
　　雇用形態：正社員 19.1％＜正社員以外 25.2％

　上記の結果から、大企業、正社員、高収入層でキャリアコンサルティング（キャリア相談）の経験者が多いことが示される。逆に、過去の類似の調査ではキャリア相談の経験率は概して 10% 前後であるのに対して、小企業、正社員以外、低収入層では 5% 前後であり、何らかの対策を要することを指摘し得る。

　また、小企業、正社員以外、低収入層では、電話やメールによる相談ニーズが高いが、その背景には、時間的・場所的・金銭的な制約があることが推測される。例えば、相談に赴く時間がなく、オンラインで相談する場所や機材がない等の要因が関連している可能性がある。

　さらに、大企業、正社員、デスクワーク、高収入層では専門のカウンセラーに相談したい内容が「能力開発」であるのに対して、小企業、正社員以外では専門のカウンセラーに相談したい内容が「個人的なこと」であることも、上述したキャリア意識の分断に関わることと推測される[4]。

4　コロナ禍におけるキャリア意識

　以上の結果から、以下の諸点を示唆できる。

　第1に、キャリア意識にみる 2 つの層がある点である。本報告における「大企業・正社員・デスクワーク・高収入層」と「中小企業・正社員以外・非デスクワーク・低収入層」では、図表 1-29 に示すとおり、①コロナ禍による職業生活の変化及び職業観・キャリア観の変化、②コロナ禍におけるキャリア意識の諸相、③キャリアコンサルティング（キャリア相談）に対する意識のいずれの面でも、やや大きな分断・相違がみられた。概して「大企業・正社員・デスクワーク・高収入層」では、テレワーク等による職業生活の変化を経験する中で自律的な職業観・キャリア観を持つ傾向が特に高く、

4　なお、専門のカウンセラーに相談したい内容の具体的な設問は「職業生活や職場の問題についての専門のカウンセラーに相談する機会があるとしたら、どんなことを相談してみたいですか。あてはまるものを 1 つお選びください」であった。選択肢は、以下のとおりである。
　1　職業選択（就職、転職、進学・留学、定年後の就職）
　2　能力開発（自分の職業の向き・不向き、モチベーション向上、スキル知識の向上、資格取得）
　3　労働条件（仕事内容、賃金・処遇、残業・労働時間、配置転換・出向・転籍）
　4　人間関係（同僚・上司・部下との人間関係、職場以外の人間関係）
　5　個人的なこと（精神面の病気、その他の病気、家族の介護、結婚・出産・育児、その他）

図表 1-29　コロナ禍におけるキャリア意識（まとめ）

	大企業・正社員・デスクワーク・高収入層	中小企業・正社員以外・非デスクワーク・低収入層
①コロナ禍による職業生活の変化及び職業観・キャリア観の変化	テレワーク等による職業生活の変化を経験する中で、職業観・キャリア観を積極的に見直そうとする傾向が強い	転職・解雇・休業などの重大なライフイベントへの切迫した対応はあるが、それがない場合、コロナ禍が職業観・キャリア観にまで影響を及ぼす傾向は顕著ではなかった
②コロナ禍におけるキャリア意識の諸相	自律的なキャリア観を持つ傾向が特に高い	自律的なキャリア観を持つ傾向が低い
	テレワークに関心を持つ	週3週4正社員、時短勤務などに関心を持つ
③キャリアコンサルティング（キャリア相談）に対する意識	相談ニーズが高い。特に「能力開発」面での相談を求める	現状では相談ニーズが低い。特に「個人的なこと（病気・介護・結婚・出産・育児等）」での相談を求める
	対面・オンラインの相談に関心を持つ	電話・メールなどの相談に関心を持つ

テレワークに対する継続的な関心を抱く。また、相談ニーズもある程度高く、特に能力開発面での相談、対面あるいはオンラインでの相談に関心を持っているようであった。

　第2に、一方で、「中小企業・正社員以外・非デスクワーク・低収入層」の関心事は、広い意味での職業生活（ワーク）とその他の生活（ライフ）の関わりやリバランスであり、それが週3週4正社員や時短勤務のような短時間労働への関心として現れていた。キャリアコンサルティング等で相談したい内容も、職業生活そのものよりは病気・介護・結婚・出産・育児等のライフキャリア全体に関するものが多い。電話やメールでの相談ニーズも自らの生活圏内で相談したいニーズの現れとも解釈される。これらいわゆる職業・キャリアと密接不可分なライフキャリアに対する支援ニーズをキャリア形成支援施策の中でどう位置づけるかは引き続き課題となるが、当面、各種のキャリア形成支援施策間の相互の連携を一連の政策パッケージとして検討することが示唆される。

第5節　本章のまとめ

　本章では、労働者の相談ニーズや相談内容、コロナ禍におけるキャリア意識などに着目して、労働者のキャリア形成の現状及び支援ニーズを明らかにすることを目的とした。最後に特筆すべき結果として、労働者の相談ニーズ（専門のカウンセラーに対する相談のニーズ）は、通常、必ずしも高いものではないが、長時間労働など働き方の面で厳しい状況にある時、そのニーズは俄然高まるという点は、今後の課題として引き続き重視すべきである。

　また、労働者の相談内容はおおむね年代別に異なっており、それはすなわち生涯にわたるキャリア形成の中で潜在的に相談を求めたくなるほどの強いニーズは年齢によって自ずと変化するということでもある。素朴な結果だが、ここに生涯にわたるキャリア支援を構想する意義があることは改めて強調したい。

　最後に、コロナ禍のキャリア意識に関する特徴的な結果として、この大きな社会的な危機をどのように捉え、どのように自らのキャリア形成に結びつけていくかには、はっきりとした意識面での分断・分裂が生じていた。端的に「大企業・正社員・デスクワーク・高収入層」と「中小企業・正社員以外・非デスクワーク・低収入層」ではコロナ禍におけるキャリア意識は異なっていた。この結果が最終的にどのような意味を持つのかについては現段階で言えることは多くはない。しかしながら、労働者のキャリア形成及び支援ニーズに何か大きな変化が生じている可能性については、考えておく必要があるであろう。

引用文献

OECD (2012). Better skills, better jobs, better lives: A strategic approach to skills policies. OECD.
労働政策研究・研修機構 (2017). キャリアコンサルティングの実態、効果および潜在的ニーズ—相談経験者 1,117 名等の調査結果より　労働政策研究報告書　No.191.
労働政策研究・研修機構 (2021). 就業者のライフキャリア意識調査—仕事、学習、生活に対する意識　調査シリーズ No.208.

第2章

労働者に対するキャリア支援の現状

下村　英雄

第1節　はじめに

　本章では、キャリアコンサルタントを含むキャリア支援者側に対する調査結果をもとに、日本のキャリア支援の現状を示し、今後の日本のキャリア支援の課題を指摘する。特に、キャリア支援は、現在、需給調整機関から企業へとその比重が高まっており、セルフ・キャリアドック制度の推進に代表される企業内キャリア支援の制度的な環境整備の良い影響が一定以上にみられる。しかしそこで、具体的にどのようなキャリア支援（特にキャリアコンサルティング）がなされているかについては、十分な情報収集がなされていない。そこで以下にキャリアコンサルタントの活動状況を概観し、その経年変化を示す。また、ジョブ・カードを用いたキャリアコンサルティングを詳しくみた後に、キャリアコンサルティングの一般的なプロセスについて検討したい。

第2節　キャリアコンサルタントの活動状況

　本節では、労働者に対するキャリア支援の現状を、キャリアコンサルタントの活動状況に関する調査結果[1]を糸口に検討する。

1　本節は、「労働政策研究・研修機構（2018）. キャリアコンサルタント登録者の活動状況等に関する調査　労働政策研究報告書 No.200」の調査結果に基づく。本調査は、調査時点で、特定非営利活動法人キャリアコンサルティング協議会（キャリアコンサルタント指定登録機関、以下協議会）に登録済みのキャリアコンサルタント（以下、登録者）のうち、協議会が提供しているメールニューズサービスに登録している者 15,962 名に対して、電子メールを通じて、専用調査用サイトのリンク先を連絡。登録者はインターネット上の当該サイトで調査に回答。調査期間は、2017 年 6 月 30 日～2017 年 7 月 31 日であった。回収数は 3,273 通（回収率 20.5%）であった。

図表 2-1　年齢・性別

	度数	%		度数	%
20 代	40	1.2	男性	1477	45.1
30 代	370	11.3	女性	1796	54.9
40 代	972	29.7	合計	3273	100
50 代	1265	38.6			
60 代	532	16.3			
70 代以上	94	2.9			
合計	3273	100			

　まず、国家資格キャリアコンサルタントの登録者のうち、調査に回答した者の年齢・性別・主な活動地域を以下に示す。図表 2-1 には、調査回答者の年齢と性別を示した。年齢は「50 代」38.6% が最も多く、以下、「40 代」29.7%、「60 代」16.3% と続いていた。性別は「女性」54.9% の方が多かった。

　図表 2-2 には、調査回答者の主な活動地域（勤務地）を示した。最も多いのは「東京都」で全体の 28.5% を占めた。以下、「大阪府」10.3%、「神奈川県」6.0%、「愛知県」5.0%、「福岡県」3.6% と続いていた。これら上位 5 都府県で全体の 53.4% を占めた[2]。

　図表 2-3 には、調査回答者の現在の主な活動の場を示した。現在の主な活動の場で最も多かったのは「企業」34.2% であり、以下、「需給調整機関（派遣、ハローワーク、転職・再就職支援）」20.2%、「学校・教育機関（キャリア教育、キャリアセンター）」17.2% と続いていた。

　なお、現在の主な活動の場の「その他」の選択肢では、さらに追加で自由記述による回答を求めた。比較的まとまった数の回答が寄せられたものをまとめると、最も多かったのは「障害者の就労支援・職業相談」であり、他に「医療機関」「福祉施設」「矯正施設・更生機関（少年院・刑務所等）」「生活

2　キャリアコンサルタントの活動地域（勤務地）は、東京・大阪に偏在していることを改めて指摘できる。具体的には、東京都の人口が日本全体の人口に占める割合が 10.6% であるのに対して、国家資格キャリアコンサルタントの登録者（「活動していない」者を除く）は東京都が 30.3% を占めた。類似の傾向は、「大阪府」でも認められ、大阪府の人口比 7.0% に対して、今回の調査回答者は 11.0% を占めた。

図表 2-2　主な活動地域（勤務地）

	度数	%		度数	%
北海道	84	2.6	滋賀県	33	1.0
青森県	12	0.4	京都府	50	1.5
岩手県	20	0.6	大阪府	338	10.3
宮城県	59	1.8	兵庫県	114	3.5
秋田県	11	0.3	奈良県	21	0.6
山形県	14	0.4	和歌山県	19	0.6
福島県	19	0.6	鳥取県	10	0.3
茨城県	31	0.9	島根県	9	0.3
栃木県	26	0.8	岡山県	40	1.2
群馬県	22	0.7	広島県	48	1.5
埼玉県	88	2.7	山口県	15	0.5
千葉県	80	2.4	徳島県	16	0.5
東京都	932	28.5	香川県	28	0.9
神奈川県	198	6.0	愛媛県	28	0.9
新潟県	31	0.9	高知県	7	0.2
富山県	22	0.7	福岡県	117	3.6
石川県	30	0.9	佐賀県	14	0.4
福井県	8	0.2	長崎県	17	0.5
山梨県	11	0.3	熊本県	31	0.9
長野県	37	1.1	大分県	20	0.6
岐阜県	27	0.8	宮崎県	20	0.6
静岡県	56	1.7	鹿児島県	22	0.7
愛知県	163	5.0	沖縄県	43	1.3
三重県	30	0.9	国外	1	0.0
			活動していない	201	6.1

保護受給者の就労支援」「生活困窮者の自立支援」など、概して「医療・福祉領域」とも呼ぶべき領域が多かった。

医療機関、病院、患者さんの社会復帰・職場復帰の支援、がん患者就労支援、難病患者の就労、福祉領域、福祉施設、社会福祉法人、福祉事務所に

図表 2-3　現在の主な活動の場

現在の主な活動の場（単数回答）	度数	%
企業	1119	34.2
需給調整機関（派遣、ハローワーク、転職・再就職支援）	661	20.2
学校・教育機関（キャリア教育、キャリアセンター）	563	17.2
地域（地域若者サポートステーション、女性センター等）	169	5.2
その他　具体的に：	271	8.3
なし	490	15.0

> て生活保護受給者等就労自立支援、生活保護受給者の就職活動援助、生活
> 保護・困窮者、生活困窮者自立支援事業所、困窮者就職支援、生活困窮者
> 就労支援施設、高齢者施設、高齢者支援、障害者の就労支援、障害者相談
> 支援、障害者就労移行支援、障害者の職場定着支援、地域活動支援セン
> ター、就労自立センター、就労支援センター（うつ病、発達障がい）、依
> 存症者の就労支援、ひとり親、犯罪被害者総合支援センター、刑務所、矯
> 正施設、矯正・更生機関（少年院、刑務所）、職業訓練校、職業訓練施設、
> 職業能力開発センター、職訓短大、職業訓練委託機関、個人、個人からの
> 依頼、個人的なセミナー、都の就業支援機関、行政の受託事業、官公庁受
> 託事業、行政の受託時事業による女性の働き方改善、男女平等・ダイバー
> シティセンター、UJI ターン促進、子ども・若者総合相談センター、ジョ
> ブカフェ、家庭裁判所、区役所窓口、市役所、県機関、NPO、若者支援
> の NPO、電話相談ボランティア、任意団体

　また、国や各自治体の各種の行政サービスに関わるものが多く寄せられ
た。例えば、ひとり親、高齢者、がん患者、若年等を対象とした国や自治体
の就労支援サービス全般を全てひとまとまりとした場合には、「公共サービ
ス領域」とも呼ぶべき領域も比較的多くみられた。さらに、「職業訓練校」
「公共職業訓練」などの訓練機関、さらには「NPO」「個人（個人対象の
キャリアカウンセリング等）」などについても比較的まとまった数の記述が
みられた。

　図表 2-4 には、現在の就労状況を示した。図表のとおり、最も多いのは

図表 2-4　現在の就労状況

	度数	%
正社員	1274	38.9
非正規社員	944	28.8
キャリアコンサルタントとしてフリー・自営	356	10.9
経営・管理職	236	7.2
キャリアコンサルタント以外でフリー・自営	205	6.3
キャリアコンサルタントとしてボランティア	66	2.0
キャリアコンサルタント以外でボランティア	61	1.9
無職	131	4.0
合計	3273	100

「正社員」38.9% であり、以下、「非正規社員」28.8%、「キャリアコンサルタントとしてフリー・自営」10.9% が続いていた。少ないのはボランティアであり、「キャリアコンサルタントとしてボランティア」2.0%、「キャリアコンサルタント以外でボランティア」1.9% であった[3]。

　図表 2-5 には、現在の勤務先の全従業員数を示した。最も多いのは「1,000 人以上」32.2%、次いで「29 人以下」18.5%、「100〜299 人」17.9% であった。「平成 26 年経済センサス－基礎調査」から企業の常用雇用者規模別会社企業数と比較すると、1,000 人以上の企業は全体の 0.2%、29 人以下の企業は全体の 90.6%、100〜299 人の企業は全体の 1.8% であることから、キャリアコンサルタントの勤務先は 1,000 人以上の大企業に極端に偏っていることが示される。

　本節の結果から、キャリアコンサルタントの属性にはいくつかの傾向がみられた。例えば、①40 代以上の中高年者が多く 30 代以下の若年者が少ない。②東京大阪などの都市部に偏り、地方に少ない。③勤務している場合、

3　なお、「キャリアコンサルタント以外でフリー・自営」については具体的に記述を求めた。最も多かった記述は「社会保険労務士」「社労士」であり、キャリアコンサルタントの資格を持ちつつ、社会保険労務士として働いていることが多いようであった。次いで多くみられたのは「研修講師」「講師」などであった。その他、「人事コンサルタント」「経営コンサルタント」などのコンサルティング業、キャリアコンサルティングに限定されない一般的な「カウンセラー」なども比較的まとまった数の回答が寄せられた記述であった。

図表 2-5　現在の勤務先の全従業員数

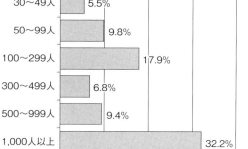

	度数	%
29 人以下	453	18.5
30〜49 人	135	5.5
50〜99 人	240	9.8
100〜299 人	440	17.9
300〜499 人	166	6.8
500〜999 人	230	9.4
1,000 人以上	790	32.2
小計	2454	100
欠損値	819	
合計	3273	

大企業に集中しており、中小企業に少ない。これらキャリアコンサルタント
の属性は、キャリアコンサルタントの現状に即した属性分布であり、それは
一定程度、キャリアコンサルティングの活動を反映しているとも解釈され
る。すなわち、キャリアコンサルタントは中高年、都市部、大企業のキャリ
アコンサルティングニーズに対応すべく、現状の属性分布となっていると解
釈することもできる。

　しかしながら、現在、キャリアコンサルティングに持ち込まれる多種多様
な問題解決、相談、支援のニーズを考えた場合、可能な限り、キャリアコン
サルタントの属性は多様であることが望まれる。すなわち、30 代以下の若
年層、地方、中小企業、役職者で国家資格キャリアコンサルタントの登録者
が増えることが望ましい。こうしたキャリアコンサルタントの偏在の問題は
従来から知られており、これまでにも一定の対応が図られてきたが、今後は
よりいっそう積極的な対応が求められる。

　なお、キャリアコンサルタントの活動領域については、従来、企業・学
校・需給調整機関・地域の4つの領域が主に考えられることが多かったが、
本調査では、その他の活動領域も広がりを見せつつあることがうかがえた。
例えば、主な活動の場として、①精神障害（うつ病等）・発達障害等を含む
障害者の就労支援や職業相談、②がん患者及び難病患者の職場復帰・就労支

援等を含む医療機関、③生活困窮者等の就労支援、ひとり親、依存症者、犯罪被害者、受刑者・出所者他の多種多様な対応を求められる広い意味での福祉施設などが挙げられる。これらを総じて「地域・福祉領域」と名づけることも可能であり、今後、いっそうの拡大を見せる領域であると想定される。

　これらの領域については、いずれもこれまでキャリアコンサルタントが取り扱ってきた問題より、さらに個別性の高い個人個人で異なる対応が求められることが想定され、従来とは異なるスキル・コンピテンシーが求められる可能性も高い。また、いずれも関連諸機関における職員・管理者・専門家との密接な連携が求められ、チーム支援の一端を担うキャリアコンサルタントとして、従来よりもいっそうレベルの高い連携・協働のスキルも求められると想定される。

第3節　2006年調査及び2017年調査との経年比較

　キャリアコンサルタントの活動状況に関する大規模な調査は、これまでに3回、実施された。最初の調査は2006年に行われたが、過去3回の調査[4]との比較を行うことで、この間のキャリアコンサルタントの活動状況の変化を捉えることが可能となる。あるいはこの間に変化せず、時代に左右されない、ある程度普遍的なキャリアコンサルタントの活動を特定することができる。以上の目的から、本節では、キャリアコンサルタントの活動状況の経年

4　過去3回の調査は、以下のとおり。①2006年度「キャリア・コンサルティングに関する実態調査結果報告書（厚生労働省委託）」（キャリア・コンサルティング協議会）。対象者：標準レベルのキャリア・コンサルタント17,326名、資格取得者に対しEメールを送付しインターネット上に設置するアンケートフォームへの回答、調査期間2006年10月17日～2006年11月30日、回収数3,465通（回収率：20.0%）
②2010年度「キャリア・コンサルティングに関する実態調査結果報告書（厚生労働省委託）」（三菱UFJリサーチ＆コンサルティング社）。対象者：標準レベルのキャリア・コンサルタント（2級キャリア・コンサルティング技能士である者を含む）延べ28,739名、調査方法：Web調査、調査期間2010年10月7日～2010年10月31日、回収数3,339通（回収率11.6%）
③2013年度「キャリア・コンサルティング研究会－キャリア・コンサルタントが有するキャリア・コンサルティング能力の実態等に関する検討部会報告書（厚生労働省委託事業）」（三菱UFJリサーチ＆コンサルティング社）。対象者：標準レベル以上のキャリア・コンサルタント延べ31,173名、調査方法：Web調査、調査期間2013年9月2日～2013年9月25日、回答者数3,865通（回収率12.4%）

比較を行うこととした。

　まず、図表 2-6 には、各調査におけるキャリアコンサルタントの年齢を示した。表から 2006 年と 2017 年とを比較すると「30 代」が約 10 ポイント減少し、「50 代」が約 8 ポイント、「60 歳以上」が約 6 ポイント増加していた。この間に、概してキャリアコンサルタントの高年齢化が進んだ可能性を指摘できる。

　図表 2-7 には、各調査におけるキャリアコンサルタントの年齢を図示したが、2006 年調査、2010 年調査では 40 代がピークとなっているが、2013 年調査、2017 年調査では 50 代が最も多かった。

　図表 2-8 には、各調査におけるキャリアコンサルタントの性別を示した。2006 年から 2017 年の 11 年間で性別の割合が逆転している。すなわち、2006 年調査では、男性が約 6 割、女性が約 4 割であったが、それぞれ約 13 ポイントずつ減少あるいは増加して、2017 年調査では男性が約 45％、女性が約 55％ となった。図表 2-9 には、各調査におけるキャリアコンサルタントの性別を図示した。当初、男性が多かったが、徐々にその割合を減らし、現在、若干、女性が多くなっていることがわかる。

　図表 2-10 及び図表 2-11 には、各調査におけるキャリアコンサルタントの主な活動の場を示した。表から、「公的就労支援機関」が主な活動の場だと回答した割合は減少したことが示される。一方で「企業内」が主な活動の場だと回答した割合は増加した。「民間就職支援機関」「地域」は微減傾向、「大学・短大他」「その他」は微増傾向にあった。

図表 2-6　各調査におけるキャリアコンサルタントの年齢①

2006 年調査 n=3465		2010 年調査 n=3339		2013 年調査 n=3865		2017 年 (今回調査) n=3273		2006 年と 2017 年の 差
30 歳未満	3.3%	30 歳未満	1.4%	30 歳未満	1.3%	20 代	1.2%	-2.1
30 歳代	21.6%	30 歳代	17.9%	30 歳代	14.5%	30 代	11.3%	-10.3
40 歳代	31.3%	40 歳代	33.0%	40 歳代	32.7%	40 代	29.7%	-1.6
50 歳代	30.2%	50 歳代	27.1%	50 歳代	33.8%	50 代	38.6%	8.4
60 歳以上	13.7%	60 歳以上	20.6%	60 歳以上	17.7%	60 代以上	19.2%	5.5

図表 2-7　各調査におけるキャリアコンサルタントの年齢②

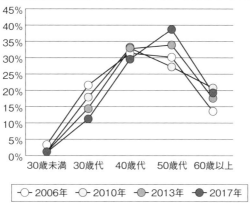

図表 2-8　各調査におけるキャリアコンサルタントの性別①

2006 年調査 n=3465		2010 年調査 n=3339		2013 年調査 n=3865		2017 年 （今回調査） n=3273		2006 年と 2017 年の 差
男性	58.2%	男性	52.3%	男性	42.4%	男性	45.1%	−13.1
女性	41.8%	女性	47.7%	女性	57.6%	女性	54.9%	13.1

図表 2-9　各調査におけるキャリアコンサルタントの性別②

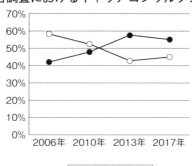

図表 2-10　各調査におけるキャリアコンサルタントの主な活動の場①[5]

	2006 年 n=2254	2010 年 n=2377	2013 年 n=3272	2017 年 n=2610
公的就労支援機関	30.3%	25.9%	22.1%	15.5%
民間就職支援機関	17.6%	15.4%	16.4%	15.5%
企業内	24.2%	21.3%	21.6%	36.7%
大学・短大他	15.8%	17.5%	21.1%	20.4%
地域	6.8%	6.4%	7.5%	5.7%
その他	5.3%	6.4%	6.0%	8.6%

図表 2-11　各調査におけるキャリアコンサルタントの主な活動の場②

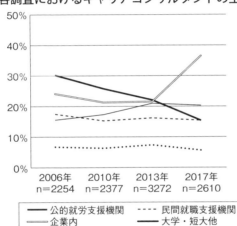

　これらの傾向をより明確に示すために、図表 2-12 には、キャリアコンサルタントの主な活動の場の 2006 年調査から 2017 年調査にかけての増減を示した。この間に「公的就労支援機関」を活動の場とするキャリアコンサルタントは約 15 ポイント減少し、「企業内」を活動の場とするキャリアコンサルタントは約 13 ポイント増加した。

5　図表 2-3 現在の主な活動の場と割合が異なるが、過去 3 回の調査と表側を合わせるため、現在の主な活動の場「なし」を除いた上で全体を割り戻して再集計を行ったため。全体の傾向はどちらの表でも変わりがないことを確認されたい。

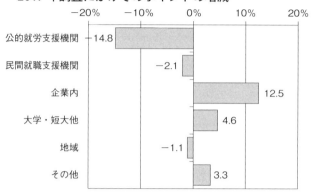

なお、「企業内」を主な活動の場とするキャリアコンサルタントの増加は、2013 年から 2017 年にかけて顕著にみられる。したがって、これを、2016 年の改正職業能力開発促進法によるキャリアコンサルタントのいわゆる国家資格化及び事業主によるキャリアコンサルティング機会の確保等の規定の明記、さらには 2015 年の改正労働者派遣法におけるキャリアコンサルティングの義務化等と関連づけて解釈する余地がある。企業内でのキャリアコンサルティングに関する社会的な環境が整備されたこととの関連は深いと推察される。

　図表 2-13 は、各調査におけるキャリアコンサルティングの相談内容を 2010 年、2017 年で比較したものである。2010 年から 2017 年にかけて大きく増加したのは、「職場の人間関係」（+11.0）、「現在の仕事・職務の内容」（+9.8）、「今後の生活設計、能力開発計画、キャリア・プラン等」（+8.6）、「部下の育成・キャリア形成」（+5.8）であった。一方、2010 年から 2017 年にかけて大きく減少したのは「履歴書やエントリーシートの書き方・添削等」（-9.7）、「面接の受け方」（-7.0）、「職業適性・自己分析」（-6.9）であった。

　図表 2-14 には、最も困難な相談内容の 2010 年調査から 2017 年調査にかけての増減を示した。「発達障害に関すること」が、この 7 年間で激増していることが示される。一方、「就職・転職活動の進め方」「メンタルヘルスに

図表 2-13　主な相談内容の 2010 年調査から 2017 年調査にかけてのポイントの増減

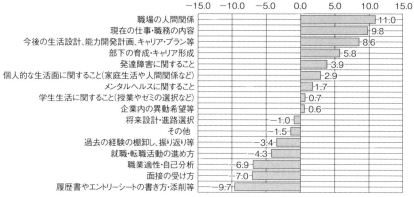

図表 2-14　最も困難な相談内容の 2010 年調査から 2017 年調査にかけてのポイントの増減

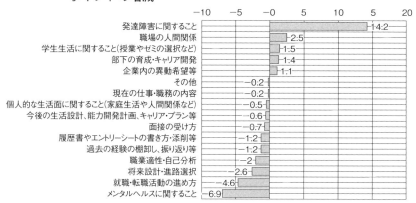

関すること」はこの 7 年間で減少した。

　なお、具体的に「発達障害」がどのような面で最も困難な相談内容なのかを自由記述欄から拾い上げた。その結果、例えば、以下のような記述がみられた。「発達障害者と思われる人がそのことに自覚がなく、仕事が上手くいかない、就職活動が上手くいかないケース」「発達障害を持つ学生がなかなか面接を通過できない」「発達障害のグレーゾーンの方に対する職業相談」

「発達障害が疑われる部下の育成に関しての相談。本人に認識がなく、職場でのトラブルの繰り返し」「家族が認めようとしない」。

　これらの記述から、発達障害を持つクライエントの就職や転職がうまくいかず、支援が難しいということもさることながら、発達障害とのグレーゾーンのクライエント、本人に発達障害の可能性の自覚や認識がないクライエントの相談に困難を抱えていることがうかがえる。もとより、発達障害であることが明白である場合、キャリアコンサルタントが軽々に取り扱い得る対象層ではなく、適切な紹介・リファーの必要が生じるが、そこに至る発達障害であるか否かの境目にあるクライエントに幅広く対応せざるを得ない現状に、深刻な困難が感じられていることを指摘できる。

　本節では、キャリアコンサルタントを対象として実施された過去3回の調査結果との比較を通じて、キャリアコンサルタントの活動状況のこの間における変化を捉えることを目的とした。

　本節における結果は、主に以下の3点に集約することができる。

　第1に、キャリアコンサルタントの年齢は、この間に30代の割合が減少し、50代以上の割合が増加していた。また、男性の割合が減少し、女性の割合が増加した。これらの傾向そのものはこの間の変化の実態に過ぎず、直ちに課題・問題となるものではない。しかしながら、ここでも、キャリアコンサルタントの属性は画一的・単一的であるよりは、多様であることが求められる。現在、クライエントの属性も多様化していることを考えた場合、キャリアコンサルタントの偏在は、引き続き課題となる。

　第2に、キャリアコンサルタントの活動領域にも変化がみられた。概して企業領域の割合が、この間に大幅に拡大し、需給調整機関領域（特に公的就労支援機関）の割合が減少していた。特に、この間にキャリアコンサルティングが「需給調整機関から企業へ」と移行した背景には、企業内キャリアコンサルティングを後押しする制度的な環境整備の影響が大きい。例えば、キャリアコンサルタントの国家資格化、派遣法改正によるキャリアコンサルティングの義務化、セルフ・キャリアドック制度の推進等、様々な制度・施策が設けられた。キャリアコンサルティング施策を広く普及し、実効性のある施策とするには、相応の制度的な下支えを要することが示唆される。

　第3に、キャリアコンサルタントが取り扱う相談内容についても変化がみられた。この間に大きく割合が増加した相談内容は「職場の人間関係」「現在の仕事・職務の内容」「今後の生活設計、能力開発計画、キャリア・プラン等」「部下の育成・キャリア形成」であり、大きく減少したのは「面接の受け方」「履歴書やエントリーシートの書き方・添削等」などであった。この間で増加した相談内容は、やはり企業領域におけるキャリアコンサルティングの拡大に伴うものであることが示される。大まかに、「就職や転職」の相談から「職場における仕事内容・人間関係・能力開発」の相談へとシフトしつつあるのだと考えておくことができる。

　なお、キャリアコンサルティングの現場における課題として発達障害の対応の困難が各領域で一様に指摘されていた。困難な対象層に対して具体的かつ明確な指針がなく、適切な制度的・政策的な支援がない場合、第一線で活動するキャリアコンサルタントは著しく問題を抱えることを示す。キャリアコンサルティングの現場で課題となっている事項については、今後も適切に方向性を示す必要性があると言えるであろう。

第4節　ジョブ・カードを用いたキャリアコンサルティング

　実際に、キャリアコンサルティングで何が行われているのかを詳しく検討するために、本節では「ジョブ・カードを用いたキャリアコンサルティング」を検討する。主にセルフ・キャリアドックその他の企業領域のキャリアコンサルティングの取り組みにおいてジョブ・カードを活用した経験を一定程度以上に有するキャリアコンサルタント15名を対象とした有識者ヒアリングを実施したものである[6]。

　ジョブ・カードは、職業能力開発促進法第15条の4第1項[7]の規定に基

6　本節は、「労働政策研究・研修機構（2020）．ジョブ・カードを活用したキャリアコンサルティング
　　—企業領域におけるキャリア・プランニングツールとしての機能を中心として　資料シリーズNo.226」の調査結果に基づく。本調査はインタビュー調査であり、主にセルフ・キャリアドックその他の企業領域のキャリアコンサルティングの取り組みにおいてジョブ・カードを活用した経験を一定程度以上に有するキャリアコンサルタント15名を対象とした有識者ヒアリングであった。令和元年5月から7月にかけて実施した。

づき、厚生労働大臣がその様式を定めたものである。本来、人材開発行政における重要な政策的支援のツールの一つであり、キャリアコンサルティング他の関連施策と一体化して運用・活用がなされるべきものである。特に、ジョブ・カード、キャリアコンサルティング、セルフ・キャリアドック[8]は連動して運用することによって所期の目的が達せられるように構想されている。そこで、以下では、各種キャリア形成支援施策の相互の連関及びその具体的な活用の実態を詳しく明らかにしたい。

　まず、ジョブ・カードとキャリアコンサルティングは両者を組み合わせることによって所期の効果が発揮されるという指摘が多くみられた。

・ジョブ・カードは、キャリコンと組み合わせて役立つと思っている。ただ、書いただけでも役立ったと言う人が意外といたという感じだ。（B氏）

　両者の組み合わせが有効である理由の一つとして、キャリアコンサルティングを実施する際に経験を聞くきっかけ、質問の取っかかりができて「面談に入りやすいメリットがある」からである。

・キャリアコンサルタントにとっては、全く初対面のクライアントと話を始める際の糸口が沢山書かれており、面談に入りやすいメリットがある。経験の少ないキャリアコンサルタントほど、「これはどういうこと

7　職業能力開発促進法第15条の4第1項「国は、労働者の職業生活設計に即した自発的な職業能力の開発及び向上を促進するため、労働者の職務の経歴、職業能力その他の労働者の職業能力の開発及び向上に関する事項を明らかにする書面（次項において「職務経歴等記録書」という。）の様式を定め、その普及に努めなければならない」

8　「セルフ・キャリアドック」は、企業がその人材育成ビジョン・方針に基づき、キャリアコンサルティング面談と多様なキャリア研修などを組み合わせて、体系的・定期的に従業員の支援を実施し、従業員の主体的なキャリア形成を促進・支援する総合的な取組み、また、そのための企業内の「仕組み」のことをいう。入社時や役職登用時、育児休業からの復職時など、企業ごとに効果的なタイミングでキャリアコンサルティングを受ける機会を従業員に提供することにより、従業員の職場定着や働く意義の再認識を促すといった効果が期待されるほか、企業にとっても人材育成上の課題や従業員のキャリアに対する意識の把握、ひいては生産性向上につながるといった効果が期待されている（厚生労働省HPより）。

ですか」と聞き出していくことができる点は、インテーク面接における
メリットといえる。（I氏）

また、ジョブ・カードがあることで「当たり」がつけやすく、クライエン
ト本人と話をするきっかけとなる。

・ジョブ・カードを使った方が話はしやすい。例えば、ここに書いてある
　トピックで気になるものを事前に見て、この辺聞いてみようかなとか、
　当たりをつけていく。あと職歴について、ここではどういうことされて
　いたのですかとか、1番やっていて楽しかったことは何ですかとか、そ
　ういう話を聞く。（O氏）

具体的な相談の事例として、次のようなプロセスが典型的である。簡単な
確認から始まり、ジョブ・カードを記入した感想、話したいことなどへと話
を広げていくプロセスがうかがえる。

・入社して何年ですかといった話から始める。（中略）気がつくと5年と
　か、10年とか、20年とかたっている。なので、時には立ちどまって、
　これまで自分はどうやって働いてきたのか。今はどうか。これからどう
　なっていくのか。そのためには何か今のうちにしておくことはあるのか
　というのを考える時間がすごく大事になる。なので、今日はそれを一緒
　にやりましょうというふうに、まず何をやるかを伝える。それでジョ
　ブ・カードを書いてみてどうだったかを聞く。それから、今日は限られ
　た45分なり、50分の中で一番話したいところはどこかを聞く。する
　と、過去のおさらいをしたいという方もいれば、ちょっと今、困ってい
　ることがあるという方もいる。この先のことを話したいという方もい
　る。（B氏）

ただし、キャリアコンサルティングのクロージング（終わり）の際にも、
ジョブ・カードを工夫して用いている例もあった。

239

> ・ジョブ・カードには実施者の記入欄があるが、経験者は、今日の面談内容と何か課題があれば課題、あとは励ましといったようなことを書き込む。これを書くことによって面談の内容を共有し、クロージングできる。初心者が最終確認をしないまま終わってしまうのは良くないと思っている。それを書くことで確認ができる使い方があると言いたい。終わりに持っていける。経験を積んだ人というのは、応用できる力があるとか、何か枠から外れてもいい発想が柔軟にできる人ではないかと思う。（M氏）

したがって、ジョブ・カードを用いた場合とそうでない場合では全くキャリアコンサルティングのプロセスが異なることが指摘されている。

> ・ジョブ・カードのいい点の1つは、面談時の関係構築に負担がかからない点である。ジョブ・カードという見える化できるツールが目の前にあるので、例えば、「カード今回ご記入いただきまして、ありがとうございます。いろいろ書いていただいていますね。どうですか、書いてみて、いかがでした？」というところから始めることができ、導入しやすい。（M氏）
> ・ジョブ・カードがあるのとないのでは全然違う。1時間という中で面談をやるときに、事前に項目に沿って整理してもらえると、問題意識など忘れていたことを思い出していただけるため、無理、ムラ、漏れなく、要するに、多方面から自己理解を深めることができる。（L氏）
> ・ジョブ・カードを書いているパターンいないパターンでは全然違う。記入済だとそこから話を広げていけるが、書いていないと何もわからない。一番の違いは、クライアントの心構えが全然違う。ご自身がジョブ・カードを書くことで気持ちや考えが整理されている。（K氏）

企業内でジョブ・カードもしくはジョブ・カードに準拠した様式を活用したキャリアコンサルティングが行われる場合、直近で多くの割合を占めるの

はセルフ・キャリアドックに関連するものである。

> ・今、話したセルフ・キャリアドックでは、全てジョブ・カードを活用している。導入では、全員にジョブ・カードを書いてもらっている。(N氏)
> ・キャリアコンサルティングの面談シートとして、今、セルフ・キャリアドックではジョブ・カード準拠様式を使っている。(I氏)
> ・きちんとカウンセリングをする場所を確保するのが大事になる。誰がするのか、いつどこでするのか。その時、セルフ・キャリアドックだと、ジョブ・カードを使うこともあるし、研修で書き込んだものを持ってきてくださることもある。(D氏)

　セルフ・キャリアドックのキャリアコンサルティング面談において、ジョブ・カードを必須とするのは、面談に訪れるクライエントが、必ずしもキャリアコンサルティングを希望している場合ばかりではないことによる。そのため、話の発端としてジョブ・カードの記載事項が重要となる。

> ・純粋なセルフ・キャリアドック制度では、先の事例のような「何も問題ありません、以上」といったことが起こる。そのときに初心者の方にとって、ジョブ・カードがあるのは話の取っかかりになる。ただただキャリアを振り返っていただくだけでも、意味がある。そのときにジョブ・カードがあるのはすばらしい。(N氏)

　主に、セルフ・キャリアドックの枠内で実施されるキャリアコンサルティング面談に先立って、事前にジョブ・カードを記入するように求める。

> ・面談の際、ジョブ・カードはマストにしている。ジョブ・カードがある方が話がスムーズに進むので、助成金コンサルの方に言っていただいて、事前にいただけるようにした。すかすかな方は正直いたが。(O氏)
> ・事前に記入しておいてもらった上で、できる限り事前に拝見して、難し

い場合は当日に本人が記入したりした。（N氏）
・新入社員の皆さんの研修で、2カ月後に会いますというふうに言っている。それまでに書いてきてくださいと言う。だいたいは自分で書いてくる。（D氏）

注記すべきは、セルフ・キャリアドックの推進に伴って、キャリアコンサルタントが企業と深い関わりあいを持つ中で、より企業へのフィードバック・報告に工夫がなされるようになっている点である。企業との関わり方がより洗練されたものに進展している。

・今のセルフ・キャリアドックになって、そういうフィードバックが受けられる。自分たちだけでは、人事も含めて見えなかったことが見えてくる。そういうことに対して価値というか、ありがたみというか、そういうのはかなり出てきている。（L氏）
・企業領域では、企業にフィードバックすることを頭の中から絶対に外してはいけないと思う。あくまで企業からの依頼で来ているし、企業のために来ているというのがある。（M氏）

より具体的には、フィードバック・報告は次のように行われる。

・フィードバックとしては、名前は伏せて、こういう会話があって、こういうところから、こういう方だとお見受けしましたという「見立て」と、「育成上のポイント」という形で、言っていたことを見立て、それに対しての育成上の働きかけみたいな形で、レポートをまとめた。この方はこういうところに喜びを感じるようだとか、この方はこういったところにモチベーションが下がってしまうところが見受けられるので、例えば、ネガティブなことを伝える前には必ずポジティブなことを先に言ってほしいとか、ネガティブなことだけで終わらせないでほしいですとか。誰にでも言えることと言ってしまえば、それはそうなのかもしれないが、企業のトップの方が必ずしも育成に詳しいわけではないので、

その辺のポイントをレポートにまとめた。それほどすごい手間がかかったった感じはない。例えば5人分つくるのに1日程度。詳細な内容にはふれず、ひとり1,000字前後くらいでまとめた。（O氏）

　これら、ジョブカード、セルフ・キャリアドック、キャリアコンサルティングを結びつけた取り組みが、一応ありながらも、やはり現状でも重要な課題は企業内でのよりいっそうの活用である。

　特に「企業にメリットを出す」「企業にとって役に立つ」「人材に関する経営課題をクリアする」といった何らかの形での企業にとってのメリットが必要となると指摘された。

・ジョブ・カードの普及促進では、個人を掘り下げるだけでは企業に訴求できない。企業側の課題を解決するポイントがないといけない。企業にメリットを出すキャリアコンサルティングもあり得ると思う。（H氏）
・企業にとってこういう問題や課題が見える、もしくは企業にとって役に立つ、整理できるといったシートは喜ばれる。企業にとって役に立たない、ただ単に個人が元気になるだけであれば、キャリアコンサルタントと従業員と2人の間でやってくれればいいよとなる。（L氏）
・人材に関する経営課題をクリアするためにはジョブ・カードの施策はお手ごろだと説明を実施した。簡単に言うと、人材に関しての中小企業の悩みとその対応を、採用、定着、成長という人事で言う3つのポイントで整理したものだ。（J氏）

　企業領域においてジョブ・カードをキャリア・プランニングツールとして普及させるにあたっては周知・啓発が重要であり、何より「知ってもらうこと」が重要である。

・まずは、ジョブ・カードを知ってもらうことが第一である。（H氏）
・私はジョブ・カードに何か欠陥があるのではなく、大きな問題は、「知られてない、使われてないこと」と、また、「知らない、使っていない

のに抵抗感が強いこと」だと感じる。（H氏）

・今はジョブ・カードを定着させる為ということでジョブ・カードの補助
　ツール等が整備されてきているが、結局、いいもの作っても、それを最
　後の普及するところまでをやり遂げる人がいない。（J氏）

・ジョブ・カード以前に、キャリアコンサルティングそのものを、中小企
　業の方はあまり理解していない。やると、みんなやめてしまうと思って
　いる方もいる。（L氏）

　なかでも、ジョブ・カード活用にあたっては、トップの意識が重要であ
る。

・ジョブ・カードは仕組みとして使用しないと難しい。つまり、トップが
　自分のキャリアについてどう捉えるかとか、トップの企業の経営方針と
　一人一人の成長がどう兼ね合っていくかとか、そういうところからス
　タートしないと。（D氏）

・企業にジョブ・カード制度を普及させるためには、まず「キャリアとは
　何か」とか、「何で自律ということを国が言い出したのか」というのを、
　社長に理解してもらわないといけない。（J氏）

・中小のトップには、いろんな経営者がいて、利益に結びつくような即効
　性がないものは全部だめという方がいる一方で、人が財産だし、人が育
　つのに時間がかかることに理解を示す経営者もいる。可能な限り社長と
　面談をし、効果を実感してもらうと良い。（M氏）

　ただし、企業内での活用にあたっては、さらに検討すべき課題が多い。特
に問題となるのは、キャリアコンサルタントの守秘義務の問題である。例え
ば、企業領域のキャリアコンサルティングでは企業側へのフィードバック・
報告が重要となることが、先に指摘された。この点に関して、従業員である
クライエントの相談内容の守秘義務の観点から疑問があることが言及されて
いる。

・助成金のキャリアコンサルティングのときには守秘義務があって、やった結果は経営者にはフィードバックしなかった。（L 氏）
・個人をマスキングできるぐらいの大きい規模の企業で、組織に対してこういう意見がありましたと言えるなら良い。小さいと女性か男性かだけでも、あいつだなと分かってしまう。多分、二、三十人でもあいつだなと分かると思う。分からないのは感覚的には 100 人以上だろう。（N 氏）
・守秘義務が倫理規定にあったはずだが、それを守れない。私たちはどう守れば良いのか、逆にそれを変えるということなのか。こういうふうにやってねというのをいただけないことには、こちらも安心して面談できない。（O 氏）

　企業領域のキャリアコンサルティングの守秘義務の問題をどのように考えるかについては、国内外で未だ十分な議論がなされているとは言えない。しかしながら、この難しい問題に関してジョブ・カードを用いた一定の解決の糸口があることも指摘されている。具体的には、ジョブ・カードを用いて企業内で人事情報を共有することによって、逆に情報共有する範囲を限定し、グループ単位での守秘義務を設定するという考え方である。

・ここでいうジョブ・カードを活用するメリットは何かというと、企業内でこのジョブ・カードが広まっていったとする。すると、複数の人で同じ情報を共有できる。要するに、メンタル関係を支援している人だとか、人事だとか、そういった関連部門、グループ単位での共通した情報共有ができる。最近、グループ守秘義務という言葉が出てきているが、そういうところで意味があるのかと。そういうときの共通のベースになり得る。（L 氏）

　以下に、本節の結果の概要を表にまとめた。

図表 2-15　ジョブカードを用いたキャリアコンサルティングに関する本節の結果（まとめ）

ジョブ・カードと キャリアコンサルティング	・ジョブ・カードはキャリアコンサルティングを行う際にあった方が良い。 ・経験を聞くきっかけ、質問のとっかかりになる。クライエントと話をするきっかけになる。 ・クライエントとの関係構築に負担がかからない。 ・話の内容が整理されているため効果的な相談が可能となる。 ・半構造化されているため、相談のプロセス全体をコントロールしやすい。 ・ジョブ・カードを活用したキャリアコンサルティングは効果的である。
セルフ・キャリアドックと ジョブ・カード	・企業内でジョブ・カードを活用した相談の多くは、セルフ・キャリアドックで行われている。 ・セルフ・キャリアドック、ジョブ・カード、キャリアコンサルティングは助成金によって結びつけられている。 ・企業へのフィードバックに工夫がなされるなど、企業との関わり合いが進展している。
ジョブ・カードの 企業領域での活用	・重要な課題は企業領域での活用促進である。 ・企業で活用するメリットを検討し、企業の課題を解決できることが必要。 ・今後の課題として、守秘義務の問題、周知の問題がある。

　近年、日本では企業領域でのキャリア形成支援が重視されているが、その中で、個人を対象としたキャリア形成支援とは異なる企業を対象としたキャリア形成支援のあり方が進展している。その際、ジョブ・カード、キャリアコンサルティング、セルフ・キャリアドックの各種のキャリア形成支援の取り組みは、それぞれ企業領域におけるキャリア支援のツール、人材、枠組みを提供しており、いずれも所期の目的を一定程度まで達していた。キャリア・プランニングツールとしてジョブ・カードを活用するキャリアコンサルティングについても、セルフ・キャリアドックの推進の経験の蓄積に伴い、企業側のメリットを追求する動向はよりいっそう強まっている。また、企業に対するフィードバックに注力するなどの新たな展開がみられている。

　しかし一方で、本来、個人のキャリア形成の支援と企業にメリットのあるキャリア形成支援の併存には戸惑いも感じられている。特に、企業内で従業員のキャリア相談を行うことで生じる守秘義務の問題は、厳密に法的な定め

が設けられた後はより先鋭化した困難な課題として意識されるようになっている。

　なお、ジョブ・カードとキャリアコンサルティング及びセルフ・キャリアドックの組み合わせは、上述したとおりその効果は一定程度みられる。ただし、企業内のキャリア形成支援施策は日本型雇用システムと親和性が高く（労働政策研究・研修機構、2015）、比較的長期の雇用に対する期待を前提に、主に内部労働市場における調整を念頭に置いて整備されることは改めて考慮しておきたい。今後、長期雇用の前提が崩れるとみた場合には、企業におけるキャリア形成支援は長期的な人材育成に対する動機を失い、一定以上の普及拡大には困難が予想されることも示唆される。

第5節　キャリアコンサルティングのプロセス

１　キャリアコンサルティングに関する感想

　ここからは、キャリアコンサルティングの実際のプロセスをやや一般化した形で捕捉したい。特に、キャリアコンサルティングでは実際にどのようなことが行われ、どのような効果があるのかをみていくこととする。具体的には、キャリアコンサルティング経験者に対して、「あなたがキャリアコンサルティングを受けた時のことについて、上でおたずねした以外に、覚えていること、感じたこと、役立ったことなどを、以下にお書きください」と教示して自由に記述してもらった内容を整理して、キャリアコンサルティングの本質を浮き彫りにしたいと考える[9]。

２　心理的支援

　「覚えていること」「相談して感じたこと」「役立ったこと」の３つの質問に対する自由記述で共通してみられた内容で、多くの回答者に記述された内

9　本節は、第3部第1章と同様、「労働政策研究・研修機構（2017）．キャリアコンサルティングの実態、効果および潜在的ニーズ―相談経験者1,117名等の調査結果より　労働政策研究報告書No.191」の調査結果に基づく。キャリアコンサルティング経験者1,117名によるキャリアコンサルティングに関する自由記述結果を整理した。実施時期は2016年9月であった。

容として「親身になってくれた」という内容のものがある。

> ・親身に話を聞いてくれた（23歳男性）
> ・親身になって対応してくれた（26歳男性）
> ・想像していたより親身になってくれた（56歳男性）

　親身な対応によって、心理的・精神的な負担が緩和されることも記述されたが、関連して「気持ちが楽になった」という面も比較的多く記述された。

> ・気分が比較的楽になったこと（56歳男性）
> ・気が楽になった（24歳男性）
> ・無理せずにゆっくりといこうと言われたので楽になれた（33歳男性）

　相談に訪れるほどの問題を抱えている場合、基本的には不安であり、精神面でも不安定であることが多い。そのため、キャリアコンサルタントその他の第三者が介在することによって、不安が低減・軽減されることがうかがえる。

> ・上司からの嫌がらせでうつ病が悪化。転職したいがまた同じ目にあわないか怖い。専門性を褒めてくれて安心した。次への転職へ向けて背中を押してくれた。面接の時の不安を解決してくれた（24歳女性）
> ・会社の上司との関係が悪い事を相談したが、どこまで事態を公平にカウンセラーに伝えられているかが不安になった。こんなつまらない自分のために話を聞いてくれる人が居るんだなと安心した。転職のふんぎりがついた（29歳女性）

　こうした心理面での支援によって下支えされて、具体的な問題解決へ進むことが可能となる。例えば、それが「前向きになった」「自信がついた」「モチベーションアップ」という記述として現れる。

・物事を前向きに考えられること（39歳女性）
・職を変えることに前向きになった（55歳男性）
・様々なアドバイスを頂き、自分に自信が持てた（25歳女性）
・モチベーションの向上（28歳男性）

　結果的に、全般的に相談そのものを「良かった」「ためになった」とする記述がみられる。

・利用してよかったと思った（23歳女性）
・相談してよかった（22歳女性）
・職務経歴書を一緒になって添削。とてもためになった（41歳男性）

3 自己理解支援

　自己理解支援として集約した記述では、まず、いわゆる「自己分析」「キャリアの棚卸し」によって、「自分の向き不向き」「自分の個性・特性」について理解が進んだとする記述がある。

・これまでの職務経験の棚卸をしたこと（39歳男性）
・自分がなにに向いているのか、やりたいのか（27歳女性）
・自分の市場価値が客観的にわかった（36歳女性）
・自身のキャリアを見直す良い機会になった（38歳男性）

　こうした自己理解が進む理由として、キャリアコンサルタントと話をすることで自身の考え方等が整理されることが大きい。

・自分の思いが整理された（30歳女性）
・自分で話しながら、さらに混乱が整理されていった。（56歳女性）
・相談することで自分の課題が整理できた（42歳男性）

> ・その時の仕事に限界を感じていたので相談する事で整理出来た。（35歳
> 　男性）

　考え方が整理されたのみならず、「視野が広がった」という記述もみられた。

> ・考え方の幅が広がった（22歳男性）
> ・視野が広がった（41歳女性）
> ・相談することで、色々な選択肢や考え方が広がった（48歳女性）

　転職・就職その他のキャリアに関する問題は、生涯に数多く生じるものではないため誰にとっても常に新奇な面を含むこと、さらに加えて、思い悩んだ状態にあってはよりいっそう視野が狭まるためと考えられる。

> ・自分は世の中のことをなにもかも知らなかったんだと思った（43歳女
> 　性）
> ・自分の職場にいるだけでは考えが偏りがちだったということ（26歳女
> 　性）
> ・職種にたいしての視野が狭かったと思った。広い視野で道は沢山あるこ
> 　とが実感できた（24歳女性）

　考え方が整理される、視野が広がるという感触が得られるのは、客観的な視点から接する第三者と話をするからであるという記述も多くみられた。

> ・第三者目線は大事だと思った（29歳男性）
> ・客観的に自分を見れた（24歳男性）
> ・他者と話すことで自身をより客観的に見られた（39歳男性）

　第三者が介在することによって、自分では気がつかないことに気づけたという意識が生じる。

・転職をメインにコンサルティングをしてもらったが、アピールの仕方や、今後のキャリアを一緒に考えて頂いたり、多岐に渡って相談して頂いた。自分一人では気づかないところに気づけた（30 歳男性）
・自分では気づかなかったことがはっきりしてきた（40 歳男性）
・身近な人以外の話を聞くのは非常にいい意見を取り入れられた（28 歳男性）

その結果、「自信が持てる」という気持ちが生じることも書かれた。

・自分のキャリアに自信が持てた（47 歳女性）
・様々なアドバイスを頂き、自分に自信が持てた（25 歳女性）
・50 代になっての再就職は予想以上に厳しい現実があり、それを乗り越えるための自信を持たせてくれたこと（58 歳男性）

4　仕事理解支援

　心理的支援、自己理解支援といった個人の内面に対する支援のみならず、より具体的・現実的な仕事理解・職業理解といった情報提供の面についても記述がみられた。
　まずは業界・業種全体に関する情報提供がある。

・たくさんの業種を知れた（25 歳女性）
・色々な業界の話しが聞けたのはよかった（48 歳男性）
・自分が何をしたいのかをよく聞かれ、様々な業種を教えていただきました（23 歳女性）
・他業種を見られたこと（51 歳女性）

　自らの転職・就職に関連する業種・仕事内容、求人状況、賃金相場、転職先の労働条件に関する情報提供もある。

251

- ・転職市場の動向、要求人材など（50歳男性）
- ・市場状況がわかった（39歳男性）
- ・世の中には様々な企業があるということ（32歳男性）
- ・給料の相場（47歳女性）
- ・いろいろな企業の労働条件が参考になった（56歳男性）

　なお、具体的な情報提供については、履歴書の書き方、職務経歴書の書き方、面接の受け方などの支援が役立ったとする記述が比較的、多くみられた。

- ・履歴書、職務経歴書の書き方、面接のポイントや練習できたこと（33歳男性）
- ・履歴書や職務経歴書の細かい部分の書き方が分かってよかった（28歳女性）
- ・面接の練習を何回もしてくださったこと（24歳女性）
- ・会社に対してどう自分をアピールするか（38歳女性）

　社会人になってからの転職活動は、一般に考えられている以上に知識が不足している場合が多い。履歴書、職務経歴書、面接の受け方などは、基礎的・基本的な知識でありながらも、よく知らないことも多く、これらの点について情報提供を受けることは、就職・転職を考える者にとって「役立った」という印象を与えるものであったことがうかがえる。

　したがって、「役立ったこと」の自由記述では、より一般的に情報提供全般が「役立った」という記述も多くみられた。

- ・情報提供（35歳男性）
- ・情報をもらえる（32歳女性）
- ・知りたい情報がきちんと得られた（58歳女性）
- ・調べてもわからない事を知れた（39歳男性）

5　**行動支援**

　今回の調査における自由記述では、より具体的な行動の支援に対する記述も多くみられた。

　例えば、「目標を設定できた」「やりたいことが明確になった」など、行動に向けた一定の指針が得られたことも、よく記述された。

・目標を見つけることができた（27歳男性）

・目指すべき職種を決定することが出来た（26歳男性）

・自分がしたいことがはっきりした（23歳男性）

・今後やりたいこととやりたくないことが明確になった（26歳男性）

　その他、様々な助言、アドバイスなどが役立ったという自由記述もみられた。

・適切な助言をいただきました（46歳男性）

・適切なアドバイスをもらえた（23歳男性）

・自身の経験則に基づくアドバイスが役立った（36歳男性）

・次に進む道を示してもらった（27歳男性）

　こうした就職活動・転職活動に関わる具体的な支援や情報提供を通じた結果として「就職できた」「転職できた」という記述が、「役立ったこと」の自由記述では多くみられた。

・就職先が見つかった（30歳男性）

・希望の就職先に進むことができ、今は充実した日々を送れている（23歳女性）

・転職先が早く見つかった（49歳男性）

・自分では探さないであろう転職先などを紹介してもらった（35歳男性）

---

6 ネガティブな感想

　ただし、過去に経験した相談に関するネガティブな自由記述も一定の厚みをもってなされた。例えば、自由記述欄には「特になし」「ない」「覚えてない」などの回答も多かった。なぜそのような回答になるのかを説明している自由記述もあったので、以下に抜粋する。

- ・なし。相談しない方が良いと思った（27歳男性）
- ・相談しても無駄なことがわかった（48歳男性）
- ・相談員が何をしてくれる訳ではないので、役には立たないと思う（43歳男性）
- ・今後、このようなサービスは受けないほうが良いと理解した（46歳男性）
- ・これからは、こういうサービスは利用しない（50歳男性）

　特に、比較的、多くみられたのは、カウンセラーが型どおりの対応をし、おざなりであるというものである。

- ・マニュアル通りにやられるのが伝わるとこちらも虚しくなってしまう。共感して聞くという姿勢がまずないとよくないなと思った（23歳女性）
- ・事務的な対応だった。私個人の就職に真剣には取り組んでくれなかった（25歳女性）
- ・みんな表面的なことばかり、できないことばかりアドバイスする（45歳女性）
- ・やや事務的な対応だった（44歳男性）

　したがって、「他人事であり、親身になってくれない」という印象にもつながる。

- ・他人事のように親身になっていない（46歳男性）
- ・他人事なのでしょう、一般的な事しか聞けなかった（48歳男性）

・相談者にとっては結局は他人事であると感じた（47 歳男性）
・相談というより相手も仕事なので、親身ぶっていてもどこか信用出来ない（36 歳女性）

　この論点は、カウンセラーのスキルや質の問題に収斂していくこととなる。例えば、この点についてはカウンセラーのスキルや質にばらつきがあることが指摘された。

・コンサルタント質のばらつき（55 歳男性）
・人による差が激しい（51 歳男性）
・カウンセラーの方によって方向性が全く違う事。親身になって、こちらの事を理解してくれようとしている方もいれば、希望と全く違う業種、職種を提案してくる方もいる。利益しか考えてない方もいると思った（29 歳男性）

　こうした点は、欧州のキャリアガイダンス論でも早くから意識されており、各方面で相次いでキャリアガイダンス・キャリアカウンセリングの提供者の専門性及びその向上に関するテキストが発行された。いずれも問題意識は同じであり、キャリア支援を提供する人材の質を維持すべく専門性を向上させ、そのことによってキャリア支援全体の質保証を目指すものである。
　キャリアコンサルタントはキャリアや職業に関する相談支援の専門職であり、まず何よりもその専門性の高さにこそ、キャリアコンサルティングの効果をもたらす根源があるのだと整理しておくことができるであろう。

7　本節の結果のまとめ

　ここまで結果から、キャリアコンサルティングに関する自由記述内容は、図表 8-1 のとおり、「心理的支援」「自己理解支援」「仕事理解支援」「行動支援」の 4 つの側面から整理できる。
　また、キャリアコンサルティングの効果に関する上述の 4 つの側面は、図表 2-17 に示した 2×2 のマトリックスとして理解することができる。このモ

デルでは、①全体の支援の基盤としての「心理的支援」があり、その他の支援の出発点ともなる支援であること、②この基盤の上に「自己理解支援」「仕事理解支援」を展開すること。その際、どちらの支援に偏っても適切な支援とならず、両面にわたってバランスのとれた支援を提供する必要があること。③バランスのとれた支援を提供することで最終的に「行動支援」へと

図表 2-16　本章の結果のまとめ

心理的支援
「親身になってくれた」「話を聞いてもらえた」 　→気持ちが楽になった、安心した、すっきりした、気持ちが軽くなった 　→前向きになった、自信がついた、モチベーションが高まった 　→相談が良かった、ためになった、参考になった

自己理解支援
いわゆる「自己分析」「キャリアの棚卸し」 　→「自分の向き不向き」「自分の個性・特性」の理解促進 　　※キャリアコンサルタントに対して話をすることで整理されるため 　→「視野が広がる」「自分では気がつかないことに気づく」 　　※客観的な視点で接する第三者と話をするため 　→結果的に「自信が持てる」

仕事理解支援
業界・業種全体に対する情報提供 転職先の労働条件に関する情報提供 履歴書の書き方、職務経歴書の書き方、面接の受け方の支援 その他の情報提供全般

行動支援
「目標を設定できた」「ライフプランを組むことができた」 その他の様々な助言、アドバイス 　→就職できた、転職できた

図表 2-17　自由記述からみたキャリアコンサルティングのプロセス

256

適切に促されることが重要ポイントとして指摘できる。

第6節　本章の結果のまとめと考察

本節では、キャリアコンサルタントを含むキャリア支援者側に対する調査結果をもとに、日本のキャリア支援の現状を示し、今後の日本のキャリア支援の課題を指摘することを目的とした。おおむね課題は以下の諸点に集約される。

①キャリアコンサルタントは中高年、大都市、大企業に偏っており、キャリアコンサルタントの属性はよりいっそう多様化する必要があること。

②企業領域の発展が著しいが、あわせて多種多様なクライエントに対応する「地域・福祉領域」とも呼ぶべき領域も拡大しつつあること。

③そうした中、発達障害との境目に位置するクライエントなど、特に対応が難しいクライエントに対する制度的・政策的な支援が求められること。

④ジョブ・カード、セルフ・キャリアドック、キャリアコンサルティングには相乗効果がみられており、特に企業での活用が期待されていること。

⑤一方で、企業領域のキャリアコンサルティングについては、守秘義務の問題等が、現場のキャリアコンサルタントにとって課題だと感じられていること。

⑥概して、キャリアコンサルティングのプロセスは、心理的支援→自己理解支援・仕事理解支援→行動支援といったプロセスをたどること。

⑦一方で、キャリアコンサルタント及びキャリアコンサルティングの質については、主に利用者の側からばらつきが大きいと感じられていること。

上記の課題は、いずれもキャリアコンサルティング施策の黎明期から繰り返し指摘されてきたものも多く、一朝一夕での解決は難しい。しかしながら、これら課題があることは、継続的に確認し、時宜に応じて適切に解消していく必要があるであろう。

引用文献

労働政策研究・研修機構（2015）．企業内キャリア・コンサルティングとその日本的特質－自由記

述調査およびインタビュー調査結果　労働政策研究・研修機構.

労働政策研究・研修機構（2017）．キャリアコンサルティングの実態、効果および潜在的ニーズ―相談経験者 1,117 名等の調査結果より　労働政策研究報告書 No.191

労働政策研究・研修機構（2018）．キャリアコンサルタント登録者の活動状況等に関する調査　労働政策研究報告書 No.200

労働政策研究・研修機構（2020）．ジョブ・カードを活用したキャリアコンサルティング―企業領域におけるキャリア・プランニングツールとしての機能を中心として　資料シリーズ No.226

第3章 **キャリア支援の効果と課題**

下村　英雄

第1節　はじめに

　本章では、日本のキャリア形成支援がいつ誰にどのような効果をもたらしているのかの現状を詳しく示す。キャリア形成支援については、長い間、その効果が継続的に議論されてきたが、統計的手法を含めた様々な角度からの検証の結果、キャリア形成支援（特にキャリアコンサルティング）は労働者の満足感や収入に対して総じて有効性がみられること、また、企業内キャリア支援の経験者ではむしろ転職が少なかったこと等を示す。その上で、国の施策としてのキャリア形成支援の課題を効果測定という観点から指摘し、エビデンスに基づいた施策の展開について指摘を行う。

第2節　キャリア支援の効果測定に関する先行研究と本章の問題意識

1　キャリア支援の効果測定に関する先行研究

　キャリアコンサルティングの効果に関する議論は、継続的に行われてきた。よく知られた先行研究も一定程度あるので以下に概観する。その多くは、いくつかのキャリアガイダンスの効果測定研究を文献レビューやその他の手法を用いて何らかの形で集約し、総じてどういう主張が可能なのかを示す。

　例えば、Killeen and Kidd（1991）は主にアメリカのキャリアガイダンスの効果測定研究40本を精査して、30本の研究で基本的にキャリアガイダンスには効果があったという結果を導いている。

　より精緻な統計手法を用いた研究では、Spokane and Oliver（1983）、Oliver and Spokane（1988）の一連の研究がある。複数の効果測定研究の結果

259

を統合するメタ分析という特殊な統計技法を用いて、1950年から1983年のキャリアガイダンスの効果に関する60研究の検討を行い、総じてキャリアガイダンスは効果があることを示した。特に、構造化されたグループガイダンスまたはキャリアクラス（授業の形式で行うもの）で効果がみられたが、キャリアクラスは一般に費用がかかるため、グループガイダンスが最も良いと示唆している。

　Whiston, Sexton & Lasoff（1998）も、1983年から1995年の47研究についてメタ分析を実施し、キャリアガイダンスは総じて効果的と結論づけた。なかでも、個別カウンセリングが最も効果的であるとした。さらに、この研究を発展させたWhiston, Brecheisen & Stephens（2003）では1975年から2000年までのキャリアガイダンスに関する347研究のメタ分析を実施した。その結果、（a）総じてカウンセラーがつかないキャリアガイダンスは効果が低い。（b）構造化されているグループプログラムの方が構造化されていないグループプログラムよりも効果は高い。（c）コンピュータだけを使うよりもコンピュータとカウンセラーの組み合わせの方が効果は高い。（d）効果検証に用いられた変数で最も多いのは「進路成熟度」「キャリア探索行動」「進路希望」であったと報告している。

　類似の研究では、Brown & Krane（2000）がある。62研究のメタ分析の結果、どのような構成要素が含まれていれば有効なキャリアガイダンスになるのかを検証した。結果は以下の5つである。（a）進路や人生の目標を紙に書かせて具体化させる、（b）テスト結果の解釈やフィードバックを個別に行う、（c）関心のある進路の利害得失の現実的な見通しを与える、（d）成功した人物のモデル・メンターを与える、（e）ネットワーク作りを援助する。これら「目標の具体化」「個別のテスト解釈」「現実的な見通し」「モデル」「ネットワーキング」のうち3つ以上含んだ場合に効果が極めて高い（他のプログラムはいくつ複合しても効果がない）ことを示している。

　さらに、Liu, Huang & Wang（2014）がある。47の就職支援研究を比較した結果、何らかの就職支援を受けた者は受けなかった者に比べて就職先を得る確率が2.67倍高いことを示している。その他、仕事探しのスキルを教えること、セルフプレゼンテーション（自己提示≒自己PR）を改善するこ

と、自己効力感（≒自信）を高めること、積極性を高めること、目標設定を促すこと、ソーシャルサポート（身近な人の支援）を受けることが効果的であることを示した。さらに就労支援にあたってはスキルの開発のみならずモチベーション向上が含まれている場合に効果的であることも示された。

２ 先進各国におけるキャリア支援政策の効果に関する議論

　より直近の先進各国のキャリア支援政策に関する研究は、ELGPN（European Lifelong Guidance Policy Network：ヨーロッパ生涯ガイダンス政策ネットワーク）、ICCDPP（International Centre for Career Development and Public Policy；キャリア開発と公共政策に関する国際センター）などのインターネット上のコミュニティ、OECD、ILO、UNESCO、CEDEFOP（European Centre for the Development of Vocational Training）などの国際機関、IAEVG（International Association for Educational and Vocational Guidance；国際キャリア教育学会）、NCDA（National Career Development Association；全米キャリア開発協会）などの国際学会などで行われている。

　例えば、キャリア支援政策研究の一環としてイギリスで行われた有名な効果研究（Bimrose, Barnes, & Hughes、2008）がある。イギリス教育・職業技能省（Department for Education and Skills; DfES）より助成を受けてウォーリック大学で行われたこの研究は、2003年12月から2004年3月にインタビュー調査を行った50名を5年間にわたって追跡し、最終的に29名にインタビューを継続した。最初のインタビュー直後には98％がキャリア支援は有益だと回答していたが、引き続き4年後も69％がキャリア支援は有益だと回答していた。なぜ有益であるかについては、専門的な情報にアクセスできた、洞察・目標・明確さを与えてくれた、自信や自己理解が促された、振り返ったり話したりする機会を与えてくれたなどが回答された。

　こうした素朴な追跡研究の一方で、欧州のキャリア支援政策研究では、キャリアガイダンス・キャリアカウンセリングの効果を検討するにあたっての枠組みの議論も盛んになされた。まず、キャリア支援政策の効果を、(1)労働市場のみならず、(2)教育訓練、さらには(3)社会的公正・社会正義の3つの

領域で考える。単に、雇用やスキルのミスマッチを防ぐのみならず、教育訓練を適切に提供し、雇用と教育の両面から格差や貧困、犯罪などを緩和・是正・防止することを念頭に置く。そして、この延長線上に、民主主義や平等な社会の基盤をみる（OECD, 2004；ILO, 2006；Watts, 1999）。

　一方で、欧州では「キャリア支援の経済的なインパクト（The economic impacts of career guidance）」というテーマにも継続的に関心を払ってきた。これは、キャリアガイダンスが単に進路やキャリアに思い悩む個人の問題を解決するにとどまらず、中長期的には国の経済全体に影響を与え得るとする議論である。Watts（1999）、Hughes, Bosley, Bowes & Hughes（2002）、Hughes（2004）、Hooley & Dodd（2015）と主にイギリスの研究者を中心に繰り返し論じられてきた。

　この議論では、キャリアガイダンス（キャリアカウンセリング含む）のアウトカムを、短期的アウトカム、中間的アウトカム、長期的アウトカムの3つに分類する。短期的アウトカムには個人の知識・スキル、態度、モチベーションなどが含まれる。具体的なアウトカムとしてスキルの習得や意識面での変化を考える。中間的アウトカムは個人の「探索」や「意思決定」が含まれる。すなわち個人の就職なり転職なり、具体的な行動の結果・成果を示す。これに対して長期的アウトカムは2つに分けられ、長期的アウトカム（個人）には、「教育訓練（Training & education）」「労働供給に対する効果（Labour supply effects）」「仕事に対する効果（Job effects）」が該当する。つまり、長期的な労働やキャリア、個人の生活全体に対する効果である。そして、長期的アウトカム（経済）に、「経営者（Employers）」「教育機関（Learning providers）」「経済（Economy）」が該当し、これが社会全体への効果となる。

　この議論に連なる最近の研究であるHooleyら（2015）では、これをプロセスモデルとして提示している。以下の順に、キャリアガイダンスからマクロ経済への影響が波及するとしている。

①キャリアガイダンス（career guidance）
②個人的効果（individual outcomes；人的資本、社会資本、支援された移

行）

③1 次的経済効果（Primary economic outcomes；労働力率の増加、失業の減少、スキルや知識ベースの増加、柔軟で移動しやすい労働市場）

④2 次的経済効果（Secondary economic outcomes；健康の増進、犯罪の減少、税収の増加、社会保障費用の減少）、

⑤マクロ経済便益（Macro-economic benefits；赤字削減、生産性向上、生活水準の向上、経済成長）

　このプロセスモデルは過去の先行研究などを集約して整理したものだが、ところどころ推計もなされており、例えば、労働市場における需給マッチングを改善することで、年間 £10.6 billion の生産性の向上が見込まれるといった数値も示している（Hughes, 2004）。

　また、Hooley は、これを「個人（適切なキャリアガイダンスを受けて賢明に進路を選択する）」→「組織（組織や雇用主は従業員の長所を繋ぎ生産性を上げるのが容易になる）」→「地域（地域住民は地域を活性化する仕事や学習にアクセスしやすくなる）」→「国（学校から職業への移行がスムーズになり、社会保障費は減少し、生産性が高まる）」→「EU（国全体の労働市場・教育市場は効果的なものとなり、欧州 2020 の目標実現に貢献する）」といった形の一連のプロセスとして示している。

3　キャリア支援の効果検証研究における研究手法の議論

　これらキャリア支援の効果に関する研究では、キャリア支援の効果は端的に示されるものではないことが繰り返し指摘されてきた。キャリア支援の効果を最も単純に考えた場合、素朴な要請は、例えば、キャリア支援を行った結果、行っていない場合に比べて就職率が何％上がった、転職が何％減った、モチベーションが何％上がったということを数字で端的に示すことである。こうした単純な効果はキャリア支援直後の個人的な意識変数では先行研究でも繰り返し示されており、その集大成が本章冒頭で示したレビュー研究及びメタ分析研究の基礎となっている。しかし、中長期の個人に対する効果や、社会全体への経済効果、組織や国全体への波及効果等が示されること

はない。むしろ原理的にそれは難しいと考えられている。一時点のキャリア支援の効果が中長期の広範囲に及ぶと想定するにつれて、様々な関連する変数が交絡し、交錯するため、純粋なキャリア支援の効果を示すことが難しくなるからである。

　したがって、海外のキャリア支援の効果研究は、多側面から効果の傍証たり得る間接的なエビデンスを集積し、それによってキャリア支援の効果をおぼろ気ながら示すことを行ってきた。そして、そのために実に様々な手法が提案・提起されてきた。

　例えば、2010年代以降のキャリアガイダンスの効果に関する代表的な文献として、Hooley（2014）によって執筆されたELGPN発刊の「The Evidence Base on Lifelong Guidance: a Guide to Key Findings for Effective Policy and Practice」がある。この中でキャリアガイダンスの効果測定の主だった手法が整理されている。大まかに、以下の量的研究と質的研究を紹介している。

・量的研究：何が起きたのかを測定する手法。支援介入手法とその効果の明確で単純な関係を検討するのに有益である。
・質的研究：何が起きたのかを記述し理解する手法。より幅広い微妙な効果を検討することができる。

　ただし、この他に、キャリアガイダンスの効果を示す研究手法は多様なものがあるとし、また、多様な手法を用いて多様な観点から検証を継続する必要があるとする。例えば、以下に示した手法が列挙されている。

---

①スナップショット：何が起きたかのを「写真に撮る」（≒現状を把握する）手法。調査やインタビュー、観察などによって事例として切り取る。ステークホルダーが有益と感じるか否かを検討する。
②ベンチマーキング：何が起きたかの現状を把握し、かつ狙いや目標と比較する。ベンチマーク（基準）は理論的に（何が起きるべきなのか）、または経験的に（他の機会に実施した時に何が起きたのか）設定し得

る。

③ビフォー・アフター研究（before-after studies）：事前事後研究。何らかのプログラムの実施前と実施後の 2 回の現状把握を行い、結果としてどのようなことが起きたのかを検討する。

④ゼン・アンド・ナウ研究（then-and-now studies）：研究参加者に過去を振り返ってもらい、介入前と何が変化したか、何が変化していないかを尋ねる。

⑤縦断追跡研究：研究参加者に長期的に関わり、ガイダンスの長期的な影響を検討する。

⑥対象比較（controlled Trial）研究：キャリア開発サービスを受けたクライエント（実験群）と、受けなかったクライエント（統制群）で何が起きたのかを比較する。さらに 2 つの群にランダムに割り当てられている場合に、より良いとされる（ランダム化比較対照研究）。

⑦費用便益分析（cost-benefit analyses）研究：プロセスのインプットとアウトプットの量を比較する。通常は金銭的な指標を用いる。

これらの研究手法を指摘した上で、キャリアガイダンス研究では端的に効果が示されるものではないことを繰り返し述べている。

これら研究を踏まえて、次節では、①質問紙調査による量的研究をベースとし、②キャリアコンサルティング経験者と未経験者を分けて比較する準実験的手法を用い、かつ、③短期の効果のみならず、中長期の効果をも探索的に検討するために過去を想起させるゼン・アンド・ナウ研究法を用い、④職業やキャリアに関する効果のみならず、職業生活全般もしくは職場における適正な働き方の問題なども念頭に置いた幅広い研究手法を用いて、キャリアコンサルティングの効果を検証した結果を示す。

第 3 節　キャリアコンサルティング経験が現在の状況に与える影響

1　キャリアコンサルティング経験の有無による現在の状況の違い

本節では、キャリアコンサルティング経験がある者、ない者を比較するこ

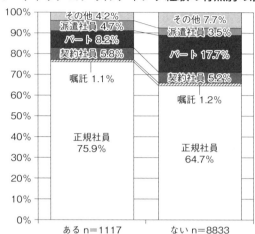

図表 3-1　キャリアコンサルティング経験の有無別の雇用形態

とで、キャリアコンサルティング経験が現在の働き方及び意識に与える影響を検討する[1]。

　図表 3-1 には、キャリアコンサルティング経験の有無別の現在の雇用形態を示した。図から、キャリアコンサルティング経験のある者は「正規」（75.9％）が多かったことが示される。一方、キャリアコンサルティング経験のない者は経験ありの者に比べて「パート」（17.7％）が多かった。

　図表 3-2 には、キャリアコンサルティング経験の有無別の勤務先全体の従業員規模を示した。キャリアコンサルティング経験のある者は「1,000 人以

<hr />

1　本節は、第 3 部第 1 章及び第 2 章でも用いた「労働政策研究・研修機構（2017）. キャリアコンサルティングの実態、効果および潜在的ニーズ―相談経験者 1,117 名等の調査結果より　労働政策研究報告書 No.191」の調査結果に基づく。本調査では、20 代前半・20 代後半・30 代前半・30 代後半・40 代前半・40 代後半・50 代前半・50 代後半×男性・女性の 16 セルを設定し、各セルに 400〜900 名を割りつけて、総計約 9,950 名に調査に回答を求めた。実施時期は 2016 年 9 月であった。キャリアコンサルティング経験者 1,117 名及びキャリアコンサルティング未経験者 8,833 名の回答を収集した。キャリアコンサルティング経験者には、中長期的なキャリア・雇用・労働面に対する効果について尋ねた。また、キャリアコンサルティング未経験者には、現在及び将来的なニーズ及び期待について主に尋ねた。さらに、経験者と未経験者で現在の働き方、収入・労働時間、意識等に違いがあるかを検討した。本節及び次節 1 では、キャリアコンサルティング未経験者 8,833 名に相談ニーズを尋ねた結果を示した。次節 2 では、キャリアコンサルティング経験者 1,117 名に相談ニーズを尋ねた結果を示した。

図表3-2　キャリアコンサルティング経験の有無別の勤務先の従業員規模

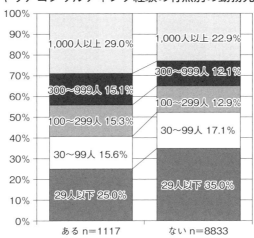

図表3-3　キャリアコンサルティング経験の有無別の役職

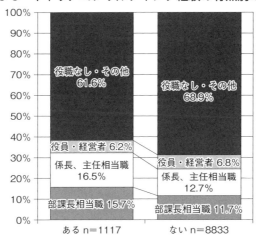

上」（29.0％）の大企業に勤務している者が多く、キャリアコンサルティング経験のない者は「29人以下」（35.0％）が多いことが示される。

　図表3-3には、キャリアコンサルティング経験の有無別の役職を示した。図から、大きく差がみられたのは「役職は特になし」であり、キャリアコン

図表3-4　キャリアコンサルティング経験の有無別の最近1年間の個人年収

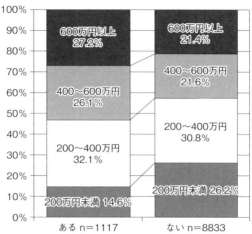

サルティング経験のある者は60.3%、キャリアコンサルティング経験のない者は68.0%であった。

　図表3-4には、キャリアコンサルティング経験の有無別の最近1年間の個人年収を示した。キャリアコンサルティング経験のある者は「400～600万円」（26.1%）、「600万円以上」（27.2%）が多かった。一方、キャリアコンサルティング経験のない者はキャリアコンサルティング経験がある者と比べて「200万円未満」（26.2%）の者が多かった。

2　キャリアコンサルティング経験の有無によるキャリア意識の違い

　図表3-5には、キャリアコンサルティング経験の有無別の現在の満足感を示した。「収入」「仕事上の地位」「仕事内容」「職場の人間関係」「職業生活全般」のどの満足感も回答傾向は類似しており、「満足している」「おおむね満足している」を合計した値はキャリアコンサルティング経験のある者の方が大きかった。例えば、「収入」に対する満足感では、「満足している」「おおむね満足している」を合計した値は、キャリアコンサルティング経験がある者は36.1%であった。それに対してキャリアコンサルティング経験のない者は24.7%であった。その他、「仕事上の地位」「仕事内容」「職場の人間

図表 3-5　キャリアコンサルティング経験の有無別の現在の収入に対する満
足感

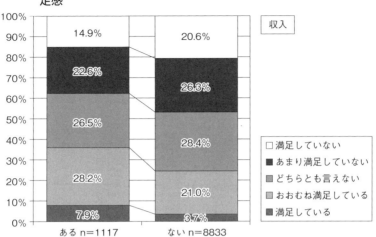

関係」「職業生活全般」「現在の生活全般」のいずれの満足感でもキャリアコ
ンサルティング経験ありと経験なしの間に、10ポイント前後の違いが示さ
れた。

　図表 3-6 には、キャリアコンサルティング経験の有無別に自らの職業経験
に対する意識を尋ねた回答結果を示した。図から、キャリアコンサルティン
グ経験ありでは経験なしに比べて「特定の分野・業種・業界でいろいろな仕
事をたくさん経験してきている」（31.6％）が多く、「わからない」（8.9％）
が少ないことが示される。一方で、キャリアコンサルティング経験なしは経
験ありに比べて「わからない」（23.2％）が多く、「特定の分野・業種・業界
でいろいろな仕事をたくさん経験してきている」（19.2％）が少なかった。

　図表 3-7 には、キャリアコンサルティング経験の有無別に生涯を通じた
キャリア計画に対する考え方を示した。キャリアコンサルティング経験あり
では、「自分でキャリア計画を考えていきたい」（35.2％）及び「どちらかと
いえば、自分でキャリア計画を考えていきたい」（43.2％）が顕著に多かっ
た。一方で、キャリアコンサルティング経験なしでは「わからない」（36.5
％）が顕著に多かった。

図表3-6　キャリアコンサルティング経験の有無別の職業経験

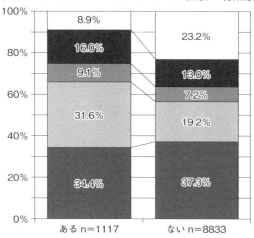

　図表3-8には、キャリアコンサルティング経験の有無別に「職業能力が他社で通用するか否か」に対する考え方を示した。概して、キャリアコンサルティング経験ありでは「通用する」の回答が多かった。具体的には、キャリアコンサルティング経験ありでは「通用すると思う」（20.6%）、「ある程度通用すると思う」（50.0%）であった。一方で、キャリアコンサルティング経験なしでは「通用すると思う」（12.7%）、「ある程度通用すると思う」（40.1）であった。

　図表3-9には、キャリアコンサルティング経験の有無別に、職業能力を習得・獲得するために何が必要かに対する回答を示した。キャリアコンサルティング経験ありは経験なしに比べて「自発的な能力向上のための取組みを行うことが必要」（37.6%）、「通常の業務をこなしていくことで必要な能力が身につく」（26.5%）の回答が多かった。一方、キャリアコンサルティング経験なしは経験ありに比べて「わからない」（26.3%）、「今後、どのよう

図表 3-7　キャリアコンサルティング経験の有無別の生涯を通じたキャリア計画

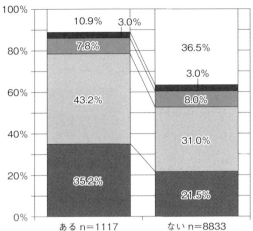

凡例:
- □ わからない
- ■ 会社でキャリア計画を提示してほしい
- ■ どちらかといえば、会社でキャリア計画を提示してほしい
- ■ どちらかといえば、自分でキャリア計画を考えていきたい
- ■ 自分でキャリア計画を考えていきたい

図表 3-8　キャリアコンサルティング経験の有無別の「職業能力が他社で通用するか否か」

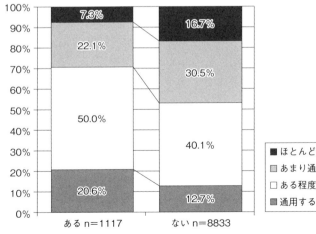

凡例:
- ■ ほとんど通用しないと思う
- ■ あまり通用しないと思う
- □ ある程度通用すると思う
- ■ 通用すると思う

図表 3-9　キャリアコンサルティング経験の有無別の職業能力習得の必要性

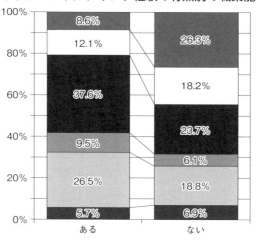

凡例:
- ■ わからない
- □ 今後、どのような職業人生にするか決めかねている
- ■ 自発的な能力工場のための取組みを行うことが必要
- ■ 会社が提供する教育訓練プログラムで能力工場を図る
- ■ 通常の業務をこなしていくことで必要な能力が身につく
- ■ さらに職業能力を身につける必要はない

な職業人生にするか決めかねている」（18.2%）が多かった。

３　キャリアコンサルティング経験の意義とキャリア形成の循環モデル

　本節では、キャリアコンサルティング経験の有無で現在の状況がいかに異なるかを検討した。図表3-10に、キャリアコンサルティング経験のある者とない者の違いをまとめた。この表から以下の３点を指摘し得る。

　第１に、キャリアコンサルティング経験者は、概して、役職や年収などを含めた働き方の面で全般的に現在、良好であることを指摘し得る。例えば、キャリアコンサルティング経験者は、現在、従業員規模が大きい勤務先で正規就労の形で長時間働き、役職に就き、年収が高い者が多い。すなわち、キャリアコンサルティング的な支援を受けた場合、受けない場合と比べれば、ある程度、適切な転職先に転職することが可能となり、結果的に現在、良好な働き方のできる勤務先に勤められていると推察できる。

図表 3-10　キャリアコンサルティングの経験の有無による現在の状況の違い（結果のまとめ）

	「経験あり」の 回答者の特徴	「経験なし」の 回答者の特徴
雇用形態	正規就労７割（76％）	正規就労６割（65％）
勤務先の従業員規模	３割が 1,000 人以上（29％）	２割が 1,000 人以上（23％）
勤務先での役職	係長＋課長相当職で ３割弱（28％）	係長＋課長相当職で ２割（20％）
最近１年間の 個人年収	600 万以上で ３割弱（27％）	600 万以上で ２割（21％）
現在の満足感	現在の生活全般に満足が５割弱 （47％）	現在の生活全般に満足が 1/3 （34％）
これまでの職業経験	特定の分野で いろいろな仕事を たくさん経験している者が３割 （32％）	特定の分野で いろいろな仕事を たくさん経験している者が２割 （19％）
生涯を通じた キャリア計画	自分で考えたい者が ４割（35％）	自分で考えたい者が ２割（22％）
職業能力が他社で通用するか	「通用する」が ２割（21％）	「通用する」が １割（13％）
職業能力習得に 必要なこと	「自発的な取り組み」 ４割弱（38％）	「自発的な取り組み」 ２割強（24％）
これまでの職業経験	特定の分野で いろいろな仕事を たくさん経験している者が３割 （32％）	特定の分野で いろいろな仕事を たくさん経験している者が２割 （19％）
生涯を通じた キャリア計画	自分で考えたい者が ４割（35％）	自分で考えたい者が ２割（22％）
職業能力が他社で通用するか	「通用する」が ２割（21％）	「通用する」が １割（13％）
職業能力習得に 必要なこと	「自発的な取り組み」 ４割弱（38％）	「自発的な取り組み」 ２割強（24％）

第2に、しかしながら、やはりキャリアコンサルティングの最大の効果は
その後のキャリア意識にある。表に示したとおり、キャリアコンサルティン
グ経験者は、現在の生活に満足し、生涯のキャリア計画は将来の仕事やキャ
リアに備えて自分で立て、他社でも通用する職業能力を持ち、自発的に職業
能力に取り組む者が多い。キャリアコンサルティングの経験が過去の出来事
であり、キャリア意識への回答が現在のことである以上、そこに様々な道筋
があるとしても一定の対応関係を想定することは可能であると思われる。

　第3に、上述のとおり、過去のキャリアコンサルティング経験と現在の状
況には一定の対応関係がみられたが、この結果の背景にはある種の循環的な
因果関係を想定することができる。すなわち、もともとキャリア意識が高く
キャリアに対する関心も高かった者は、それゆえ、キャリアに関する相談を
してみたいとも思いやすく、実際に相談を希望すればキャリアコンサルティ
ングを受ける機会に恵まれる協力的な職場にいた。そして、実際にキャリア
コンサルティングを受けた結果、一定程度には効果があり、その時点での
キャリアや職業に関する問題（転職する、仕事内容を変える等）は解消し、
よりいっそうキャリアや職業に対する意識は高まった。こうした推察が可能
である。資質や機会に恵まれた者に支援が提供されることで、より資質や機
会が増加する結果はキャリア理論にいう「雪だるま効果」の一つであり、
キャリア支援研究ではよく観察される。今回の結果もキャリア形成の良循環
と悪循環が想定され、その転轍点にキャリアコンサルティングを置く理論的
なモデルを考えることができる（図表3-11参照）。

　なお、このキャリアコンサルティングとキャリア形成の循環モデルから
は、さらに何点かの示唆が得られる。第1に、キャリアコンサルティングの
効果とは、キャリア形成の悪循環にある者を良い循環へと方向転換をさせる
ことにある。キャリア意識が低く、十分に自らのスキルや知識を活用して切
れていなかった場合、キャリアコンサルティングを経験することで、まずは
意識が変化し、意識の変化に伴って働き方が変化し、働き方が変化すること
によって仕事の成果や処遇、働く場所も良い方向に向かうことが期待でき
る。キャリアコンサルティングによって眼前の直接的な問題解決がなされる
のみならず、中長期的なキャリア形成の良い循環へと入っていくきっかけと

図表3-11　キャリアコンサルティングとキャリア形成の循環モデル

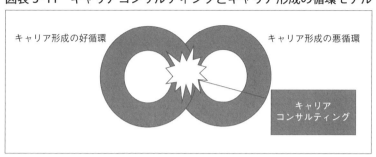

なることが、キャリアコンサルティングの重要な効果として考えられる。

　したがって、第2に、現在、順風満帆で働いていると感じている者にも、キャリアコンサルティングは効果を発揮する。現在、特に問題を抱えていないとしても、その方向性を維持し、さらに強化するためにキャリアコンサルティングは有効に機能する。また、現在はよいとしても、潜在的に何らかの方向転換を考える必要が生じている場合もある。そうした方向転換を考えるきっかけとしてもキャリアコンサルティングは機能することが期待される。キャリアの行く先の方向を変化させる転轍点として作用する以上、足下のわずかなポイントの切り替えが中長期的に大きな方向の変化へと結びついていくことはおおむね予測されることでもある。

　第3に、こうしてキャリアコンサルティングの効果の一つとして、短期的な問題解決と同様の重みをもって、中長期的な方向転換という機能があるとすれば、この取り組みは一定の期間ごとに定期的になされる必要があると言える。長期的な自分なりのキャリア目標を置いてそれを目指す場合、そこに至る方向を常に確認する必要がある。また、そうした遠大なキャリア目標を持たないとしても、現在の自分の働き方でよいのか、よいとすればさらに続けていくにはどうすればよいのか、何か少し変えればもう少しよくなることがあるのか等、定期的に検討することには大きな意義がある。この意味で、定期的に相談機会を提供しようとするセルフ・キャリアドックのような試みには重要な意義があると言えるであろう。

第4節　キャリアコンサルティングの統計的手法による効果検証

1 ランダム化比較試験と傾向スコア・マッチング

(1) ランダム化比較試験

　本節では、既存データの再分析によるキャリアコンサルティングの効果の検証を目的とする[2]。特に、本研究では、主に行動計量学（心理学）における傾向スコア・マッチングの手法を用いた先行研究を参照して、キャリアコンサルティングの検討を行う。傾向スコア・マッチングによってキャリアコンサルティングの経験者・非経験者の属性や特徴を均質化することができ、キャリアコンサルティングが就職・満足感・収入などに与える影響を、相当程度まで、キャリアコンサルティングそのものに一意に求めることが可能となる。

　具体的には、キャリアコンサルティングの効果を検証するにあたって、Rosenbaum & Rubin（1983）が提案した傾向スコア（propensity score）を用いた調査データの調整の手法（いわゆる傾向スコア・マッチング手法）を用いる。

　傾向スコア・マッチング手法の説明にあたっては、この手法に先立ってランダム化比較試験（Randomized Controlled Trial、RCT）の説明が必要となる。ランダム化比較試験（RCT）は、人を介入群と対照群にランダムに割り当てて、何らかの介入を行い、その介入の効果をみる実験的な手法である。そして、通常、ランダム化比較試験（RCT）によって検討された研究結果を2つ以上集めてメタ分析を行った結果が、最も質の高いエビデンスとされる。

　例えば、キャリアコンサルティングの効果を知るには、キャリアコンサルティングの受講群と非受講群の比較を行いたい。しかしながら、受講群と非受講群の比較を正確に行うには、両群に何らかの一定の傾向や特徴がないよ

2　本節は、「労働政策研究・研修機構（2019）．職業訓練及びキャリアコンサルティングの統計的手法による効果検証　労働政策レポート No.12」の結果に基づく。本レポートでは、第3部の各所で示してきたキャリアコンサルティング経験者 1,117 名及びキャリアコンサルティング未経験者 8,833 名のデータに対して傾向スコア・マッチング法による検証を行い、キャリアコンサルティングに関する厳格なエビデンスを示すことを目的とする。

うにランダムに人を割り当てたい。すなわち、両群はキャリアコンサルティングの受講以外には何ら特別な差のない群としたい。なぜなら、仮にそうでない場合、受講群と非受講群に観察された差をキャリアコンサルティングの受講の有無に一意に帰することができず、キャリアコンサルティングの効果を正しく判断することが困難となるからである。

　このキャリアコンサルティングの受講群と非受講群にランダムに人を割り当てて、その効果を検証する手法が広く知られる言葉となったランダム化比較試験（RCT）である。ランダム化比較試験の特徴は一般的には受講群と非受講群のように介入群と対照群に分けて両者を比較することであると捉えられやすい。しかしながら、実際には介入群と対照群にランダムに人を割り当てることが、よりいっそう重要となる。仮に介入群と対照群をランダムに割り当てない場合には、エビデンスの質は格段に落ちてしまう。介入群と対照群の間に観察された差が何によって生じたかを強く主張することが困難になるからである。

(2)　ランダム化比較試験の課題

　このRCTは理想的で望ましい手法である一方、現実には複数の問題があることも先行研究では指摘されている。星野・繁桝（2004）や星野・岡田（2006）などの行動計量学及び疫学研究等における関連論文を参照し、本研究に即した形で問題を集約すると、以下の3点を指摘できる。

　第1に、ランダムに群分けすることに関する倫理的な問題である。求職者に対して職業訓練を提供する群と提供しない群を設定することが、いかに研究の必要性・重要性の説明を尽くすとしても十分に正当化することが難しい。この困難を解消するために、職業訓練を提供しない群には研究終了後に提供するなどの時間差を設ける手法なども提起されているが、いずれにしてもある時期に職業訓練を受けることができた求職者を、研究のために一定期間、放置することは倫理的に問題となる。

　第2に、ランダムに群分けするコストの問題がある。仮に倫理的な問題を問わないとしても、ランダム化比較試験を実施するにあたって、通常、考慮される金銭的なコストのみならず、多様な費用・労力・負荷が多方面にかか

る。例えば、一方に特定の属性が偏在しないようにランダムに群分けを行い、かつ、研究の主眼となる従属変数の事前事後の測定を行うための一連の手続きの整備・管理、及び、その作業を受け持つ人員の確保及びその労力・負荷など、ランダム化比較試験にかかるコストは一般に考えられている以上に莫大なものがある。概して、公的な研究活動においては、公費の節約・縮減を念頭に置きつつ、得られる研究成果を最大化することが常に求められており、研究の必要性・重要性のみを根拠に膨大な研究費用を浪費することが許されない。そうした中、いかにRCTが方法論的に純粋で厳密に効果を測定できる手法であるとしても、事実上、公的な研究機関では優先順位の高い方法論となりにくい。

　第3に、上述のとおり、ランダム化比較試験に伴う多額の費用負担の問題があるために、通常、ランダム化比較試験ではサンプルサイズを大きく設定することが難しい。ランダムな群分けに伴う費用・労力・負荷から、実際の実施にあたっては、研究に参加する人員に一定の上限を設ける必要が生じる。一方で、同規模の費用・労力・負荷をかけた場合、従来型の大規模調査ではランダム化比較試験とは比較にならないほどのサンプルサイズを設定することが可能となる。具体的には、例えば、職業訓練の効果をランダム化比較試験で検証しようとした場合、その費用・労力・負荷がかかるために、数カ所から多くて数十カ所のハローワーク等に協力を求めて、この研究を遂行することとなる。しかしながら、この場合、ランダム化比較試験が上首尾になされたとしても、数カ所から数十カ所のハローワークに限られたデータとなる。一方で、仮に従来型の大規模調査であれば、全国全てのハローワークに協力を求めることも工夫次第では可能となる（全数調査も可能となる）。すなわち、少ない対象層に対する極めて厳密な研究と、膨大な対象層に対する比較的厳密ではない研究という対比が成り立ち、そのトレードオフを上述した研究にかかるコストという観点から慎重に検討する必要がある。

⑶　傾向スコア・マッチング

　上記のランダム化比較試験（RCT）に伴う問題を解決した手法が、傾向スコア・マッチング法となる。詳しい研究動向、及び数理的な議論について

は専門的な研究者による先行研究を参照すべきであるが、ここでは、主に行動計量学または疫学研究の領域における先行研究から、星野・繁桝（2004）、星野・岡田（2006）、豊田・川端・中村・片平（2007）などの研究を参考に、本研究に即した形でその概略をまとめれば、次のとおりである。

まず、従属変数と独立変数の間には、両者に影響を与える様々な変数がある。剰余変数、交絡変数、交絡要因とも呼ばれるが、以下、星野・繁桝（2004）にならって、これらの変数を「共変量」と呼ぶ。この共変量を何らかの手法で1つに集約することができれば研究参加者を1つの数値によって並べることができる。実験群と対照群からこの数値が同じ（または近い）者をそれぞれ選んでくることによって（実験群と対照群から見つけることによって）、実験群と対照群に「共変量」が同じか近いペアを作ることができる。こういう数学的・統計的な操作を行うことによって「共変量」に違いのない実験群と対照群を用意できる。ここで「共変量」を1つの数値にまとめた時、その数値を「傾向スコア」と呼び、それによって実験群・対照群に割り当てられた研究参加者のマッチング（同じペア）を作ることができる。そのペアをそれぞれ実験群と対照群に割り当てることによって「共変量」の同じ群を作ることができる。

こうして作られた群で、様々な従属変数を比較することで、あたかもRCTを行ったのと類似したRCTに準じる効果を得ることが可能となる。

2 キャリアコンサルティングの効果

まず、傾向スコア・マッチングを行うための準備作業としてロジスティック回帰分析を行った[3]。

図表3-12は、専門家に相談経験がある者と相談経験がない者の2値変数を従属変数、表側の各変数（性別、年齢、学歴、従業員規模、勤労形態、仕

3　なお、この時、キャリアコンサルティングに関する先行研究で問題となりやすかったのは、本人のキャリア意識である。あえてキャリア意識の高低を、本来、個人が有しているキャリアに対する資質・志向性・個人特性として捉え、傾向スコア算出のための共変量に含めた。このことで、専門家に相談経験がある者と相談経験のない者のキャリア意識の水準を相当程度、調整することが可能であり、キャリアコンサルティング経験の有無を個人が本来持っていたキャリア意識の高低に帰属させずに検討を行うことが可能となる。

図表 3-12　専門家への相談経験の有無を従属変数、性別、年齢、学歴等を独立変数としたロジスティック回帰分析の結果

	β	標準誤差	Wald	自由度	sig.	Exp (β)
性別（1＝男性、2＝女性）	0.308	0.099	9.789	1	**	1.361
年齢	-0.026	0.004	39.418	1	**	0.975
学歴（対　大学理系）			67.267	3		
中卒・高卒	-0.507	0.178	8.115	1	**	0.602
短大卒・専門卒	-0.512	0.179	8.219	1	**	0.599
大学文系	0.289	0.143	4.050	1	*	1.334
従業員規模	0.112	0.051	4.750	1	*	1.118
就労形態（1＝非正規、2＝正規）	-0.108	0.110	0.969	1		0.898
仕事内容（対　生産工程その他の仕事）			17.971	4		
管理的な仕事	0.686	0.177	15.073	1	**	1.985
専門的・技術的な仕事	0.554	0.158	12.357	1	**	1.740
事務的な仕事	0.388	0.168	5.374	1	*	1.475
販売・サービスの仕事	0.350	0.170	4.226	1	*	1.419
生涯を通じたキャリア計画（対　「わからない」）			166.216	4		
自分で考えていきたい	1.883	0.152	152.600	1	**	6.576
どちらかといえば自分で考えていきたい	1.553	0.151	105.227	1	**	4.725
どちらかといえば会社で提示してほしい	1.013	0.209	23.516	1	**	2.753
会社で提示しほしい	1.005	0.301	11.130	1	**	2.732
定数	-3.593	0.309	135.015	1		0.028

※sig. は有意水準。** は 1% 水準で統計的に有意。* は 5% 水準で統計的に有意。「β」は偏回帰係数。他の変数が一定の場合、当該変数が 1 増加した場合に従属変数（ロジット）がどの程度変化するかを表す。「標準誤差」は β の標準誤差。おおむね β の精度を表す。「Wald」は β を標準誤差で除して 2 乗した値。χ 2 分布にしたがうため「自由度」の値と併せて β の統計的有意性の検定に用いる。有意確率は有意性の検定結果を表す。Exp（β）は β の指数をとったもので当該変数が 1 増加した場合に従属変数が何倍に変化するかを示す。この値の絶対値が大きい変数ほど従属変数に影響を与える重要な変数であるという解釈ができる。

事内容、生涯を通じたキャリア計画に対する意識）を独立変数としたロジスティック回帰分析の結果である。表中の変数に該当する場合、そうでない場合に比べて何倍の確率で専門家への相談経験があるかという解釈を行うことができる。

　表から、専門家に相談経験がある者に含まれる確率が最も高いのは、生涯を通じたキャリア計画を「自分で考えていきたい」とする者であり、生涯を

通じたキャリア計画について「わからない」と回答した者と比較して 6.576 倍、専門家への相談経験がある確率が高いことが示される。このキャリア意識（生涯を通じたキャリア計画）の変数が専門家への相談経験の有無に影響を与える変数であり、この変数の調整が最重要であることが示される。

　なお、ROC 曲線による c 統計量は .751 であった。傾向スコア・マッチングを行うにあたっては、この数値は .700 または .800 以上が望ましいとされるため、ここで示したロジスティック回帰分析をもとにした傾向スコア・マッチングには一定以上の妥当性があることが示される。

　図表 3-13 は、傾向スコアのマッチングの前後で各変数を比較したものである。表から、マッチング前の元データでは、専門家に相談経験がない者は、①女性が多い、②中卒・高卒または専門・短大の学歴の者が多い、③勤務先の従業員規模が小さい者が多い、④非正規就労者が多い、⑤生産工程・建設その他の仕事に就いている者が多い、⑦生涯を通じたキャリア計画に「わからない」と回答した者が多い等が統計的に有意に示されていた。

　これら統計的に有意な差が、傾向スコアによるマッチングの後には消失し、ほぼどの変数においてもその差が極めて小さくなった。特に、従来、問題にされることが多かった「もともとキャリア意識の高い人間がキャリアコンサルティングを受けたのではないか」という批判には、今回の傾向スコア・マッチングによる調整によって、相談経験あり群となし群は、属性面で均質・均一になったことを主張し得る。キャリアコンサルティングの選好に結びつくキャリア意識は、生涯を通じたキャリア計画に対する意識だけではないとしても、一定程度、事前のキャリア意識の高低によってキャリアコンサルティング経験が左右されていないことを確認しておくことができる。

　図表 3-14 には、専門家への相談経験有無別の「収入」「仕事上の地位」「仕事内容」「職場の人間関係」「職業生活全般」「現在の生活全般」に対する満足感を示した。図から、いずれの満足感についても、専門家に相談経験ありの方が相談経験なしよりも値が大きいことが示される。

　従来から、キャリアコンサルティングの効果は意識面で最も顕著にみられることが知られてきたが、これらの結果は、ここまで述べてきたとおり、両群で、性別、年齢、学歴、勤務先の従業員規模、就労形態、仕事内容、生涯

図表 3-13 専門家への相談経験の有無と性別、年齢、学歴等のクロス表の傾向スコアによるマッチング前後の比較

		マッチング前				マッチング後			
		専門家に相談経験あり n=683	相談経験なし n=8,833	差 相談なし－相談あり	sig.	専門家に相談経験あり n=683	相談経験なし n=682	差 相談なし－相談あり	sig.
性別	男性	69.5%	55.5%	-14.0%	**	69.5%	72.1%	2.6%	
	女性	30.5%	44.5%	14.0%	**	30.5%	27.9%	-2.6%	
年齢	20代前半	9.7%	7.5%	-2.2%	*	9.7%	8.5%	-1.2%	
	20代後半	13.6%	10.6%	-3.0%	*	13.6%	13.2%	-0.4%	
	30代前半	19.2%	11.5%	-7.7%	**	19.2%	16.3%	-2.9%	
	30代後半	15.8%	13.9%	-1.9%		15.8%	17.3%	1.5%	
	40代前半	13.6%	15.4%	1.8%		13.6%	14.5%	0.9%	
	40代後半	9.4%	14.7%	5.3%	**	9.4%	10.0%	0.6%	
	50代前半	8.6%	13.6%	5.0%	**	8.6%	9.5%	0.9%	
	50代後半	10.1%	12.9%	2.8%	*	10.1%	10.7%	0.6%	
学歴	中卒・高卒	12.9%	27.3%	14.4%	**	12.9%	12.0%	-0.9%	
	専門・短大	12.4%	24.6%	12.2%	**	12.4%	12.5%	0.1%	
	大学	64.7%	41.2%	-23.5%	**	64.7%	65.8%	1.1%	
	大学院	10.0%	6.9%	-3.1%	**	10.0%	9.7%	-0.3%	
従業員規模	100人未満	38.9%	52.1%	13.2%	**	38.9%	40.6%	1.7%	
	100人以上	29.9%	25.1%	-4.8%	**	29.9%	28.2%	-1.7%	
	1,000人以上	31.2%	22.9%	-8.3%	**	31.2%	31.2%	0.0%	
就労形態	非正規	21.2%	35.3%	14.1%	**	21.2%	19.8%	-1.4%	
	正規	78.8%	64.7%	-14.1%	**	78.8%	80.2%	1.4%	
仕事内容	管理的な仕事	17.0%	11.1%	-5.9%	**	17.0%	14.4%	-2.6%	
	専門的・技術的な仕事	36.0%	26.7%	-9.3%	**	36.0%	40.3%	4.3%	
	事務的な仕事	22.0%	25.0%	3.0%		22.0%	20.4%	-1.6%	
	販売・サービスの仕事	16.5%	20.3%	3.8%	*	16.5%	16.7%	0.2%	
	生産工程・建設その他の仕事	8.5%	16.9%	8.4%	**	8.5%	8.2%	-0.3%	
生涯を通じたキャリア計画	自分で考えていきたい	40.8%	21.5%	-19.3%	**	40.8%	38.9%	-1.9%	
	どちらかといえば自分で考えていきたい	42.5%	31.0%	-11.5%	**	42.5%	45.2%	2.7%	
	どちらかといえば会社で提示してほしい	6.4%	8.0%	1.6%		6.4%	6.2%	-0.2%	
	会社で提示してほしい	2.2%	3.0%	0.8%		2.2%	1.5%	-0.7%	
	わからない	8.1%	36.5%	28.4%	**	8.1%	8.4%	0.3%	

※sig. は有意水準。** は 1％ 水準で統計的に有意。* は 5％ 水準で統計的に有意。
※マッチング前で、相談経験なしの方が顕著に値が大きい箇所（10％以上）に網かけを付した。現実には（マッチング前には）、相談経験なしの者は「女性」「中卒・高卒」「専門・短大」「非正規」「（生涯を通じたキャリア計画）わからない」の割合が多いが、このままマッチング前の両群で比較した場合、従属変数にみられる差が相談経験の有無による効果なのか、「女性」「中卒・高卒」「専門・短大」「非正規」等の割合が多いために生じたものか判別がつかない。そこで、傾向スコアマッチングの手法を用いて相談経験ありの者と属性を揃えた群を作り、比較を行った。マッチング前の相談経験ありの者の属性と揃うように、相談経験なしの者から選抜して新たに相談経験なし群を作ったという言い方もできる。

図表 3-14　専門家への相談経験の有無別の各側面に対する満足感（「満足している」＋「おおむね満足している」の割合）

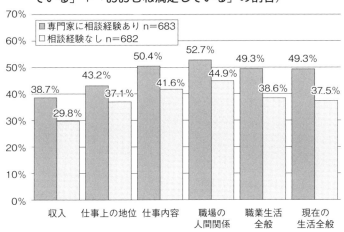

を通じたキャリア計画（キャリア意識）を均質・均一にした上での結果であり、純粋にキャリアコンサルティングの効果であると、ある程度まで明確に主張できる結果となる。

　上述の満足感と類似の結果として、図表 3-15 には、専門家への相談経験の有無別の「あなたの職業的な能力は、他社でも通用すると思いますか」に対する回答を示した。図から、キャリアの専門家に相談経験がある者は、自らの職業能力が他社で通用する自信を持っている割合が高いことが示される（$\chi^2 (3) = 43.85$ p<.01）。この結果も、基本的にはキャリア意識の結果と言ってよいが、他の関連する様々な変数の影響を排除した上で、改めて専門家への相談経験の有無による違いがみられている点で重要な結果だと言える。

　さらに同様の結果として、図表 3-16 には、専門家への相談経験の有無別に「あなたが希望している職業人生の実現に向けて必要な職業能力を獲得するためには何が必要だと考えていますか」に対する回答を示した。図のもとになるクロス表は全体として統計的に有意であり（$\chi^2 (5) = 17.34$ p<.01）、追加分析として調整済み残差を求めた結果、「今後、どのような職業人生にするか決めかねている」「わからない」で、1% 水準で統計的に有

図表 3-15　専門家への相談経験の有無別の「あなたの職業的な能力は、他社でも通用すると思いますか」に対する回答

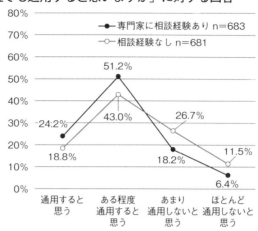

図表 3-16　専門家への相談経験の有無別の「あなたが希望している職業人生の実現に向けて必要な職業能力を獲得するためには何が必要だと考えていますか」に対する回答（単数回答。どれか１つを選択）

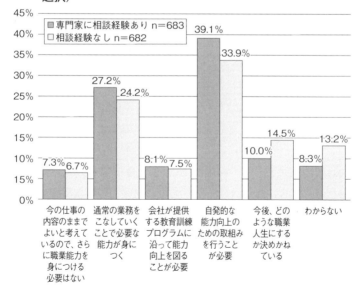

意に、専門家に相談経験ありの者の割合が少なく、相談経験なしの者の割合が多かった。

　これらキャリア意識に関する検討結果から、専門家への相談経験がある場合、職業生活を中心としたキャリア全般に対する満足感や自らの職業能力に対する自信を高め、将来の職業人生に対する見通しをある程度まで明確にする効果があることを指摘できる。

　なお、キャリアコンサルティング研究では常に議論になる「企業内 - 企業外」のキャリアコンサルティングの相違について、あわせて検討を行った。ロジスティック回帰分析を行い、傾向スコア・マッチングを行うここまでと同様の手続きによって「企業内のキャリアに関する専門家に相談経験あり」と「企業外のキャリアに関する専門家に相談経験あり」の比較を行った。傾向スコア・マッチングによって両群の性別・年齢・学歴他の属性はコントロールされた形となる。

　両群の比較の結果、統計的に有意な差がみられたのは転職回数であった。図表 3-17 に示したとおり、「企業内」では転職 0 回の者が約半数を占めるが、「企業外」の場合には、転職の回数が多かった（$\chi^2 (3) = 12.49$ p $<.01$）。既に、労働政策研究・研修機構（2015）では、企業内キャリアコンサルティングの機能について検討を行い、ヒアリング調査をもとに、人材を企業内に引き止めるリテンション機能があることを示していた。今回の結果から、改めて、企業内キャリアコンサルティングの機能の一つとして転職を引き止め、人材を企業内でうまく調整し、活用することを側面的に支援する効果があることが示される。

　なお、同様の視点から、企業内のキャリアの専門家と企業内のキャリア以外の専門家・担当者等との比較も同様の手続きで行った。しかしながら、統計的に有意な結果は示されなかった。統計的に有意でない結果から強い主張を行うことには慎重であるべきだが、概して企業内で何らかの相談が行われて、1 対 1 の対応がなされたということに意味があり、それがどのような専門家・担当者であるかは、ある程度までは無関係である可能性が示される。むしろ、企業内で相談を行える相手がいない場合、企業内のキャリアの専門家はその代替的な役割を果たす、あるいは逆に企業内の専門家がいない場合

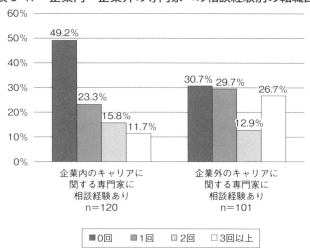

図表3-17　企業内－企業外の専門家への相談経験別の転職回数

60%

49.2%
50%

40%

30.7% 29.7%
30%
23.3%
26.7%

20%
15.8%
12.9%
11.7%
10%

0%
企業内のキャリアに　　　　　企業外のキャリアに
関する専門家に　　　　　　関する専門家に
相談経験あり　　　　　　　相談経験あり
n＝120　　　　　　　　n＝101

■0回　■1回　□2回　□3回以上

は企業内のキャリア以外の専門家・担当者がその代替的な役割を果たすという見方もできよう。

第5節　本章のまとめ

本研究の検討の結果、キャリアコンサルティングの経験者は非経験者に比べて、①総じて満足感が高い、②職業能力に自信がある、③企業外のキャリアコンサルティングでは転職が多かったが、企業内のキャリアコンサルティングでは転職が少なかった。

以上の結果から、以下のとおり考察される。

第1に、キャリアの専門家によるキャリアコンサルティングを経験した者の方が、概して、現在の満足感が高く、自らの職業能力に自信を持っていることが示された。この点について、この結果は、性別、年齢、学歴、従業員規模、勤労形態、仕事内容以外に、生涯を通じたキャリア計画に対する意識の違いも調整した後の結果であり、キャリアコンサルティング経験による効果として一定以上の確度をもって主張できる。特に、従来から、キャリアコ

ンサルティングを受ける者はそもそもキャリアに対する意識が高い者ではないかという批判は根強かったが、今回、「生涯を通じたキャリア計画に対する意識の違い」の変数を傾向スコアによるマッチングにあえて用いたことによって、ある程度まで、個人が持つキャリア意識の効果は抑えられたと言い得る。キャリアコンサルティングの効果は少なくとも現在の満足感、職業能力に対する自信については十分にみられたと示唆できる。

　第2に、企業内キャリアコンサルティングと企業外キャリアコンサルティングの経験を比較した場合には、企業内キャリアコンサルティングの経験者の方が転職が少なく、企業外キャリアコンサルティングの経験者の方が転職が多かった。この結果は、様々な要因との交絡が考えられるものの、総じて言えば、企業内にキャリアコンサルティングの仕組みを設けている場合には、一定程度、転職を防ぐことができる結果として解釈することが可能であると思われる。逆に、何らかの事情が重なって、企業外のキャリアコンサルティングを受けざるを得ない状況が生じた場合には、転職を促進するという結果とも解釈される。一般に、企業におけるキャリアコンサルティング導入の議論では、社内にキャリアコンサルティングの仕組みを設けることによって、社内の有能な人材が流出してしまうことを危惧する場合が多い。今回の結果からは、むしろ社内にキャリアコンサルティング等の仕組みを設けて相談の受け皿を作らない場合、結果的に、相談を要する人材は企業外に相談の場を求めてしまうので、かえって人材の流出につながることを主張し得る。

　第3に、キャリアコンサルティング施策の議論では、従来から、調査結果や推計結果等に基づいた、いわゆるエビデンスに基づいた施策の展開よりは、むしろ本来のキャリアコンサルティングはこうあるべきという規範的な視点からの議論が多くなされてきた。確かに、欧州を中心としたキャリアコンサルティングを含むキャリアガイダンス研究全般では、必ずしも RCT に全幅の信頼を置く米国流のエビデンスばかりが重視されるわけではない。欧州キャリアガイダンス論は、その点、エビデンスやアウトカムの議論は慎重であり、以前から行われてきた先行調査のレビュー、各国間の政策レビュー、通常の大規模調査、ヒアリング・インタビュー調査、専門家による会議などにも一定の重きを置いている。しかしながら、その欧州においてさ

え、RCTや傾向スコア・マッチングその他推計を含む、精度の高いエビデンスを施策推進の一つの要素として取り入れようとしつつある。今後、日本のキャリアコンサルティングを考える上でも、様々なエビデンスを重視すべきであり、その一つとして、本研究で行った傾向スコア・マッチングの手法、さらにはRCTの手法によって得られたエビデンスも十分に考慮すべきだと思われる。

　最後に、本章では、キャリア形成支援の効果と課題について、特にキャリアコンサルティングに焦点を当てて検討を行った。海外のキャリア支援の効果測定に関する先行研究、先進各国におけるキャリア支援政策の効果及び効果検証の手法に関する議論などを参照した上で、過去にキャリアコンサルティングを経験した者と経験していない者の現時点における違いを検討した。また、その結果を、傾向スコア・マッチングという厳密な統計手法によって検証した。

　結論として言えるのはただ1点、キャリア形成支援、特にキャリアコンサルティングには確かに効果があるということである。この結論は、過去のキャリアコンサルティング経験者と未経験者を比較しても、その結果を、性別・年齢・学歴、もともとのキャリア意識の高さなどを厳密に統計的に調整しても揺らぐことがない。翻ってみれば、海外のキャリア支援の効果測定研究は、ことごとくキャリア支援、特に個別の相談には効果があるという結論を出してきた。

　しかし、こうした結果がありながら、常にキャリアコンサルティングをはじめとするキャリア形成支援の効果に疑問や懸念が表明されるのは何故か。要するに、効果があるかないかと言った時、求められているのは、実際に効果があるかないかということもさることながら、なぜ効果があるのかの説明が尽くされていないということであろう。いわば、キャリア支援についてはエビデンスそのものよりは、なぜ効果があるのかという説明（ラショナーレ）が求められているのだと言える。今後、さらに検討を行うにあたっては、この点に重々、留意したい。

第6節　第3部全体を通じて

1　第11次職業能力開発基本計画との関連

　第3部では、労働者のキャリア形成とその支援のあり方について検討を行った。第1章では労働者のキャリア形成の現状と課題に焦点を当て、労働者の相談ニーズ、相談内容、コロナ禍における職業観・キャリア観などを検討した。本来、労働者のキャリア相談に対するニーズは高いものではないが、特定の属性（若年層など）、一定の働き方（長時間労働など）によっては、そのニーズが極めて高くなることを示した。また、第2章ではキャリアコンサルティングを含む日本のキャリア支援の現状に着目した。現在、需給調整機関から企業へキャリア支援の比重が高まっており、セルフ・キャリアドック制度等の各種の制度的な環境整備の良い影響が一定以上にみられることを示した。さらに第3章では、キャリアコンサルティングの効果について厳密な統計的手法を用いて検証を行った。その結果、総じてキャリアコンサルティングは労働者の満足感や収入に対して効果がみられること、また、企業内キャリア支援の経験者ではむしろ転職が少なかったこと等を示した。

　これらの知見を、ここでは第11次職業能力開発基本計画（令和3年度〜令和7年度、以下、第11次計画と略記）と関連づけて考察したい。

　まず、第11次計画は、新型コロナウイルス感染症の影響、デジタル技術、人生100年時代の到来などの環境変化の中で「企業における人材育成を支援するとともに、労働者の主体的なキャリア形成を支援する人材育成戦略として、職業能力開発施策の基本的方向」を定めたものである。第3部全体を通じて、キャリアコンサルティング、ジョブ・カード、セルフ・キャリアドックなどの各種のキャリア形成支援施策は「企業における人材育成」の支援に一定程度以上に奏功しており、「労働者の主体的なキャリア形成を支援する人材育成戦略」として、ここまで機能していたこと確認できる。

　一方で、第11次計画が、今後の方向性として改めて打ち出している「労働者の自律的・主体的なキャリア形成の推進」の内容をみた場合、よりいっそうの対応が求められる課題もいくつか指摘し得る。

　第1に、第11次計画では、労働市場の不確実性の高まり、職業人生の長

期化を背景に「労働者が時代のニーズに即したスキルアップができるよう、キャリアプランの明確化を支援するとともに、幅広い観点から学びの環境整備を推進」する。その際、労働者が時代のニーズに即したスキルを知る仕組みが用意されている必要がある。労働者のキャリア支援のニーズは、内面に自然に生じるニーズというよりは、むしろ外側からの適切な働きかけによって喚起され、やがては自律的なキャリア観として醸成されるものと想定される。この点、現行のキャリア形成支援施策は、キャリアコンサルティング、ジョブ・カード、セルフ・キャリアドックのいずれをとっても、基本的に労働者にニーズがあることを前提とし、それに応える施策展開という面が強い。今後、労働者のキャリア形成支援をよりいっそう推進していくにあたっては、一定の積極的な働きかけが考えられてよいと言える。

第2に、第11次計画におけるキャリアプランの明確化についても、若干の検討課題が示される。第3部の検討では、キャリアコンサルティングはじめキャリア形成支援施策には一定の効果がみられたが、一方で、実際にキャリア支援施策の利用しやすさといった環境面では、概して大企業正社員高年収が有利であり、中小企業非正社員低年収層では支援を受けにくいという実態がみられた。この点、第11次計画に記載のある夜間・休日、オンラインでのキャリアコンサルティング環境の整備など利用しやすい環境を拡大し、中小企業非正社員低年収層の利用を促進することは極めて重要である。また、中小企業及び非正社員における職場内のセルフ・キャリアドックの施策を充実させることで、これら対象層にアプローチすることも重要となる。企業へのセルフ・キャリアドックの導入支援は第11次計画に記載がある重要な施策であるが、この施策が単に企業内の人材育成や成長戦略をベースとしたキャリア支援ニーズに応えるのみならず、職場という身近な場所で特別に時間をかけない方法でしかキャリア支援を受けられない各層の労働者に遍くキャリア支援を行き渡らせる施策であるという点は、今後、強調してよい。

第3に、さらに加えて、中小企業に在職する非正社員層でかつ年収が高くない層にとって真のキャリア支援ニーズとは何なのかという観点も必要となるだろう。いわゆる「キャリアプランの明確化」は中小企業非正社員低年収層の真に求めることなのか、それともむしろ別の形でのキャリアニーズがあ

るのかは、今後、引き続き注視すべき課題である。特に、大企業と比較して中小企業ではいくつかの点で労働環境に恵まれない場合がある。その際、本稿の結果からはメンタルヘルス上の問題やキャリア支援ニーズが極めて高く生じることが示された。こうした「キャリアプランの明確化」という方向性の施策では解消することが難しいキャリア支援ニーズについても、今後、適切な検討を行い、必要に応じて幅を拡げていきたい。実際に労働者が抱えている問題点や課題に答える形でキャリア形成、能力開発、人材開発を考えることで、我が国のキャリアは全体として底上げしていくことが可能となると思われる。

2 情報・ガイダンス（アセスメント）・相談の枠組み

　最後に第3部のまとめとして、第1部で論じた「情報」、第2部で論じた「アセスメント」との関わりについても触れておきたい。

　従来からキャリアガイダンス論には、キャリア支援をいかに提供するかを論じるデリバリー論と呼ばれる領域がある。このデリバリー論では、キャリア支援を大きく3つの構成要素に分けて考える。文献によっていろいろな言い方がなされるが、おおむね共通する要素を日本語で言い表せば「情報」「相談」「ガイダンス（アセスメント含む)」と整理できる。

　これらのうち、伝統的に「情報」がキャリア支援の基礎となるということが徹底して強調されてきた。キャリアガイダンスにおける情報とは、各種の職業情報、求人情報、教育訓練に関する情報などであり、その他、個人がキャリアを考える上で参照すべきあらゆる情報は全てこの範疇に含まれる。これらの情報を印刷物やインターネットその他の媒体を通じて簡単に検索できるようにしておく。こうすることで、人々は自らのとるべき行動を決定し、就職活動やキャリア形成に向けて動き出す。

　次に「相談」は、いわゆるカウンセリングであり、1対1の対面的な状況で個別相談の形でキャリアガイダンスを提供するものである。その最大の特長は、多様なクライエントに臨機応変に柔軟に対応し、クライエントが欲する情報や支援をカスタマイズして提供できるという点にある。人が媒介することで、本来、クライエントが考慮すべき点を考慮していない場合に是正で

きることも大きなポイントになる。クライエントのニーズに応じたキャリアガイダンスの提供が可能であるという点で最も有効な支援であると考えられている。

そして、「ガイダンス」は、「情報」と「相談」の中間的な位置づけである。日本で言えば、就労支援機関が開催している各種セミナーや講習会などが該当する。こうしたセミナーや講習会で本書で取り上げたアセスメントが行われることが多々ある。また、仮に集合形式で行われない場合でも、このアセスメントを中心としたガイダンスが、情報と相談の間を取り持つ重要な接点となる。アセスメントにより、人は自らに必要な「情報」は何かを知り、また自分は何を知らず何を「相談」すればよいのかを知る。

結局、本書で取り上げた「情報」「ガイダンス」「相談」とは、3者が相互に連携し、有機的に結びつくことによって、よりいっそう効果を発揮する。特に、人によっては既に自分が収集すべき情報は何かをよく知っている場合もある。その場合、キャリア支援は適切に整備された「情報」で十分である。「ガイダンス」や「相談」にかかる人的・時間的・金銭的なリソースをより手厚い支援を必要とする対象層に割り当てることができる。こうして「情報」「ガイダンス」「相談」の相互の密接な関わりは、公費で運営されるキャリア形成支援施策全体を効率的・効果的なものとし、最終的には全般的なコストを下げることができる。これらキャリア形成支援施策のデリバリーとコストに関する議論については、下村（2013a；2013b）なども参照されたい。

引用文献

下村英雄（2013a）．職業情報とキャリアガイダンス－その政策的・理論的・実践的示唆　ビジネス・レーバー・トレンド（2013年2月号）28-33．https://www.jil.go.jp/kokunai/blt/backnumber/2013/02/028-033.pdf

下村英雄（2013b）．成人キャリア発達とキャリアガイダンス－成人キャリア・コンサルティングの理論的・実践的・政策的基盤　労働政策研究・研修機構．

豊田秀樹・川端一光・中村健太郎・片平秀貴（2007）．傾向スコア重み付け法による調査データの調整－ニューラルネットワークによる傾向スコアの推定　行動計量学34(1)　101-110．

星野崇宏・岡田謙介（2006）．傾向スコアを用いた共変量調整による因果効果の推定と臨床医学・疫学・薬学・公衆衛生分野での応用について　保健医療科学55，230-243．

星野崇宏・繁桝算男（2004）．傾向スコア解析法による因果効果の推定と調査データの調整について　行動計量学　31(1)　43-61．

労働政策研究・研修機構（2015）．企業内キャリア・コンサルティングとその日本的特質－自由記

　述調査およびインタビュー調査結果　労働政策研究・研修機構.

労働政策研究・研修機構（2017）．キャリアコンサルティングの実態、効果および潜在的ニーズ―
　相談経験者 1,117 名等の調査結果より　労働政策研究報告書 No.191

労働政策研究・研修機構（2019）．職業訓練及びキャリアコンサルティングの統計的手法による効
　果検証　労働政策レポート No.12

Bimrose, J., Barnes, S., & Hughes, D. (2008). Adult career progression and advancement: A five
　year study of the effectiveness of guidance. Conventry: Warwick Institute for Employment Re-
　search and the Department for Innovation, Universities and Skills.

Brown, S. D., & Ryan Krane, N. E. (2000). Four (or five) sessions and a cloud of dust: Old as-
　sumptions and new observations about career counseling. In S. D. Brown, & R. W. Lent (Eds.),
　Handbook of counseling psychology (3rd ed., pp.740-766). New York: Wiley.

Hooley, T. (2014). The Evidence Base on Lifelong Guidance. Jyväskylä, Finland: European Life-
　long Guidance Policy Network (ELGPN).

Hooley, T., & Dodd, V. (2015). The Economic Benefits of Career Guidance. Derby: Careers En-
　gland. Online.

Hughes, D. (2004). Investing in Career: Prosperity for Citizens, Windfalls for Government. Win-
　chester: The Guidance Council.

Hughes, D., Bosley, S., Bowes, L., & Bysshe, S. (2002). The Economic Benefits of Guidance. Derby:
　Centre for Guidance Studies, University of Derby.

ILO (2006). Career guidance: A resource handbook for low-and middle- income countries. Geno-
　va, ILO.

Killeen, J. and Kidd, J. (1991). Learning outcomes of guidance: A review of recent research. Em-
　ployment Department Research Paper 85.

Liu, S., Huang, J. L., & Wang, M. (2014). Effectiveness of job search interventions: A meta-
　analytic review. Psychological Bulltin, 140(4), 1009-1041.

OECD (2004). Career guidance and public policy: Bridging the gap. Paris: OECD.

Oliver, L. W., & Spokane, A. R. (1988). Career-intervention outcome: What contributes to gain?
　Journal of Counseling Psychology, 35, 447-464.

Rosenbaum, P. R. , Rubin, D. B. (1983). Assesing sensitivity to an unobserved binary covariate in
　an observational study with binary outcome. Journal of the Royal Statistical Society, 45, 212-
　218.

Spokane, A. R. and Oliver, L. W. (1983). The outcomes of vocational intervention, in Walsh, W. B.
　and Osipow, S. H. (Eds) Handbook of Vocational Psychology, Volume 2. Hillsdale, NJ: Law-
　rence Erlbaum.

Watts, A. G. (1999). The economic and social benefits of guidance, educational and vocational
　guidance. International Association for Educational and Vocational Guidance, 63, 12-19.

Whiston, S. C., Sexton, T. L., & Lasoff, D. T. (1998). Career intervention outcome: A replication
　and extension of Oliver and Spokane (1988). Journal of Counseling Psychology, 45, 150-165.

Whiston, S. C., Brecheisen, B. K., & Stephens, J. (2003). Does treatment modality affect career
　counseling effectiveness? Journal of Vocational Behavior, 62, 390-410.

終 章 考察・今後の課題

田中　歩

　本章では、これまで述べてきた第4期プロジェクト研究の成果についての考察、今後の課題について、第1部の内容から順に述べる。

第1節　第1部　職業情報提供サイト（日本版O-NET）の開発

　JILPTでは、職業情報提供サイト（日本版O-NET）が2020年3月に公開された後も、職業情報の収集、更新等を継続して実施することとなっている。

　職業解説については、現時点では、毎年、新規職業を10程度増やす方針となっている。新規職業を選定するにあたっては、引き続き幅広い分野からの代表的な職業に加え、今後の成長が見込まれる分野や国の施策として重点化している分野の職業を手厚くしていくことが必要である。また、作成にあたっては、公的機関の情報としての中立性、客観性、正確性等を維持することが重要であるが、一方で、利用者が一読してその職業のイメージが湧き、理解できるようわかりやすい記述とすることとのバランスをとることにも留意すべきであると考える。

　職業の数値情報については、今後の課題として、米国O＊NETに掲載されている情報領域の中で、日本版O-NETに掲載されていない「アビリティ」領域の開発がある。米国O＊NETでは、教育や訓練によって一定の向上が期待される「スキル」や「知識」とは対照的に、例えば暗闇で物を見る知覚能力（暗視力）や、指・腕の可動範囲といった身体能力、小さなものを精密に操作する精神運動能力、一般的なルールを具体的な事象にあてはめて問題を解決できる認知能力など、52の記述子が情報提供されている。その情報源は、他の領域と異なり、分析官の評定平均値となっている。これま

でJILPTが行ってきた数値情報の領域の開発にあたっては、基本的にWeb就業者調査の結果を情報源としてきたが、今後のアビリティ領域の開発において、情報源をどうするか、すなわち米国O＊NETの分析官に該当するような人物が評定する方式にするのか、あるいは、日本の状況に合わせて他により適切な方法があるか等については十分に検討していく必要があると考える。将来的な領域追加に向けて、今後基礎研究を実施していく予定である。

　また、第2部第3章でも述べたとおり、現在、JILPT内の関連プロジェクトとして仕事価値観の検査ツールの開発が行われている。この検査ツールに合わせて「仕事価値観」領域の項目内容も刷新される予定となっている。職業興味や職業適性などと同様に、サイト上の検査ツールにおいて自分の価値観を確かめた上で、同じサイト上でそれに合致する職業を検索できるようになることは大いに仕事価値観領域の情報価値を高めるものになると考える。

　このほか、日本版O-NETで公開されている各職業の「タスク」情報について、もっと充実させてほしいといった要望が寄せられているため、タスク情報の充実に向けて研究を進めているところである。今後、新たなタスク文言を確定・補充した上で再度Web調査にかけることで、利用者の方々の要望に応える形で順次タスクの内容を充実していくこととしたい。

　このほか、既に実装済みのその他の情報領域に関しても順次再調査を行い情報の更新を行っていく予定であるが、これらのデータが蓄積されていくことで、パネルデータとして仕事の内容や性質の変化を追うことも可能になっていくと考えられる。これらのJILPTが開発したデータがキャリア教育・キャリア支援の現場はもとより、政策評価や学術的な研究においても大いに活用されるように、JILPTにおいても、JILPT内の研究員による研究にとどまらず、外部の研究者にも広く呼びかけ、日本版O-NETのデータを応用した研究を実施していくこととしたい。

　なお、第1部では、コラムとして、日本版O-NETの数値情報を使用した応用研究の例を掲載している。また、JILPTでは、2020年度において、応用経済学やマクロ経済学等を専門分野とされている外部の研究者を委員として「職業特性に着目したコロナウイルス流行の雇用・所得格差、企業経営等

への影響に関する研究に係る研究会（日本版 O-NET の活用による研究)」
を設置した。

第2節　第2部　就職支援ツール等の整備と今後の展開

　第2部では、職業興味評価ツール、能力評価ツール等の Web 提供型の就
職支援ツールの開発に係る検討状況について述べてきた。全体を通じて、こ
れらの Web 提供型のツール開発に係る検討は、第4期から始まったばかり
のものであるため、次期以降においても、Web 提供型検査に係る継続的な
研究が求められるのではないかと考える。本研究では、PC やスマホといっ
た、Web 上の多様な使われ方について可能な範囲で配慮や工夫を検討した
が、いまだ改善が必要な様々な点があるものと思われる。

　このほか、第1章の能力に関する Web 版ツールの開発にあたっての課題
として、利用者の検査中の実施状況や環境を把握した上で検査結果を解釈す
ることの重要性が挙げられたが、これは、誰もがどこにいてもオープンにア
クセスできる Web 提供型ツールの限界であり、かつ特徴的な点だと考えら
れる。Web モニター調査では、本来この職業に就く人であれば考えにくい
ような低得点をとる人の存在も一定数みられた。この検査での「低得点」
は、必ずしもその人の能力だけを反映しているとは限らない。検査中に集中
を妨げるような出来事があったり、通信状況が悪かったり等、能力以外の要
因も大いに考えられるところであり、検査結果の解釈の際に、それらの認識
を忘れないことが必要である。

　また、第2章の職業興味評価ツールの検討と整備にあたっての留意点の一
つとして挙げられていたのは、職業興味検査も含めた適性検査のようなツー
ルは、できれば職業相談機関や学校など傍らに結果を説明したりアドバイス
を与えてくれるような専門家がいるような環境での利用が望ましいというこ
とである。しかし、Web 提供型ツールの特性上、利用時の専門家による説
明や助言は必ずしも期待できない。そこで、本人にとって不本意だったり意
外だったりする職業リストが提示された時の受け止め方の可能性を慎重に考
える必要があり、今後、結果に関するコメントの内容や表示等により工夫し

ていくことが必要であろう。

　一方、第3章で述べた、主に若年層を対象として作られた「仕事選び基準尺度」は、「職業レディネス・テスト」で捉えられていない個性の側面、すなわち、仕事を通して何を得たいのか、職業生活に何を求めるのかという価値観の要素を捉えることができるツールである。今後、若年層の就職の際に重要であると言われている自己分析、自己理解にも大いに役立てることができるのではないかと考えられた。

第3節　第3部　労働者のキャリア形成とその支援のあり方

　労働者のキャリア形成の現状をまとめた第1章では、労働者の専門のカウンセラーに対する相談のニーズは、通常、必ずしも高いものではないが、長時間労働など働き方の面で厳しい状況にある時に高まること、また、労働者の相談内容はおおむね年代別に異なっていることが明らかになった。キャリアコンサルタントなどの関係者にとっては、今後とも働き方や年代が様々な労働者のキャリア形成支援を推進していく上で、参考になる結果であったと考えられる。

　次に、労働者に対するキャリア支援の現状についてキャリアコンサルタントを含むキャリア支援者側に対する調査結果から検討された今後の日本のキャリア支援の課題については、

・キャリアコンサルタントは中高年、大都市、大企業に偏っており、キャリアコンサルタントの属性はよりいっそう多様化する必要があること
・企業領域の発展が著しいが、あわせて多種多様なクライエントに対応する「地域・福祉領域」とも呼ぶべき領域も拡大しつつあること
・そうした中、発達障害との境目に位置するクライエントなど、特に対応が難しいクライエントに対する制度的・政策的な支援が求められること
・ジョブ・カード、セルフ・キャリアドック、キャリアコンサルティングには相乗効果がみられており、特に企業での活用が期待されていること
などが挙げられていた。

　上記の課題は、いずれもキャリアコンサルティング施策の黎明期から繰り

返し指摘されてきたものも多いが、これら課題があることを継続的に確認し、時宜に応じて適切に解消していく必要があると考えられる。

　最後に、第3章のキャリア形成支援の効果と課題については、キャリアコンサルティングの経験者は非経験者に比べて、①総じて満足感が高い、②職業能力に自信がある、③企業外のキャリアコンサルティングでは転職が多かったが、企業内のキャリアコンサルティングでは転職が少なかったという結果が明らかになった。

　以上の結果から、第3章では次のことが考察された。

　第1に、キャリアの専門家によるキャリアコンサルティングを経験した者の方が、概して、現在の満足感が高く、自らの職業能力に自信を持っていることが示された。従来から、キャリアコンサルティングを受ける者はそもそもキャリアに対する意識が高い者ではないかという批判は根強かったが、今回、「生涯を通じたキャリア計画に対する意識の違い」の変数を共変量として傾向スコアによるマッチングにあえて用いたことによって、ある程度まで、個人が持つキャリア意識の効果は抑えられたと言い得る。キャリアコンサルティングの効果は少なくとも現在の満足感、職業能力に対する自信については十分にみられたと示唆できる。

　第2に、企業内キャリアコンサルティングと企業外キャリアコンサルティングの経験を比較した場合には、企業内キャリアコンサルティングの経験者の方が転職が少なく、企業外キャリアコンサルティングの経験者の方が転職が多かった。総じて言えば、企業内にキャリアコンサルティングの仕組みを設けている場合には、一定程度、転職を防ぐことができる結果として解釈することが可能であると思われる。一般に、企業におけるキャリアコンサルティング導入の議論では、社内にキャリアコンサルティングの仕組みを設けることによって、社内の有能な人材が流出してしまうことを危惧する場合が多い。今回の結果からは、むしろ社内にキャリアコンサルティング等の仕組みを設けて相談の受け皿を作らない場合、結果的に、相談を要する人材は企業外に相談の場を求めてしまうので、かえって人材の流出につながることを主張し得るであろう。

　第3に、キャリアコンサルティング施策の議論では、従来から、調査結果

や推計結果等に基づいた、いわゆるエビデンスに基づいた施策の展開よりは、むしろ、本来のキャリアコンサルティングはこうあらねばならないという規範的な視点からの議論が多くなされてきた。欧州キャリアガイダンス論では、エビデンスやアウトカムの議論は慎重であり、先行調査のレビュー、各国間の政策レビュー、通常の大規模調査、ヒアリング・インタビュー調査などにも一定の重きを置いている。しかしながら、その欧州においてさえ、RCT や傾向スコア・マッチングその他推計を含む、精度の高いエビデンスを施策推進の一つの要素として取り入れようとしつつある。今後、日本のキャリアコンサルティングを考える上でも、様々なエビデンスを重視すべきであり、その一つとして、本研究で行った傾向スコア・マッチングの手法、さらには RCT の手法によって得られたエビデンスも十分に考慮すべきだと思われる。

第 4 節　全体のまとめ

　本書では、日本のキャリアコンサルティング施策が既に 20 年以上経過する中で、国の施策において、引き続き主体的なキャリア形成の推進が掲げられており、キャリア支援関係の各種の制度の整備が進められていること、また、労働市場での人材配置の最適化、労働移動の円滑化等を効率的に実現するための日本版 O-NET の創設等を背景とし、①日本のキャリア支援の現状に係る多方面からの把握・分析、②日本版 O-NET に提供する職業情報の開発、③同サイト上に搭載されることを想定した Web 版就職支援ツールの検討等についての 5 年間の研究成果をまとめた。

　序章でも述べたように、JILPT では「職業情報」、「職業適性・職業興味・価値観等の検査」、「キャリアコンサルティング」の各分野の研究を一体的に実施している。第 4 期（2017 年～2021 年）においては、特に、厚生労働省による日本版 O-NET の創設に向けて、JILPT においてその基本構想を検討し、サイトに提供する職業情報の開発を行うこととなったのが特徴的なことであった。さらに、職業適性等の検査の分野においては、同サイト上での Web 提供型ツールの開発を行うこととなった。一方、キャリアコンサ

ルティングの分野については、サイトの情報を活用するキャリアコンサルタントや、サイトを利用する労働者という観点から日本版 O-NET の分野の研究とも関連が生まれてくるものと考えられる。今後とも、より包括的な視点からのキャリア支援の研究成果を諸方面に広く提供していくことができればよいと考えている。

索　引

〈ら行〉

【執筆者略歴（執筆順)】

田中　歩（たなか・あゆみ)：序章、第1部第1章、第2章、終章
労働政策研究・研修機構　統括研究員
専門分野は、職業情報、心理学（キャリア支援)。

鎌倉　哲史（かまくら・てつし)：第1部第3章
労働政策研究・研修機構　研究員　博士（学際情報学）
近著に『職業情報提供サイト（日本版 O-NET）のインプットデータ開発に関する研究』（JILPT 資料シリーズ No.227、2020年3月)、『職業情報提供サイト（日本版 O-NET）のインプットデータ開発に関する研究（2020年度)』（JILPT 資料シリーズ No.240、2021年9月）がある。担当テーマは職業情報、専門分野は主に教育心理学。

小松　恭子（こまつ・きょうこ)：第1部第3章コラム
労働政策研究・研修機構　研究員　博士（社会科学）
近著に「日本女性のスキル活用と男女賃金格差－PIAAC を用いた日・韓・英・ノルウェー比較」（『生活社会科学研究』第27号、41-57、2021年)、"Trends in Task Distribution in Japan, 1990-2015: Evidence from the Occupational Information Network of Japan and the Population Census Data"（*Japan Labor Issues*、vol.6, no.37、2022年、共著）がある。専門分野は、労働経済学・社会政策。

深町　珠由（ふかまち・たまゆ)：第2部第1章
労働政策研究・研修機構　主任研究員　博士（学術）
近著に「Web 提供型の簡易版職業適性評価ツール：簡易版 G テスト（仮称）のプロトタイプ開発に係る報告」（JILPT 調査シリーズ No.244、2021年11月)、「フリースクール・サポート校等における進路指導・キャリアガイダンスに関する調査結果」（JILPT 調査シリーズ No.201、2020年3月)。

専門は心理学（キャリアガイダンスツール開発、若年者のキャリア形成
支援、職業適性）。

室山　晴美（むろやま・はるみ）：第2部第2章、第3章
労働政策研究・研修機構　特任研究員　博士（学術）
キャリアガイダンスツール（職業レディネス・テスト、VPI職業興味検
査、キャリア・インサイト等）の開発と活用に関する研究に従事。専門
分野は、心理学（職業適性、キャリアガイダンス）。

下村　英雄（しもむら・ひでお）：第3部第1章、第2章、第3章
労働政策研究・研修機構　副統括研究員　博士（心理学）
近著に『就業者のライフキャリア意識調査―仕事、学習、生活に対する
意識』（調査シリーズNo.208、2021年）、『職業訓練及びキャリアコンサ
ルティングの統計的手法による効果検証』（労働政策レポートNo.12、
2019年）がある。専門分野は、キャリアガイダンス論、キャリア心理
学。

JILPT 第 4 期プロジェクト研究シリーズ No.2
全員参加型の社会実現に向けたキャリア支援

2022 年 3 月 31 日　第 1 刷発行

編集・発行　独立行政法人 労働政策研究・研修機構
　　　　　　〒 177-8502　東京都練馬区上石神井 4-8-23
　　　　　　電話　03-5903-6263　　FAX　03-5903-6115

発 行 者　理事長　樋口美雄
印刷・製本　大日本法令印刷株式会社

©2022 JILPT　ISBN 978-4-538-52011-7　Printed in Japan